KB232821

# 절망과 소망 사이에서

절망과 소망 사이에서
어떻게 육체의 질병을 이길 수 있는가

지 은 이    알 B. 와이어
옮 긴 이    박현주
발 행 인    홍성철
초판 1쇄    2005년 4월 20일
발 행 처    **도서출판 세 복**
주    소    서울특별시 중랑구 면목5동 149-6 한밀빌딩 301호
            Tel. (02) 448-5562
            홈페이지: http://www.saebok.net
            E-Mail: werchelper@hanmail.net
등록번호    제1-1800호 (1994년 10월 29일)
총 판 처    예영커뮤니케이션
            Tel (02) 766-7912, Fax (02) 766-8934
I S B N    89-86424-79-7      03230
값 9,500원

ⓒ **도서출판 세 복**

# 절망과 소망 사이에서

알 B. 와이어 지음 · 박현주 옮김

도서출판 세 복

# WHEN YOUR DOCTOR HAS BAD NEWS

## SIMPLE STEPS
### to
### STRENGTH, HEALING & HOPE

## AL B. WEIR, M.D.

Foreword by Joni Eareckson Tada

Originally published in the U. S. A. under the title:
*When Your Doctor Has Bad News*
Copyright © 2003 by Alva B. Weir III
Grand Rapids, Michigan

# 차례

# 시작하기 전에

책 제목이 나를 움츠리게 한다는 것을 나는 인정한다. 그 이유는 의사가 나에게 나쁜 소식을 전한 적이 있기 때문이다. 아주 나쁜 소식이었다. 35년도 더 전에, 나는 병원 침대에 누워 언제나 내 몸의 마비 증상이 없어질까 생각하고 있었다. 나는 손과 다리를 다시 쓸 수 있을까 걱정했는데, 오랫동안 걱정하지 않아도 되었다. 하얀 가운을 입은 키가 큰 사람이 내 침대로 걸어와, 진료 차트를 뒤적인 후, 안경 너머로 나를 쳐다보며 말했다, "에릭슨(Eareckson) 양, 당신은 영원히 마비되었습니다."

위에서 말했듯이, 그건 나쁜 소식이었다. 말을 전한 사람이 (조금은 감정 이입이 되는…조금은 급하게 서두르지 않는…훨씬 더 나은 시간 개념을 가진) 알 와이어(Al B. Weir) 박사였더라면 조금 나았을 것이다.

환자인 우리는 가끔 의사들이 좋은 진단이든 나쁜 진단이든 마치 모든 지혜의 비밀을 다 가지고 있어서 우리의 모든 문제들을 해결해 줄 수 있을 생각한다. 의사가 나에게 다시는 내가 걸을 수 없고 다른 사람의 손을 잡을 수도 느낄 수도 없다고 했을 때, 나는 망연자실했다. 터널 끝에 있는 불을 꺼버린 것 같았다. 그 소식을 들은 후, 나는 너무나 깊고 어두운 우울증 속으로 빠져들었다. 몇 년이 지난 후에야 나는 그것이 오랫동안 나를 희망과 도움으로부터 멀리하게 한 요인이었다는 것을 알게 되었다.

이것이 내가 와이어 박사의 통찰력과 지혜를 좋아하는 이유이다. 이 훌륭한 책에서, 우리는 그가 마음을 열었을 때 그와 함께 앉아서 능력 있고 존경받을 만한 의료진을 만날 기회를 가질 수 있다. 와이어 박사는 그냥 하얀 가운을 입은 평범한 의사들을 뛰어넘는 의사의 역할을 보여 주고, 독자들—특별히 나쁜 소식을 들은 사람들로, 비참한 진료 소식에 영혼이 마비되는 충격을 방금 받은 사람들—을 안내하고 있다. 그는 하나님의 말씀 안에서 마음을 진정시키는 위안이 가능하다는 것, 새로운 삶을 이룰 수 있는 마음이 푸근해지는 교훈, 그리고 희망과 치유를 지향할 수 있도록 가족들이 도와 줄 수 있는 간단한 보조 역할들을 우리에게 상기시켜 준다.

오랫동안 보건의료 산업은 *산업* 그 자체였다. 나는 의사와 환자 사이의 소중하게 간직되는 인격적인 관계를 재정립하는 알 와이어 같은 의사들로 인해 하나님께 감사한다. 나는 단지 환자와 가족들에게 돈을 받고 서비스를 제공하는 것 이상의 더 많은 것을 하는 와이어 박사 같은 사람들의 노고에 박수를 보낸다. 당신이 손에 잡고 있는 이 책『절망과 소망 사이에서  어떻게 육체의 질병을 이길 수 있는가』는 병원에 관계된 규율과 일상의 과정의 혼동된 것들을 정리해 줄 뿐만 아니라, 당신 가족의 삶을 다시 세워 주는 귀중한 자원이 될 것이다.

당신은 의사에게서 들은 소식이 생각했던 것보다 심각한 것이 아니라는 것을 발견할 수도 있다. 왜냐하면 당신은 이 모든 과정 중에 하나님을 발견할 수도 있기 때문이다.

조니 에릭슨 타다
(Joni Eareckson Tada)
2002년 겨울

# 제1장

# 나쁜 소식:
## 깨어진 꿈들

응급실에서 만나요. 서둘러요, 캐서린(Catherine)에게 일이 생겼어요.”

생명은 순식간에 바뀔 수 있다. 암 환자들을 치료하는 의사로서 나는 비극은 어느 날 우리 모두에게 온다는 것을 배웠다고 생각했다. 그러나 내가 그 전화를 받을 때까지 나는 결코 그 교훈을 진정으로 이해한 적이 없었다. 아들을 축구 연습장으로 데려다 주는 불과 몇 초 사이에 나에게 급한 상황이 엄습했다.

“알, 캐서린이 다쳤어요. 허리를 다쳤는데, 일어나지 못해요.”

“보웬(Bowen)을 내려 주고 응급실로 갈 테니 거기서 만나요.” 내 차가 응급실로 질주하는 동안, 내 마음은 우리가 아프리카에서 살았던 집 뒷마당의 대부분을 뒤덮어서 그 뒤에 있는 울창한 밀림과 우리를 분리시켜 주었던 끈끈한 초록색 잎을 뻗치고 있던 불꽃나무가 주마등처럼 스쳐갔다. 우리가 그 곳에 도착한 직후, 나는 나무판으로 된 그네 의자를 지탱해 주는 그 나무의 큰 가지에 외줄로 매달린 그네를 만들었다. 캐서린이 한 살쯤 되었을 때, 나는 빨간 불꽃 나무 밑에 있는 그 아이가 앉아 있는 그네 의자를 천천히 밀어 주곤 했다. 그 아이는 그네 줄을 잡을 만큼 민첩했고, 나는 바보 같이 그 아이의 민첩함을 자랑스러워했다.

어느 날 너무 강하게 민 것이 캐서린을 놀라게 했다. 그 애는 그네가 앞으로 갈 때 뒤에 있는 나를 보면서 두 손으로 나를 잡으려고 그네 줄에서 손을 놓아버렸다. 순간적으로, 뒤로 뒤집어지며 머리부터 땅으로 곤두박질쳤다. 그러나 떨어지지 않고 발목이 그네 줄에 걸리면서, 원숭이가 꼬리로 안전하게 매달려 있는 것처럼, 내가 그 애를 팔로 감싸 않을 때까지 그 애는 거꾸로 매달려 있었다.

그 믿을 수 없는 민첩함은 그 후 14년 동안 그 애에게 남아 있었다. 우리가 미국으로 돌아왔을 때, 캐서린은 기계체조 선수가 되었다. 해가 갈수록, 매일 몇 시간씩 연습하여 열세 살 때, 대회에서 등급이 10단계까지 향상되었다. 캐서린이 사고가 나기 전 열다섯 살 때, 그녀의 인생의 가장 큰 결정은 정예 체조 선수가 되기 위하여 가정 학습을 할지 학교 과정을 택해야 할지의 여부를 결정하는 것이었다.

응급실을 향해 달려갈 때, 현실이 내 마음을 사로잡았다. 우리의 삶은 막 바뀌어 있었다. 내가 도착했을 때, 캐서린은 심한 통증으로 옆으로 누워 있었다. 그녀는 나에게 말했다, "나는 중심을 잃고 곤경에 빠진 것을 알았어요. 어깨로 땅에 떨어져서, 다리가 내 머리

위로 꺾였고, 내 허리가 꺾이는 것을 느꼈어요. '어머나! 나는 마비가 될 거야'라고 생각했어요."

내가 제일 먼저 한 것은 그 아이의 다리를 살피는 것이었다. 두 다리를 다 움직일 수 있었다. 그런 다음 등을 살폈더니 척추 중간에서 딱딱한 혹이 만져졌다. 진단 방사선과로 가기 위해 들 것을 밀고 갈 때, 나는 그 아이 옆에 걸어가며 어깨 위에 내 손을 올려놓았다. 엑스레이(X-Ray)는 의사인 아빠를 놀라게 했고, 내가 할 수 있었던 말은 "오, 하나님, 제발" 밖에 없었다. 나는 미국에서 가장 유능한 멤피스(Memphis)에 있는 소아 척추 의사에게 연락했다. 우리는 자기공명사진(MRI)을 같이 보았는데, 뼈가 캐서린의 흉추 11번을 누르고 있었다. 1밀리미터만 컸어도 열다섯 살 난 내 딸은 평생 마비되었을 것이다.

이 아이가 *나의* 딸이다. 오늘 아침만 해도 캐서린은 대학의 장학금을 바라보며, 어쩌면 올림픽을 바라볼 수 있는 유망한 기계체조 선수였다. 그러나 지금 그녀는 평생 마비가 될지도 모르는 상태에 있다.

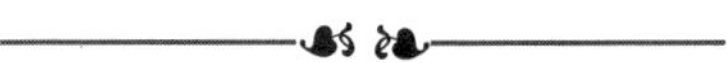

우리 각자는 우리의 삶에서 어느 때든지 의사를 대면해야 하거나 전화로 나쁜 소식을 들을 수 있다. 당신의 꿈들이 깨어지고 당신의 인생을 바꾸어 놓을 수 있는 나쁜 소식을 듣는다면 당신은 어떻게 하겠는가? 당신 자신의 소식은 캐서린의 다친 허리나 당신

을 직장 승진 단계에서 내려오게 하는 심장마비와 같은 것일 수 있다. 그것은 마치 당신이 불임이라서 당신의 유전인자를 가진 아이를 낳을 수 없다고 선언해 줄 수도 있다. 그것은 식사를 절제하고 인슐린 주사를 맞을지 모르는 마지막 수명이 짧아질 수 있는 위협을 주는 당뇨병일 수도 있다. 그것은 당신의 열두 살 난 아들을 묘사해 주는 *백혈병*이라는 단어일 수도 있다. 그것은 머리가 빠지고, 구토하며, 통제할 수 없는 고통, 그리고 수명이 단축되는 *암*(내가 자주 언급해야 하는 병)과 같은 공포의 말일 수도 있다. 그것은 당신의 일생 동안의 꿈을 영원히 바꾸어 놓고 문제를 일으키는 다른 수많은 말일 수 있다.

당신은 나쁜 소식을 접할 때 어떻게 하는가? 당신은 무엇이든 해야 한다. 피해를 최소화하기 위하여 행동을 취해야 한다. 당신의 삶은 계속 되어야 한다. 당신은 새로운 울타리 안에서 당신의 꿈을 재정립해야 한다. 당신은 다른 사람들처럼 세상을 살아가야 한다— 그리고 당신이 기대했던 것과는 다르게 행동하시는 하나님과 함께 살아야 한다.

어쩌면 당신은 하나님에 대해 전혀 생각하지 않는 사람일 수 있다. 만일 그렇다면 당신은 그런 나쁜 소식을 듣고 전쟁에서 다친 군인처럼 앞에 놓여 있는 삶의 기쁨을 위해 애쓰는 것이 가치가 있다고 소망하며 단순히 맹렬히 싸우는 것을 선택할지도 모른다. 당신을 지탱해 주는 가족, 친구들, 의사들 그리고 사회 제도와 함께 당신은 나쁜 건강과 깨어진 꿈을 가짐에도 불구하고 인생을 살아가야 할 가치를 찾으려고 추구할지도 모른다.

사람의 *믿음*은 어디에 놓여 있는가? 당신의 비극 속에서 하나님의 위치에 대한 질문이 당신의 뇌리에 아직 되살아나지 않는가? 의사로부터 나쁜 소식을 들었을 때 누가 하나님을 *정말로* 믿을 수 있는가?

아마도 당신은 이러한 위기 상황을 하나님이 어떻게 바꾸시는지를 생각할 수 있는 믿음이 있는 사람인지도 모른다. 하나님을 믿는 사람들은 꿈이 산산조각 났을 때 믿지 않는 사람들과 다르게 살아갈 수 있는가? 믿는 사람들은 믿지 않는 사람들과는 달라야 한다. 의료적인 비극이 당신에게 왔을 때, 하나님의 임재는 감정적으로, 영적으로 그리고 육체적으로 다르게 만든다. 그러나 당신은 당신의 믿음을 의학적 치료의 복잡한 경기장으로 들어가게 놓아둘 수 있는가? *당신의* 의사가 나쁜 소식을 전할 때 당신은 하나님이 그분의 일을 하실 수 있게 할 수 있는가? 아니면 당신은 하나님과의 관계를 주일 아침과 장의사로 격리시키겠는가?

우리 각자의 신앙이 어디에 놓여 있든지, 의사가 나쁜 소식을 전할 때, 우리들 대부분은 *하나님이 고쳐 주시기를 원한다.* 갑자기 우리 인생은 지진을 만났다. 우리가 알듯이 세계는 떨리며, 우리는 견고한 기반을 잡으려고 한다. 그러나 만일 우리가 그런 안전성을 찾기 원하면, 이 세상에 대한 우리의 이해는 근본적으로 변해야 한다. 우리의 발 밑에서 땅이 계속적으로 변하는 것처럼, 어쩌면 우리도 인생을 전과는 다르게 볼 필요가 있다. 어쩌면 시간의 다른 개념, 현실의 다른 주석, 가치에 대한 이견, 하나님과의 다른 관계에 대해 이해해야만 한다. 어쩌면 우리는 다른 방법으로 나아가야 한다.

성경에 보면, 하나님은 우리에게 죽음이 인생의 끝이 아니며, 인생은 우리가 만질 수 있는 것 이상이며, 그 가치는 비극으로 소멸될 필요가 없고, 하나님은 그의 임재, 평안, 목적과 힘을 어떤 상황 속에서도 제공할 수 있다고 말씀하신다. 우리는 신앙인들이 어떤 비극에서도 하나님과 함께 동행할 수 있다는 소리를 들어왔다. 그럼, 어떻게 하면 되는가? 우리는 하나님이 주시는 이 진실을 잡고 당면한 비극을 극복할 수 있는가? 아니면 의사가 우리의 건강이 더 이상 우리의 꿈들을 이룰 수 없다고 할 때 우리 자신을 굽히고 세상을 타파해 나감으로 비극을 이겨낼 수 있는가? 우리는 선택해야 한다.

내가 고등학교를 졸업하던 1968년에, 나의 부모님은 졸업 여행으로 나와 친구 두 명이 운전하여 알라스카(Alaska)까지 가도록 허락하는 지각없는 용기를 보이셨다. 여행은 즐거웠다. 캐나다와 알라스카의 산들과 빙하들을 통과하는 긴 자갈길의 고속도로를 운전하며, 우리는 자연의 아름다움을 보았고, 인생의 기이함을 느꼈다. 앵커리지(Anchorage)에서 네 번째 친구가 합류했고, 일주일간 그 주를 관광한 후 놈(Nome)과 코체부(Kotzebue)까지 비행기로 갔고, 북극해의 북쪽에서 합판 더미에서 자며, 대부분 뉴욕의 개들보다 더 큰 모기를 잡으며, 네 명의 십대 소년들에게는 완벽한 여행이었다.

우리 아버지는 매우 길고 암석이 많은 알라스카 고속도로를 잘 달려 준 가족용 까만 포드 스테이션 웨곤 차를 우리에게 빌려 주셨다. 어느 날 디날리공원(Denali Park)을 운전하던 중, 거대한 산이 우리 앞에 불쑥 나타나면서, 우리는 돌출에 부딪쳐서 이가 흔들리게 되었다. 곧이어 기름불이 반짝였고, 엔진에 금이 간 것을 발견했다. 재난을 대비하여 우리는 기름 한 통을 차 뒤에 준비했었다. 1.6킬로미터마다 멈추어 기름을 1리터씩 넣었다. 페어뱅크스(Fairbanks)까지 갔으나 더 이상은 갈 수가 없었다; 차는 완전히 멈추어 섰다. 우리는 50불에 차를 팔았고, "이것이 우리 여행의 끝인가?"라는 질문에 당면했다.

두 가지 흥미로운 결정이 내려졌다. 우리 친구 중 한 부모가 "여행은 끝났으니, 집으로 돌아오너라"고 말했다. 그 친구는 페어뱅크스에서 비행기로 곧바로 집으로 갔다. 나머지 우리들은 다른 방법으로 집에 돌아갈 방법을 찾아야 했다. 매우 어려운 여행이었다. 우리는 길에서 자고, 추운 밤에는 지나가는 차에 무료로 편승하여 늙은 광부의 말을 들었고, 아름다운 해안선을 따라 알라스카 배를 타기도 하고, 피넛버터를 바른 과자 조각 몇 개로 버티었다.

여행은 힘들었지만, 그것은 우리 여행의 가장 좋았던 부분 중 하나였다. 디날리공원의 돌출 사건은 우리의 계획을 바꾸어 놓았고, 우리의 여행을 짧게 만들었으며, 우리 여행에 엄청난 어려움을 주었다. 한 친구처럼 우리는 여행을 포기하고 집으로 돌아갈 수 있었다. 그러나 그랬다면 여행의 맨 마지막 주에 일어난 우리들의 관계, 아름다움 그리고 인생의 기쁨을 놓칠 뻔했다.

인생 자체는 우리 대부분에게 중요한 여행이다. 그러나 언제나 우리의 계획을 바꿀 수 있는 돌출이 있다. 어느 날 우리 각자는 우리의 꿈들이 산산조각 났다는 소식을 전화로 받거나 직접 의사로부터 듣게 될 것이다. 그 때 우리는 선택해야 할 것이다: 극복하고 인생을 충만하게 살 것인지, 아니면 죽을 때까지 우리 존재에 대하여 하소연하며 살 것인지? 나는 하나님이 우리를 부르실 때까지 우리가 우리의 인생을 포기하기 위해 창조되지 않았다고 믿는다. 하나님은 우리를 극복하는 사람으로 창조하셨다.

나는 20년 이상 내 인생을 아픈 사람들을 돌보아 주며 살아왔다. 처음에는 의료 선교사로, 다음에는 종양내과 전문의사로 살아왔다. 나는 가끔씩 나쁜 소식을 전하는 의사였다. 나는 예수님을 믿는 사람이든 아니든, 완전히 무너져 버리고 다시는 살지 못하는 사람들을 보아왔다. 반면, 나쁜 소식을 희망과 승리로 바꾸는 사람들도 보았다. 나는 깨어진 꿈들을 주워서 더 아름다운 것들로 바꾸는 놀라운 사람들을 보았다.



그들은 어떻게 그렇게 잘할 수 있는 것일까? 그들은 비극의 충격에 면역이 생긴 유별난 사람들인가? 아니면 그들은 하나님과 동행하면서 우리들도 배울 수 있는 어떤 것을 배운 사람들인가? 나는 후자가 사실이라고 믿는다. 누구든지 나쁜 소식과 깨어진 꿈들을 승리로 만드는 데 필요한 모든 것들에 다가갈 수 있다. 하나님은 방법을 제공하셨다. 하나님은 당신의 아픔 중에 힘 있는 선택을 할 수 있는 자유를 주셨다. 이 책을 읽어가면서, 당신은 많은 사람들의 경험을 통해 그 길을 볼 수 있을 것이다. 그러나 선택은 당신의 몫이다.

# 제2장

# 위기 가운데서 하나님의 자리를 선택하라

캐서린이 응급실에 도착하기 전부터, 믿음의 사람들은 그들이 믿는 하나님이 캐서린을 도와 줄 수 있다고 기도하기 시작했다. 유능한 두 소아 척추 의사들은 캐서린을 입원시킨 후 아침에 수술실로 데리고 가서 그녀의 척추에서 압력을 경감시키기 위하여 할 수 있는 가장 좋은 과학으로 그녀의 척추를 다시 제자리로 돌려 놓았다. 하루가 지난 후 캐서린은 걸을 수 있었다.

의사이자 아빠인 나는 가능한 가장 유능한 의사들을 선택했다. 그들은 어렵게 배운 기술과 과학을 사용하여 척추를 옮기고, 티타늄 막대를 박고, 뼈 이식을 한 후, 내 딸을 다시 완전한 사람으로 만들어 놓았다. 동시에 우리와 전국 가처에 있는 믿음의 사람들은 치유하실 수 있는 하나님께 간절히 기도했다. 캐서린은 다시 건강을 회복해 가고 있었다. 하나님께 감사하고 의사들에게 감사했다!

누가 캐서린을 치유했는가? 하나님 아니면 의사들? 우리의 치유 과정에서 과학은 어떤 부분에 작용하는가, 그리고 하나님은 어떤 부분에 작용하시는가? 하나님은 치유에 관여하시는가, 아니면 이것은 단지 과학적인 것인가? 우리는 현대 의학에서 하나님의 관여하심을 믿을 수 있는가, 아니면 그를 가장 열렬한 응원단장으로 바깥쪽에 놓아두어야 하는가? 우리가 의사의 손을 잡고 있는 동안 우리는 하나님께로 달려갈 수 있는가?

## 치유에 있어서 하나님의 손길의 증거

과학자들 역시 하나님이 치유에 관계하는지에 대한 믿을 만한 증거가 있는지에 대해 의아하게 생각했다. 대답은 *있다*이다. 환자들을 무작위로 뽑아서 과학적인 치료만 받는 환자들과 과학적 치료와 기도를 함께 받는 환자들에 대한 과학적 연구가 많이 있다. 이런 연구 중에, 심장마비가 온 후 심장 중환자실에 있었던 사람들 중에 무작위로 좋은 치료만 받은 사람들과 좋은 치료와 하나님의 치유 능력을 믿는 사람들에 의하여 중보기도를 받은 사람들로 나누어진 연구가 있었다. 의사들도 환자들도 자신들이 어떤 집단으로 배정되었는지 몰랐다. 결과를 보면 기도를 받은 집단의 치료 결과가 훨씬 좋았다는 것을 알 수 있었다. 이러한 수많은 연구들이 모아지고 발표되고 있다.[1] 과학 자체가 이제는 하나님이 치유에 관여하고 계시다고 제의하고 있다.

과학의 증거와 함께, 우리는 하나님의 치유를 개인적으로 체험하고 있다. 1983년에 하나님은 우리 가족을 나이지리아에 있는 에쿠(Eku)에 선교사로 부르셨다. 팀(Tim)과 재니스 맥컬(Janice Mc-Call)은 우리 집에서 두 집 떨어진 곳에 살았던 우리의 가까운 친구이며 동료 선교사였다. 어느 날 밤 재니스가 자기 집에 가서 함께 기도하자고 우리를 깨웠다. 그 날 저녁에 독사가 그 집에 들어와 일곱 살 된 아들 데이빗(David)을 물었다. 우리가 다른 선교사들과 그 집에 도착했을 때, 데이빗은 매우 고통스러워했다. 그는 헛소리를 했고, 다리는 까맣게 변하고 있었다. 주위 어디에도 사용 가능한 해독제가 없었다. 무력하게 느끼면서 우리의 힘보다 더 큰 힘에 의존하여, 우리는 데이빗을 둘러싸고 치유하시는 하나님 앞에 우리의 마음을 쏟아 놓았다. 다음 날 우리가 데이빗에게 갔을 때, 그의 다리는 치유되고 있었고, 곧 완전히 회복되었다.

과학과 개인적인 관찰 모두 하나님은 치유하신다는 것을 우리에게 보여 주고 있다. 우리 중 몇 명에게 일어난 우리의 경험이 이런 것들을 증명해 준다. 내가 돌을 맞을 즈음 우리 부모는 내가 좀 느리고 성장이 둔하다는 것을 발견했다. 신경외과적 평가에 의하면 뇌가 퇴행하고 있었고, 머리 속에 물이 차고 있었다. 우리 아이들은 지금도 그 때 의사가 내 머리의 압력을 내리기 위하여 머리에 만든 구멍을 만지곤 한다. 과학은 실패했고, 우리 부모는 내가 죽든지 아니면 평생을 "식물인간"으로 살아야 한다고 들었다. 다른 식구들에게 해가 되는 것을 줄이기 위해서 나를 전문 시설에 넣으라는 말도 들었다. 나의 부모는 포기하지 않았고, 대신 유니스(Eunice) 이모가 믿음이 좋은 분들이 치유를 위하여 나에게 손을 얹고 하나님께 기도하

는 교회에 나를 데려가도록 했다. 나는 나아지기 시작했고, 마침내
는 과학을 사용하고 치유하시는 하나님을 믿는 의사가 되었다.

　과학적인 연구와 개인적인 경험 모두 하나님의 치유의 손길에 대
한 증거를 제시한다, 그리고 어떠한 증거도 절대적인 입증을 제시
할 수 없더라도, 하나님이 치유 과정에 관여하신다는 것을 합리적
으로 믿게 만든다. 우리들 중 과학과 함께 매일 일하는 사람들에게, 하나님의 치유에 대해 믿는 것이 합리적이라는 것을 아는 것은 매우 도움이 된다.



　그러나 우리가 틀리고 과학이 다 맞는다고 가정한다면, 우리를 이끌 대안은 어디에 있는가? 만일 인간이 화학적인 반응과 생물학적 과정 외에 아무 것도 아니라면? 어네스트 베커(Ernest Becker)는 그의 책『죽음의 부정』
(The Denial of Death)에서 인간의 가장 큰 딜레마에 대하여 설명
하고 있다. 우리는 거대한 꿈들을 꿀 수 있고, 과거와 우리가 거기
에 있었다는 것을 회상해 보며, 미래를 내다보고, 우리 자녀들의 자
녀들을 보면서, 별들을 보고, 산 정상을 오르면서, 우리가 작은 신
들이라고 믿는다고 베커는 말하고 있다. 그러나 사실상 우리는 생
물학적으로 제한된 "신들" 그리고 "죽는 신들"이다. 우리의 거대한
상상력과 영웅이 되고자 하는 우리의 욕구에도 불구하고, 우리는
정말 단지 깨어지고 미래에는 벌레들의 먹이가 될 육체적인 동물에
지나지 않는다고 선언했다.

베커는 인간들은 이런 딜레마를 직면할 수 없으며, 건전하게 살아 갈 수 없다고 쓰고 있다. 우리들의 건강을 보호하기 위해, 우리는 복잡한 정신적인 울타리를 만들고, 마치 우리가 죽을 수 없는 것처럼 산다. 우리 인생에 하나님의 관여를 받아들이지 못하고, 우리의 인생은 자연 세계의 과정에 맡겨져 있다는 생각에 고정되어 있다. 그런 다음에 우리는 깨어짐과 자연 세계가 주는 죽음에 대해서는 눈을 감고 있다. 자연적인 일들이 우리에게 대항할 때, 우리는 과학을 오로지 우리의 희망으로 의존한다.[2]

이것이 당신을 위해 받아들일 수 있는 대응책인가? 아니면 당신의 인생과 건강을 적극적으로 돌보시는 하나님을 믿겠는가?

이런 모든 것들을 기초로, 나는 의사로서 하나님이 치유에 관여하시는 것을 다음과 같은 세 가지 이유에서 믿기로 선택하였다:

1. 증거는 일관성이 있다.
2. 대응책은 받아들일 수 없다.
3. 그리고 가장 중요한 것은 내가 치유하시는 하나님과 관계를 맺고 있고, 치유하시는 하나님을 믿는 것을 배운 것이다.

내가 옳고 하나님이 치유에 관여하신다고 가정해 보자. 내가 캐서린의 사건이 해결되는 것을 보았을 때, 또 당신이 자신의 건강 상태를 볼 때, 우리는 실제적으로 어디에서 하나님의 역할을 볼 수 있는가? 당신이 생각해 볼 다른 하나의 기초석을 말하고, 하나님이 사고나 질병에서 적극적으로 일하시는 것을 볼 수 있는 방법들을 나열하겠다.

## 건강은 하나님의 발명이다

우리들 중 많은 사람들이 건강한 것은 정상이고 훌륭하다고 생각하지만, 정말 건강은 경이로운 것이다. 마이클 베히(Michael Behe)가 그의 저서 『다윈의 블랙박스』(Darwin's Black Box)에서 설명했듯이 우리의 육체는 너무 복잡해서 사고적인 변화에 의해 존재하기에는 수학적으로 불가능하다. 좋은 과학은 우리의 지속적인 존재 뒤에 계신 설계자를 요구한다. 예를 들면, 우리가 상처를 입었을 때, 피가 적절히 응고되기 위해서는 동시에 많은 일들이 일어나야 한다. 혈소판이라고 불리는 세포조직이 새는 것을 막기 위해 움직인다; 그런 다음 혈소판 주위에 흰자질이 형성된다. 이런 응고 현상이 일어나기 위하여, 적어도 열세 개의 흰자질이 두 개의 평형 체계 속에 적당한 순서대로 서로 작용해야 한다. 이런 흰자질의 순서적인 반응이 응고에 제동을 걸어서 더 많이 응고되지 않게 하는 다른 체계를 시작한다. 동시에 다른 체계는 지나친 응고를 용해하기 위한 장치가 된다. 이런 체계 중 어느 한 부분의 실수는 출혈이나 응고로 이끌어 죽음을 초래한다. 이 신기한 균형은 우리의 삶의 작은 일들을 통하여 계속적으로 일어나고, 우리로 실패하지 않게 한다.[3]

암을 다른 예로 들어보자. 암은 우리의 디엔에이(DNA) 속에서 시작되는 병이다. 단순세포 속에 있는 유전 암호 속에서 돌연변이는 세포를 분리시키고, 육체의 정상적인 관리 체계로부터 빠져나가서 암의 증식이 형성된다. 매일 암으로 변할 수 있는 세포들 중에서 돌연변이가 일어나고 있는 것을 당신은 알고 있었는가? 우리들 대부분은 아직 암으로 고통받지 않는다. 왜냐하면 우리의 위대한 설계자께서 우리 세포 속에 그런 일들이 일어날 때마다 유전인자들의 실수를 미연에 방지시켜 주는 특별한 장치를 만드셨고, 일어날 때마다 대부분의 암들이 진전되는 것을 방지하기 때문이다.

오늘날 나를 만들어 준 이런 복잡한 생물학적인 체계를 볼 때마다 건강은 우연히 생긴 것이 아니라는 것을 느끼게 된다. *건강은 하나님의 발명품이고 하나님의 통제 없이는 존재할 수 없다.* 만일 이것이 사실이라면, 과학적 의학에 대하여 다른 진실을 따라야 한다: 우리가 과학을 통해서 육체에 대해 새로운 것들을 발견할 때, 그것은 하나님에 의해서 배치되어졌던 사실을 밝히는 것이다. 과학적 사실을 발견하는 것은 하나님의 진리를 밝히는 것이다.



## 치유 중 하나님의 역할

치유에 관계하시는 하나님의 여덟 가지 방법을 나열하겠다.

1. 하나님은 설계를 통해 우리의 건강을 유지시키신다. 나의 딸 캐서린이 9년 동안 현재까지 허리를 다치지 않고 어려운 기계체조를 할 수 있다는 것은 나를 깜짝 놀라게 한다. 이것은 신경, 근육, 뼈에 대한 하나님의 놀라운 설계이며, 그녀가 계속해서 공중으로 날아서 땅에 두 발로 설 수 있도록 허락하는 하나님의 계속적인 유지이다.

지금 당신의 몸이 다쳤다고 하더라도 과거에는 놀라운 방법으로 잘 유지되었고, 앞으로 변화가 있다고 하더라도 여러 가지 방법으로 유지될 것이다.

2. 하나님은 도덕적 교훈을 통해 우리의 건강을 보호하신다. 몇 종류의 질병이 전혀 소멸되지 않을까? 우리가 성경에 있는 하나님의 교훈을 따른다면, 몇 개의 외상이 결코 불구가 되지 않을까? 하나님은 우리를 사랑하시기 때문에 우리를 창조하셨기에, 힘든 세상으로부터 우리를 보호할 지침 없이 우리를 내버려 두지 않으셨다. 우리의 미래의 건강을 위하여 하나님의 말씀으로부터 교훈을 배울 수 있다.

3. 하나님은 과학적인 지식을 보여 주시고 우리의 기술을 사용하시기 위하여 발전시키신다. 캐서린의 척추를 고친 두 의사들은 다친 척추를 고치기 위해 지식과 기술을 오랫동안 연구하고 숙련했다. 그 오랜 연구 기간 동안 부러진 척추에 대하여 그들이 발견한 것은 하나님의 진실, 하나님의 창조에 대한 것, 고통을 경감시키기 위하여 인간에게 보이신 것이다. 진리를 영향력 있는 행위로 변화시킨 마음과 솜씨는 하나님이 그 의사들에게 선물로 주신 것이다. 이같은 과학적인 지식과 기술은 당신이 고쳐야 할 병에 걸렸을 때 당신에게도 사용 가능하다.

4. 하나님은 능력을 보이신다. 하나님은 수술실에 있었던 의사들과

캐서린을 사랑하셨기 때문에, 그들의 삶에 계획이 있으셨기 때문에, 그리고 우리의 믿음 때문에 임재하셨다. 나는 캐서린이 다시 걷는 것을 보았을 때, 내가 가장 좋아하는 성경 구절이 생각났다. "그 아이의 손을 잡고 가라사대, '달리다굼'(Talitha koum) 하시니, 번역하면 '소녀야, 내가 네게 말하노니 일어나라!' 하심이라. 소녀가 일어나서 걸으니, 나이 열두 살이라" (막 5:41-42).

이 구절은 그 의사들의 행동을 통하여 역사하시는 하나님의 능력으로 나에게 삶을 가져다 주었다. 하나님은 과학적인 것만을 주실 뿐 아니라, 그 과학이 사용될 때 능력을 나타내신다. 나중에 나올 하나님의 능력에 대해서는 많은 질문들이 있지만, 내가 보증할 수 있는 것은 하나님의 능력이 모든 치유의 궁극적인 근원이라는 것이다.

5. 하나님은 그를 따르는 자들의 기도를 들어 주신다. 캐서린은 사고를 혼자 감당하지 않았다. 캐서린의 척추는 넘어졌을 때 어긋났고, 척추 조직을 밀고 들어가기 위해 거꾸로 움직였다. 그러나 1밀리미터를 남기고 멈추었다. 하나님의 능력은 마지막 1밀리미터를 움직임으로 척추뼈를 잡고, 캐서린의 의사들의 손을 통해 역사하시며, 캐서린의 치유를 위해 기도하는 많은 사람들에 의하여 어떻게든지 드러났다. 이것은 하나님을 믿는 자들에게 주신 놀랍고 경이로운 책임이다: 그의 뜻 안에서 우리의 믿음의 기도를 통하여 그의 능력을 지시하기 위한 것이다.

이 달 초에 나는 47세 된 여자 암 환자의 어깨에 손을 얹었다. 나는 과학적으로 "그녀가 치유될 수 없다"는 것을 알았다. 그럼에도 불구하고 나는 하나님이 그녀를 완전히 치유해 주실 것을 위하여 기도했다. 그녀는 자신의 병에 대해서 잘 알았다. 그러나 또한 그녀가 하나님의 능력의 진실을 이해한다는 것을 나는 알았다. 매주 100명 중 한두 환자들은 건강하게 내 사무실로 걸어 들어온다. 과학적으로 "당신은 치유될 수 없다"는 말을 들은 후, 내 앞에 서 있는 환자들은 위대한 기도와 하나님의 능력을 통해 하나님이 그가 창조하신 과학보다 더 위대하시다는 사실을 알게 된다.

**6. 하나님은 목적을 가지고 병을 축복하신다.** 캐서린이 회복되는 동안, 나의 어머니는 캐서린의 사고에 대한 죄의식에 대하여 말씀하셨다. 사고가 나기 전 캐서린은 기계체조 때문에 친구가 거의 없었다. 학교에도 흥미가 없었고, 교회에 대해서도 별 관심이 없었다. 할머니는 캐서린의 인생이 바뀌어지기를 기도했고, 그렇게 함으로 그녀가 완전하게 자라 행복하게 되기를 바랐다. 사고가 나고, 그녀가 거의 마비가 되고, 회복이 늦어졌을 때, 할머니는 기도 때문에 책임감과 죄의식을 느꼈다. 실제로 캐서린은 이제 안정된 학생이며, 세 가지 학교 운동에 적극적으로 참여하고, 규칙적으로 교회에 출석하고, 예전보다 아주 행복해 한다. 나는 하나님이 캐서린의 사고에 원인을 제공하셨는지는 모르나, 그 사고로부터 아주 좋은 결과를 만들어 주신 것을 안다.

하나님은 사고와 병의 목적을 주신다. 만일 그렇지 않으면 비극만 있을 것이다. 의사로부터 나쁜 소식을 처음 들었을 때, 질병과 사고에 대해 어떤 좋은 것이 올지 우리에게는 분명하지 않지만, 하나님께는 항상 분명하다. 하나님은 당신의 아픔을 낭비하지 않으신다. 어떤 좋은 일이 그로 인하여 올 것이다.

7. 하나님은 질병을 평안으로 축복하신다.  환자들에게 암이 생겨 죽을지 모른다고 이야기할 때, 나는 가끔 환자들의 두려움과 공포를 본다. 그러나 항상 그런 것은 아니다. 그리스도인 안과의사 제임스 콜리어(James Collier)는 점차적으로 몸 전체에 퍼져 그의 목숨을 앗아갈 폐암에 걸렸다. 그가 끔찍한 병고를 치르는 동안, 그는 "내가 가진 것은 예수님밖에 없고, 나에게 필요한 것은 예수님뿐이다. 나는 순간의 기쁨을 갖고 살아가는 것을 배웠다. 나는 하나님의 임재를 훈련하는 것을 배웠다. 나는 길이 어디서 끝나는 줄 안다. 나는 나의 여행이 얼마나 남았는지 모른다. 그러나 하나님의 주권이 길 끝에서 나를 기다리고 있다는 것을 안다. 나는 이 여행을 어떤 것과도 바꾸지 않을 것을 내 마음 깊은 곳에서부터 말할 수 있다. 나는 만일 암을 없애는 것이 하나님의 사랑의 깊은 물 속으로의 여행을 잃어버리는 것이라면 암을 없애지 않을 것이다"[4]라고 말했다.

종양내과 의사로서, 나는 많은 환자들로부터 그들이 얻은 평안 때문에 병을 얻은 것이 가치 있는 것이며, 그 병에서 하나님이 그들의 마음에 놀라운 평안을 주었다는 말을 많이 들었다. 당신의 병에 대해 어떻게 하면 이와 같이 경험할 수 있도록 도와 줄 수 있을까? 나는 이 책에서 답을 얻게 되기를 기도한다.

8. 하나님은 천국에서 우리의 건강을 완성시키신다.  하나님은 종종

그의 능력을 과학을 통해 보이신다. 하나님은 가끔 병들거나 다친 사람들을 치유하는 과학을 *통해서* 그의 능력을 보이신다. 그러나 지구상에서 우리가 볼 수 있는 어떠한 치유도 일시적인 것이다. 심지어 나사로도 다시 죽었으며, 그가 죽었을 때 예수님이 그를 죽은 자들 가운데서 살리신 이후도 눈깜짝이는 짧은 시간인 것처럼 보였다. 이 세상에서 영원한 유일한 치유는 우리의 일시적인 몸이 영원한 몸으로 변화될 때에만 일어난다.

오스카 아눌포 로메로(Oscar Arnulfo Romero)는 1970년대에 중대한 정치적 격변기에 산 살바도르(San Salvador)의 대주교였다. 그는 가난하고 억압된 사람들을 위해 싸웠다. 어느 날 그는 인터뷰에서 말했다, "나는 자주 죽음으로부터 위협받아왔다. 그리스도인으로서 나는 *죽음*은 믿지 않지만 *부활*은 믿는다는 것을 말해야겠다." 2주 후 암 전문 병원 예배에서 설교할 때, 그는 총에 맞아 죽었다.[5] 그리스도인으로서 오스카 로메로는 이 세상에서 삶을 마친 후 하나님과의 삶에 동참했다. 그러므로 그는 하나님과 함께 할 생각 때문에 아무 두려움 없이 정열적인 삶을 살았다. 우리의 병이나 사고가 무엇이든지, 우리 자신을 그리스도인이라고 부를 때, 우리는 하나님의 은혜와 능력을 통하여 우리 앞에 놓인 날들을 계수해야 한다. 또한 하나님과 우리의 사랑하는 사람들과 함께 죽음으로부터 완전한 삶으로 일으켜 세울 때 완전한 치유를 경험할 수 있다.

이제 의사가 당신에게 나쁜 소식을 전할 때 당신의 치유에 하나님의 자리가 있는가? 만일 당신이 기적이나 과학적인 치유 없이 병든 인생을 살아야 한다면, 하나님은 당신과 동행하시겠는가?

우리들은 각기 스스로 결정해야 한다. 당신의 병이나 비극, 그것이 무엇이든지, 지금 이 질문을 당신에게 할 기회가 주어진 것이다. 나는 심각한 선택을 해야 하는 것을 알기 때문에 이 책을 쓴다. 만일 당신의 손을 하나님의 손 위에 놓기로 선택한다면, 제임스 콜리어나 다른 내가 아는 사람들처럼, 당신은 어려운 길을 평안히 걸어갈 수 있을 것이다. 아마도 다른 사람들처럼 당신의 병과는 상관없이, 당신의 인생을 *놀랍다*고 말할 수 있을 것이다.

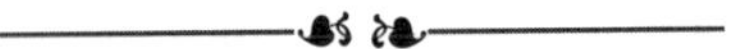

몇 년 전 폴과 마가렛 브랜드(Paul and Margaret Brand) 의사가 그리스도인 의사들과 함께 이야기하는 것을 들을 특권이 있었다. 마가렛 브랜드는 인도의 한센병 환자촌과 루이지애나에서 몇 년 간 남편과 함께 일했던 훌륭한 의료 선교사였는데, 공학도이면서 4개 국어를 하며 곧 결혼할 젊고 똑똑한 청년에 대한 이야기를 했다. 그런데 그는 폐결핵과 한센병에 걸리게 되었다. 그는 신부를 잃었고, 직장을 잃었으며, 곧 목숨도 잃을 지경이었다. 그는 병원에서 몇 달을 지냈다. 그 병원은 기독교 병원이었는데, 브랜드 의사가 그 청년에게 하나님의 사랑에 대해 이야기할 때마다 그는 화를 내면서 말했다, "하나님은 내가 사랑하는 모든 것을 다 빼앗아 갔습니다."

데이빗(David)이라는 간호조무사는 그 병동에서 언제나 기쁘게 일했다. 이 기쁨은 젊은 공학도를 매료시켰고, 어느 날 데이빗은 공학도에게 하나님을 전했다. 갑자기 변화가 일어났다. 이 슬프고 좌

절된 젊은 청년은 마음과 입술로 기쁨에 차 있는 사람이 되었다. 기쁨은 그의 남은 생애 동안 함께 했다. 어느 날 그의 결핵이 진행되어 폐를 절단하게 되었다. 이것은 그가 죽을지도 모르는 심각한 수술이었다. 수술 전 이 변화된 공학도가 말했다, "왜 두려워해야 합니까? 내가 죽으면 예수님과 함께 하기 위해 가는 것이고, 내가 살면 그분이 나와 함께 하시는데요." 그는 6개월을 더 살았다. 죽기 바로 전에 그는 브랜드 의사에게 편지를 보냈다. 그 편지에서 "나는 한센병에 걸린 것에 감사합니다. 왜냐하면 그 가운데서 하나님을 발견했기 때문입니다."

의사의 나쁜 소식이 당신의 인생을 짧게 만들거나 또는 삶을 어렵게 하더라도, 하나님은 당신의 질병 속에서 일하시기를 약속하신다. 어려운 환경 속에서 당신이 찾는 평안은 하나님이 사랑과 능력으로 거기에 계시다는 지식을 가지고, 하나님의 임재 속에서 하나님과 동행할 때 찾을 수 있다.

> 비록 무화과나무가 무성치 못하며,
> 포도나무에 열매가 없으며,
> 감람나무에 소출이 없으며,
> 밭에 식물이 없으며,
> 우리에 양이 없으며,
> 외양간에 소가 없을지라도,
> 나는 여호와로 인하여 즐거워하며,
> 나의 구원의 하나님을 인하여 기뻐하리로다.

하박국 3:17-18

# 제3장

# 가장 좋은
# 과학을 선택하라

마이클(Michael)은 젊고 미남이었다. 그의 부인은 지적인 눈을 가진 매력적이고 사려 깊은 사람이었다. 내가 진료실에서 그들을 맞았을 때, 그들은 건강하고 정상으로 보였다. 그러나 마이클은 두통이 진전된 후 뇌종양이 발견되었다. 종양은 수술로 제거되었다. 이제 그의 문제는 수술한 쪽의 눈이 보이지 않는 것이었다. 두 부부는 앞으로의 치료에 대한 충고를 받기 위해 나에게 온 것이었다. 나는 마이클을 면담하고 진료한 후, 그의 상황에 대해 설명했다.

"마이클, 당신은 신경세포종이 있는데, 악성뇌종양입니다. 외과의사가 종양 제거는 잘 했지만, 종양이 다시 생길 가능성이 높습니다. 방사선 치료와 구강 화학요법으로 재발을 최대한 막아볼 것을 권하고 싶습니다. 그러나 영원히 치유될 수는 없다고 봅니다."

마이클과 로빈(Robin)은 냉정하게 받아들였고, 많은 질문을 가진 채 다시 찾아왔다.

"제가 얼마나 더 살 수 있을까요?"

"새로운 연구 치료를 받으려면 어디로 가야 합니까?"

"우리가 인터넷에서 찾은 이 자료에 대해서는 어떻게 생각하십니까?"

"상어 연골에 대해서는 어떻게 생각하십니까?"

나는 질문에 대해 하나씩 그들과 같이 풀어나갔다. 우리는 마이클이 희망이 있어 보이는 실험적 치료를 위해 듀크대학교(Duke University)의 뇌종양 크리닉을 방문하기 위한 마지막 계획을 세웠다.

당신은 의사가 처음 나쁜 소식을 전할 때 어떻게 하는가? 나쁜 소식은 마이클처럼 악성일 수도 있고, 아니면 불임, 다발성경화증, 당뇨, 몸이 쇠약해지는 사고, 심장병, 또는 당신의 삶이 비극으로 바뀌었다는 현실의 삶을 통하여 당신의 삶의 진행을 멈추게 하는 다른 여러 종류의 진단일 수도 있다.

나의 경험에 의하면, 환자들이 처음 나쁜 소식을 들었을 때 그들은 충격에 휩싸인다. 그들은 내가 말하는 것을 아주 조금만 이해한 채 어리벙벙해 하며 떠난다. 나쁜 소식을 듣는 것은 길고 어려운 여행의 첫 걸음이며, 이것은 가끔 안개 속을 걷는 것과 같다.

환자들은 많은 질문과 답이 있어야만 가능한 한 가장 좋은 치료를 받는다고 확신한다. 내 생각에 중요하다고 생각하는 것을 말하면, 처음 나쁜 소식을 들었을 때는 질문하려고 노력하지 말라. 만일 시간이 허락되면 가능한 빠른 시일 내에 의사와 약속하라. 나는 당신을 도와서 문제들을 명백하게 설명할 수 있는 사람과 같이 가라고 추천하고 싶다. 그리고 의사의 대답이나 충고를 이해하고 기억하는 데 도움이 될 수 있는 것을 기록할 것이나 녹음기를 가지고 가라.

## 의사에게 할 질문들

1. 당신은 진단에 대해서 얼마나 자신 있습니까? 어떤 때는 의사들이 진단에 대해서 절대적으로 확신하지만, 어떤 때는 그렇지 않다. 가끔씩 다른 문제 때문에 오진하게 만든다. 또 어떤 때는 비정상적인 결과가 의사가 말하는 것처럼 나쁘지 않을 수도 있다. 환자들은 의사들이 진단할 수 있는 자신감의 정도와 그것을 알아내기 위해 다른 검사들을 해야 할 가치가 있는지의 여부를 알아야 한다.

내가 아직도 진료하고 있는 젊은 남자 환자는 몇 년 전 고환암에 걸렸다. 우리는 그를 적절하게 치료했다. 1년 후 흉부 사진에서 암이 전이된 듯한 혹(원래의 부위에서 전이된 암)을 발견했다. 그러나 그의 경우에 90%는 전이될 가능성이 없었다. 그래서 나는 혹의 조직 검사를 했고, 그 결과 그것은 치료가 가능한 폐의 진균성 감염증이라는 것을 발견했다. 환자로서 의사가 당신의 진단을 내리는 데 의사의 자신감의 정도를 알아야 한다는 것을 명심하라.

2. 이런 문제가 나의 삶의 남은 기간과 삶의 질에 어떻게 작용합니까? 당신은 가장 좋고 가능한 치료적 접근과 삶의 현실적 계획을 위하여 자신의 병을 잘 이해해야 한다. 전에 건강했던 71세 된 남자 환자가 다발성골수종에 걸렸다. 골수종은 골세포를 용해하는 골수의 악성 종양으로 구멍을 남기고 골절의 원인이 된다. 그 사람의 가장 중요한 질문은 "골프를 다시 칠 수 있을까요, 의사 선생님?"이었고, 그것이 그에게는 중요한 삶의 질의 문제였다. 나의 대답은 "확신할 수는 없지만, 최선을 다 하겠고, 확신이 생기면 알려드리겠습니다"였다. 다른 사람들에게는 골프가 아니라 테니스나 바이올린 또는 독서가 될 수도 있다. 환자로서 당신이 직면한 병이나 상태에 대해서 알면 알수록 그리고 그것이 당신의 삶의 질에 어떻게 영향을 미칠지 알면 알수록, 당신의 육체적, 사회적 그리고 일상 업무에 더 쉽게 적응할 수 있다. 당신의 삶의 질에 대해서는 나중에 더 논의하도록 하겠다.

"얼마나 더 살 수 있는가?" 의사는 이런 질문에 단번에 정확한 답을 줄 수는 없다. 모든 병의 과정에는 환자마다 대단히 많은 변수가 있다. 당신이 진단을 받았을 때는 *평균적인* 건수에 대한 의사의 지식을 듣고 있다는 것을 깨달아야 한다. "내가 바랄 수 있는 가장 좋은 것은 무엇인가?"와 "나에게 일어날 수 있는 가장 나쁜 것은 무엇인가?"에 대해 물어라. 당신은 아마도 그 범위 내 어딘가에 있을 것이다.

3. 내 문제에 있어서 가장 좋은 치료는 무엇입니까? 내가 환자를

진료할 때, 치료를 위한 세 가지의 가능한 목표가 항상 있다. 첫 번째는 *문제를 치유하는 것*이다. 만일 이것이 의학적으로 가능하지 않으면, 두 번째는 *환자가 가능한 한 오래 살 수 있도록 도와 주는 것*이다. 세 번째 목표는 항상 수술하는 것인데, 가끔씩은 유일하게 가능한 것이기도 하다: *이것은 환자의 삶의 질이 가장 좋을 수 있는 상태인 것을 확인하기* 위한 것이다. 가끔씩 어떤 목표가 탁월하고, 어떤 때는 다른 목표가 그렇다. 내가 치료를 제의할 때는 목표가 매우 뚜렷해야만 한다. 만일 내가 제의한 목표가 뚜렷하지 않으면, 나의 환자들은 적지 않은 돈을 들여 괴로움을 겪으면서 실제적인 혜택은 거의 없고, 의학의 미로 속에서 길을 잃게 될 것이다. 환자가 최상의 치료와 가장 적절한 목표를 이해했을 때, 치료비와 치료가 가치 있는지의 여부를 결정할 수 있다. 당신의 의사는 치료에 대하여 설명하고, 어떤 목적이 성취될 수 있는지 말해 주어야 하며, 그 목표에 다다르기 위해 다른 선택이 있는지의 여부를 알려 주어야 한다.

의사에게 당신의 병에 대하여 서면 정보를 달라고 요구하라. 환자를 위해 준비된 정보나 당신의 문제를 더 잘 이해할 수 있게 도와 줄 수 있는 인터넷 사이트에 대한 정보를 받아야 한다. 그러나 인터넷 정보에 대해서 안내 없이 조사하는 것은 조심해야 한다. 어느 누구라도 인터넷에 정보를 올릴 수 있고, 많은 사람들이 잘못된 동기로 그렇게 하고 있다. 의사에게 당신의 문제에 대해서 연구하는 데 도움이 되는 유용한 인터넷 사이트를 물어보라. 명심하라: 위에 제시한 세 가지 목표에 닿지 않는 치료는 상태가 잠시 동안 호전된다고 하더라도 별 가치가 없다.

4. 다른 의사의 소견을 찾아야 합니까? 이런 질문은 언제나 물어보아도 좋다. 삶을 바꾸어 놓을 수 있는 건강 문제에 봉착했을 때에는 누구나 적어도 두 명의 의사나, 환자가 온전히 신뢰할 수 있는 의사에게서 진단을 받아야 한다. 당신의 의사에 대한 신뢰성과 답에 대한 신뢰성에 기초하여, 다른 의사의 소견의 정당성을 결정하라. 만일 당신이 특별 전문 의사의 진료를 받는다면 다른 이래를 위해 항상 주치의와 상의하라. 다른 의사의 소견이 비용이나 문제에 대한 가치가 있는지를 결정하는 데 도움이 되도록 물어보라. 만일 다른 의사의 소견을 받아들이기로 결정했다면, 후회하면서 이런 질문에 대해 뒤돌아보지 말고 기꺼이 치료 결과를 받아들여야 한다.

5. 내가 참여해 볼 연구 프로그램이 있습니까? 가끔씩 연구 치료는 끔찍한 의학 문제에 가장 큰 희망이기도 하다. 또 다른 어떤 연구 실험은 매우 어렵고 희망적인 혜택이 거의 보이지 않기도 한다. 연구의 유익함에 대하여 당신의 이모, 삼촌, 사촌 또는 인터넷을 믿지 말라. 연구 가능성에 대하여 의사에게 물어보고, 어떤 것이 여행, 치료비, 불편함이나 아픈 것에 대해 가치가 있는 것인지를 알려 달라고 하라. 대부분의 의사들은 자기 환자들에게 가장 좋은 것을 원하며 진정한 희망을 줄 수 있는 연구 실험에 자기 환자를 의뢰하려고 한다. 사실상 어떤 연구 실험은 환자의 복지를 위해서 가장 좋은 희망이다. 기억하라: 표준 치료보다 나은 것으로 증명된 어떤 연구

프로그램은 더 이상 실험용이 아니다. 당신의 의사는 아마도 연구 실험이 보통 치료보다 더 당신을 도와 줄 수 있다는 것을 판단해 줄 가장 좋은 사람일 것이다.

**6. 대체의학과 보충의학은 어떻습니까?** 심각한 건강 문제에 직면할 때, 많은 사람들은 대체의학과 보충의학과 치료를 사용한다. 어떤 사람들은 의사의 치료와 병행하여 사용하고, 반면에 어떤 사람들은 표준의학 치료의 대체로 사용한다. 나는 치료될 수 있는 암에 걸려서 수술 후 나를 찾아 온 젊은 여자 환자에 대하여 아직도 비통한 생각이 든다. 우리가 논의한 후, 그녀는 치료 대신 면역 체계를 최대화하는 관장과 영양을 중요하게 여기는 전체론적 의학 진료소에 가기로 결정했다. 그녀의 암이 더 진전되어서 왔을 때, 그녀에게 치유의 진정한 희망을 주기에는 이미 늦은 때였다.



　일반적으로 환자들은 대체의학에 대하여 말하지 않고 조용히 치료받으면서 의사에게 진료를 같이 받는다. 대체의학에는 두 가지 큰 문제가 있다. 첫 번째는 증명된 효과성의 결핍이다. 표준의학은 효과성을 증명하기 위하여 많은 실험을 거친다. 어떠한 표준의학이라도 그것을 사용함으로 이익을 받을 수 있는 사람들의 백분율에 대한 정보를 명확하게 기록하고 있다. 대체의학에는 그런 확실한 정보가 없다. 대체의학의 다른 문제는 독성에 대한 부당한 이해이다. 대부분의 대체의학은 부작용이나 표준의학과의 상호 작용에 대한 이해할 수 있는 적절한 검사가 없다. 아무도 대부분의 대체요법이 당신의 의학적 문제를 위한 의사의 치료를 도와 줄 것인지 아니면 방해할 것인지에 대해서는 알 수 없다.

나는 많은 대체요법들이 효능이 있고, 어떤 요법들은 어떤 환자들에게 유익을 줄 수 있을 것이라는 것에 대해 의심하지 않는다. 의사들이 이것을 인식하고, 이런 치료에 대한 효과와 독성을 실험하기 위해 많은 연구를 진행하고 있다. 이미 어떤 대체요법은 가치 있는 정보로 유효하다. 아주 좋은 참고 도서는 도날드 오메투나(Donald O'Mathuna)와 월트 래리모어(Walt Larimore)가 쓴『대체의학: 그리스도인 안내서』(Alternative Medicine: The Christian Handbook)이다.[1] 의사에게 당신이 특별히 해보고 싶은 대체요법에 대해 물어보고 당신을 위해 찾아보게 하라.

7. 의사 선생님, 내가 당신의 어머니라면 당신은 나에게 어떻게 하라고 말씀하시겠습니까? 지난 20년 동안, 미국 의학에서 결정은 환자가 하도록 되어 있다. 미국 의사들은 일반적으로 환자들에게 치료의 선택, 위험, 가능성 있는 유익을 모두 알려 준 후 환자 스스로 결정하기를 원한다. 가끔씩 이런 정보들이 환자를 불안하게 만들고 결정하지 못하게 만든다. 의사에게 자신의 가족이라면 어떤 선택을 하겠느냐고 묻는 것도 일상적으로 적절한 방법이다. 의사를 위해서 개인적인 결정하게 할라.

80세에 폐암이 간까지 퍼진 여자 환자가 나에게 왔었다. 그녀는 쇠약했으나 진통은 없었다. 나는 그녀의 암을 적극적으로 치료하기 위해서 화학요법의 선택에 대해 설명했다. 또한 암을 치료하지는 않지만 병의 마지막 단계를 활동적이고 편안하게 보낼 수 있도록 도와 줄 수 있는 호스피스에 대해서도 설명했다. 나는 그녀에게 어떻게 하라고 이야기하지 않았다. 그녀는 내 눈을 응시해 보며 말하기를, "당신의 어머니에게는 어떻게 하라고 하시겠어요?" 나는 진심으로 대답했다, "만일 당신이 우리 어머니라면, 당신을 아프게 만드는 치료를 받지 말고, 여생을 매일 열심히 사시라고 말씀드리겠습니다." 그녀는 미소를 지으며 돌아서서 자녀들에게 말하기를, "바로 그것이 내가 원하는 것이야"라고 했다. 당신의 의사에게 이와 같이 질문할 것을 생각해 보라. 만일 의사가 대답하기를 거절한다면, 의사가 당신에게 책임지는 정도에 문제가 있거나 치료 선택에 대한 의사의 확신의 문제일 것이다.

8. 의사 선생님, 당신은 당신의 환자와 함께 기도하십니까? 당신이 끔찍한 소식으로 곤경에 빠져 있을 때, 당신의 의사가 당신과 함께 기도한다면 그 후로는 견디기가 훨씬 쉬워질 것이다. 의사와 함께 기도하는 것에는 많은 유익이 있다.

    ❧ 기도는 당신의 건강 관리 과정에 하나님을 초청하여 과학의 힘과 하나님의 능력이 치유를 향하여 함께 일할 수 있게 해 준다.

    ❧ 당신의 의사는 개인적인 수준에서 당신에게 더 책임을 지

게 될 것이다.

❦ 당신의 의사는 당신의 삶에서 당신의 믿음의 중요성을 이
해할 것이고, 미래에 영적인 문제를 당신과 함께 논의할
때 더 마음을 열 수 있을 것이다.

❦ 당신의 의사는 창조주 하나님과 만남으로 인해 개인적으
로 축복받을 것이다.


당신이 들은 나쁜 소식을 생각할 때, 아마도 당신은 다른 질문들
을 갖게 될 것이다. 그런 질문들은 다음과 같다:


"치료가 얼마나 급한가요? 해야 할 일들이 있는데요."

"우리 자녀들은 어떻게 해요? 유전인가요? 그들이 내 병을
다룰 수 있도록 어떻게 도와 주어야 하나요?"

"치료비는 얼마인가요?"

"내가 참여할 수 있는 상담을 위한 모임들을 알고 있습니까?"

"어떤 종류의 운동을 계속할 수 있나요?"

"특별히 무슨 음식을 조심해야 하나요?"


이런 것들은 평범한 질문들이고, 그에 대한 대답들은 도움이 될
수 있다. 위에 나열한 여덟 가지의 질문들은 병이나 사고 초기에
물어보아야 한다. 그 다음에 당신에게 필요한 질문들을 첨가하면
된다.

삶을 바꾸는 나쁜 소식에 직면할 때, 고통의 한 부분은 잘 모르는

것에 대한 공포이다. 언제나 매번 삶의 변화가 되는 사건에는 예측할 수 없는 불확실함의 정도가 있다. 그러나 올바르고 온전한 정보로 불확실함은 최소화시킬 수 있다. 그런 다음에 이런 정보는 치료의 가장 희망적인 과정을 계획하는 데 사용할 수 있고, 하나님이 허락하신 삶을 살아가는 가장 좋은 길이 되는 데 사용될 수 있다. 그런 결정들을 내림으로, 당신의 손을 쥐어트는 데 시간을 보내기보다는 사랑하는 사람들과 손을 잡고, 아이들과 함께 웃고, 아픈 사람들을 위로하고, 삶의 좋은 일들에 대하여 하나님께 감사하는 데 사용하라.

# 제4장

# 현실을 선택하라

우리는 인생이 무엇인지 정말 이해하고 있는가, 아니면 현실의 반 정도로 만족하는가?

내가 지난 번 잘못된 의료 체계의 재개를 돕기 위하여 알바니아에 갔을 때, 안톤(Anton)이라는 젊은 의사의 이야기를 들었다. 안톤은 6년 전까지 무신론자였다. 내가 말하려고 하는 사건 전에, 그와 그의 아내는 아이가 없었고, 세 번이나 유산되었다. 마침내 임신이 되어 그들에게 희망을 주었다. 그러나 또 유산이 되는 비극으로 그 희망은 없어지고, 안톤은 죽은 작은 아기를 그의 팔에 안게 되었다. 다음 날 유산된 자궁을 깨끗이 하기 위하여 수술이 계획되어 있었다. 그 날 밤 안톤은 당직이어서 병원에서 잤다. 꿈에 나이 많은 여인이 그에게 와서 두 개의 큰 메달을 주었다―하나는 금이고 하나는 은이었다. 안톤은 그녀의 계속적인 강요에도 불구하고 그 선물 받기를 거부했다. 그 꿈에서 안톤은 잠이 들었다. 그가 깨어보니, 아직도 꿈속이었는데, 그 여인은 없어졌고, 메달은 침대 뒤에 남아 있었다.

다음 날 아침 안톤이 실제로 일어났을 때, 그 꿈이 자꾸 마음에 걸려서 믿음이 매우 좋은 장모에게 꿈에 대해 말했다. 장모는 들은 후 꿈을 해몽했다. 꿈속의 나이 많은 여인은 하나님의 사자이며, 두 개의 그리스도인 메달을 가져왔다고 말했다. 그녀는 안톤에게 아들이 태어날 것을 약속했다. 안톤은 그것은 불가능하다고 생각했다. 그는 자기 손에 죽은 아기를 들었었다. 그러나 꿈이 자꾸 마음에 걸려서 수술 전에 초음파를 해보자고 했다. 초음파를 보고 있던 부인의 의사가 소리쳤다, "아이가 있어요."

안톤의 부인은 유산으로 출혈이 계속되고 있었다. 그래서 5개월 동안 침대에 누워 있었다. 마침내 안톤의 부인은 건강한 아들을 낳았다. 아기는 성탄절에 태어나서, 이름을 크리스티(Christie)라고 지었다. 아기의 출생으로 안톤은 하나님을 믿게 되었고, 그 후로 그 아들을 사랑하였다.

건강에 타격을 받은 비극적인 소식을 접할 때, 당신의 세계는 얼마나 작은가? 당신은 단지 견고하고 눈에 보이는 것만으로 만족하겠는가? 현실이 당신의 감각 능력을 넘어 영적인 세계를 둘러쌀 수 있는가? 당신의 영혼은 얼마나 제한되어 있는가? 현실에 대한 당신의 이해는 얼마나 한정되어 있는가?

말러리(Mallery) 부인은 악성 폐암이 폐에 가득 차서 죽었다. 그녀가 죽은 다음 날 남편이 그녀의 마지막 이틀에 대해 나에게 말했다. 그녀가 죽기 전 날 그녀는 진통제로 인하여 약간 혼미한 상태였다. 그러나 정신이 말짱한 시간이 있었는데, 그녀는 딸에게 "내가 오늘 하나님을 보았단다"라고 말했다.

그의 딸이 반응했다, "정말이에요? 천사들이 함께 있었나요?"

그녀가 대답하기를, "그래, 거기 있었어. 천사들이 곧 올 거야. 그러나 내가 천사들에게 조금만 기다리라고 했단다. 왜냐하면 너와 너희 아버지가 아직 나를 필요로 하기 때문이야."

다음 날 그녀는 죽었다. 딸이 울기 시작했을 때, 아버지가 말했다, "울지 마라. 이건 아름다운 일이다. 엄마는 엄마가 언제나 가기 원하던 곳에 하나님과 함께 있지 않니?" 말러리 부인이 정말 하나님을 보았을까? 이 세상에서 우리가 볼 수 있고, 만질 수 있고, 느낄 수 있고, 들을 수 있고, 수학적으로나 망원경으로 증명할 수 있는 것 외에 무엇이 더 있을까? 의사가 나쁜 소식을 전할 때 나를 도와 줄 수 있는 물질적인 세계보다 정말 무엇이 더 있는 것일까?

레이첼(Rachel)은 우리의 친구였다. 그녀는 서른한 살이었고, 아름다운 나이지리아 미소를 가지고 있었으며, 에쿠 마을에서 어디를 가든지 우리 딸 캐서린을 등에 업고 다녔다. 주주(juju) 축제가 다가오고 있을 때, 우리는 그녀에게 마을 사람들이 예배하는 산림지의 신령에 대해서 물어보았다. 그녀는 *주주*를 무당으로 섬기기 위하여 운명 지어진 아이들인 *아다다*(Adada)에 대해서 말했다. 그 아이들은 자라면서 머리가 곱슬곱슬해지는 방향에 따라 식별된다. 일단 승려가 뽑으면 그들은 머리를 자르면 안 되고, 자르면 죽임을 당한다. 레이첼은 *주주* 강에 매년 한 명씩 희생된다고 말했다. 그 해에 우리 집 근처를 흐르는 아름다운 에티오페강(Ethiope River)에서 어린 소년이 익사했다. 나는 레이첼에게 그런 악령들에게 둘러싸여 있는 것이 무섭지 않은지 물어보았다. 그녀는 싱긋 웃으며 말했다, "그들은 나를 해치지 못해요. 나는 그리스도인입니다." 그녀는 우리들의 지각을 초월해서 존재하는 영적 세계를 받아들이는 데 어려움이 없었고, 그 세계를 매일의 삶에 적용시키고 있었다.

## 과학과 현실

현대 사회에서 우리는 만질 수 있거나 시험해 볼 수 있는 것만 믿으려는 경향이 있다. 우리는 그것을 과학이라고 부른다. 그러나 어쩌면 우리는 과학에게 너무 많은 책임을 주었는지 모른다. 과학적인 사고는 우리에게 너무나 훌륭한 가치이다. 그러나 만일 우리가 하나님으로부터 과학을 분리한다면 잘못된 생각이다. 과학은 하나님께로부터 온다. 과학적인 사고는 이 세상에서 문제들을 해결하는 데 도움이 되는 하나님이 주신 도구이다. 하나님과 과학 간의 갈등은 겨우 정원사와 삽 사이의 갈등 정도이다. 만일 하나님이 만물의 창조주라면, 우리가 과학에서 발견하는 어떠한 것이라도 하나님의 진리이다. 수레바퀴의 발견부터 가장 최신의 붙임 방법까지, 하나님은 가장 먼저 아셨다; 하나님은 우리가 태어나기 이전에 이미 그것을 설계하셨고, 우리가 사랑하는 사람들의 고통을 경감시키기 위한 방법으로 그 지식을 우리에게 주셨다. 갈릴레오(Galileo)는 이것을 알았다. 지구가 태양 주변을 돈다는 사실을 그가 과학적으로 증명했을 때, 그는 교회로부터 박해를 받았다. 왜냐하면 그 당시 갈릴레오의 과학은 교회의 신학에 대한 이해와 일치하지 않았기 때문이다. 그러나 갈릴레오는 개인적으로 하나님의 말씀의 권위를 온전히 받아들이는 데 문제가 없었고, 동시에 과학이 제공할 수 있는 것을 위해 과학을 사용했다. 그는 두 개의 진실이 서로 상반되지 않는다는 것을 믿었고, 그래서 언젠가 이런 과학적 진실과 성경은 필요에 따라 온전한 조화를 이룰 것이라고 느꼈다.[1]

갈릴레오는 과학이 모든 진실을 발견하는 것과는 거리가 멀다고 이해했다. 그러나 과학이 완성되면 결과적으로 창조주 하나님의 올바른 지위를 확증할 것이라고 생각했다. 과학적 진실은 불완전하다. 왜냐하면 거기에는 아직도 배워야 할 것이 많기 때문이다. 그러나 불완전한 대로 하나님의 지식은 과학을 통하여 우리의 몸이 이 세상에서 건강을 잃을 때 그런 문제들을 극복하는 데 도움을 주기 위하여 의사들의 손으로 넘겨졌다.



신앙인으로서 과학에 대한 우리들의 문제는 과학을 쓰지 않고 두는 것에 대한 책임이다. 현대 사회에서 우리는 과학이 현실을 규정 짓도록 책임을 확장했다. 우리는 "현실은 현실이다"에서 "현실은 내가 증명할 수 있는 것이다"로 진술을 바꾸었다.

이것은 간단히 말하면 사실이 아니다. 과학은 현실을 규정하기에 너무 불완전하다. 새롭게 발견되는 사실들은 계속적으로 우리의 논리들을 바꾸고, 현실에 대한 새로운 이해를 우리에게 가져온다. 예를 들면, 나이지리아에 있는 동안 세 번이나 환자들이 심하게 다리 화상을 입고 실려 왔다. 그들은 간질병의 병력을 가지고 있었다. 발에 대해서 물어보았을 때, 가족들은 "그는 죽었어요. 그 발을 불에 태우면 다시 생명을 얻어요"라고 말했다. 어떤 부족민이 간질에 걸린 사람들이 땅에 죽은 듯이 쓰러졌다가 불에 던져진 후 다시 살아난 것을 보았을 것임에 틀림없다. 이 관찰로부터 나이지리아 시골에서는 간질 후 죽은 사람들이 발을 불에 넣으면 다시 살아날 수 있다는 학설을 만들었다. 학설은 시험되었고, 간질 증세로 죽은 것처럼 보였던 죽은 사람들 중 몇 명은 살아났다. 시험이 가끔씩 학설을 확증했으므로, 마을 사람들은 학설에 순응했다. 차후로는 간질 환자가 혼수 상태에 빠지면, 마을 사람들은 발을 불 속에 넣었다.

이제 새로운 지식이 생겼다. 나이지리아 의사들은 많은 마을 사람들이 모르는 의학 지식을 배웠다. 그들은 뇌파와 전자단층회로와 뇌파검사에 대해 배웠다. 그리고 간질 환자는 가끔 발작 후 죽은 것처럼 보이나 깨어날 것이고 불이 있든지 없든지 괜찮아진다는 것을 안다. 나이지리아 마을 사람들의 현실은 그들이 만질 수 있고 볼 수 있는 것에 근거하여 "불은 생명을 줄 수 있다"는 것이다.

새로운 사실들이 가능해지므로, 나이지리아 의사들의 현실은 "붉은 발에 화상을 입는 것과 간질 환자들의 삶을 회복하는 것과는 아무런 상관이 없다"가 되었다. 새로운 지식은 교육받은 나이지리아 사람들이 믿었던 현실을 바꾸어 놓았다. 관찰에 근거한 현실은 새로운 정보가 나타났을 때 바뀌었다.

------------◦⧁ ⧂◦------------

우리도 역시 불완전한 지식을 가지고 있다. 그러므로 과학이 현실의 제한점을 규정하도록 허락해서는 안 된다. 우리는 증명할 수 없는 것은 존재하지 말아야 한다고 주장하는 경향이 있다. 이것은 진실한 과학의 가설은 아니었지만, 그럼에도 불구하고 과학이라는 이름으로 현대인들이 삶에 대한 이해를 하게 만들었다. 만일 우리가 증명할 수 있다면 그것은 진실이다. 만일 증명할 수 없다면 그것은 진실이 아니다. 그런 종류의 사고는 불완전하다. 역사를 통하여 똑똑한 사람들이 틀렸다고 우겼던 논리들은 그것들을 위하여 개발된 도구들 때문에 나중에는 맞는 것으로 증명되었다. 갈릴레오는 감옥에서 사형 선고를 받았다. 왜냐하면 증명할 도구도 없이 지구가 태양 주위를 돈다고 이론을 세웠기 때문이다. 우리는 우리의 논리가 사실이라는 것을 증명하는 것을 돕기 위하여 과학을 사용한다. 그러나 우리가 증명할 수 없기 때문에 존재하지 않는다는 것은 비논리적이다. 우리의 증명의 결핍은 단순히 지식의 결핍이거나 그 당시 질문을 해결할 도구의 결핍일 수 있다. 과학은 우리의 세계를

탐구하는 데 유용하다. 그러나 우리 현실의 한계점을 규정해서는
안 된다.

이것은 당신이 병에 어떻게 직면하는 것과 무슨 관계가 있는가?
만일 병에 직면할 때, 당신이 받아들일 수 있는 유일한 현실은 과학
을 통하여 어떤 것이 만져질 수 있고 실험될 수 있느냐 하는 것이
다. 그러면 그것이 당신의 희망을 제한시킨다. 그러나 하나님을 믿
는 우리들은 과학은 불완전한 것이며, 과학적으로 실험될 수 있는
것 이상의 그 무엇이 있다는 것을 안다. 과학적인 사고는 영적 세계
의 존재를 실험해 볼 수 있는 도구를 아직도 발견하지 못했기 때문
에, 많은 사람들은 영적 세계는 존재할 수 없다고 추측한다. 그러나
과학이 증명할 수 있든지 없든지 인생에는 영적 차원이 있다.

나는 데이빗 엑비디온(David Egbedion)과 추수감사절 예배를
드리기 위해 나이지리아의 우르(Ughere)에 있는 그의 교회로 가고
있었다. 가는 길에, 그는 임신 6-7개월 때마다 여섯 번이나 유산하
여 자녀가 없는 한 여자 교인에 대하여 이야기했다. 그녀는 마귀의
꿈을 꾸었는데, 마귀가 아기를 못 가지게 한다고 확신하게 되었다.
다양한 *주주*들에게 바친 남편의 헌금은 도움이 되지 않았다. 하나
님은 그런 마귀의 세력보다 강하다고 데이빗은 그녀에게 설명했
다. 만일 그녀가 예수님을 구원자로 받아들이면, 어떤 세력도 그녀
를 주장하지 못할 것이라고 설명했다. 그녀는 예수님을 받아들였
고, 그 순간 이후 더 이상 마귀를 보지 않았으며, 유산되지 않고
두 자녀를 가지게 되었다. 어떤 과학자도 그녀의 마귀의 존재에 대
하여 증명할 수 없기에, 많은 과학자들은 의심할 것이다. 그러나

마귀의 존재는 적어도 수태될 때의 갑작스런 임의의 변화만큼 그럴 듯하다.

당신은 악한 영의 존재를 개인적으로 받아들일 필요가 없다. 그러나 만일 영적 차원을 현실로 받아들이지 않는다면 과학 뒤에 있는 희망과 죽음 뒤에 있는 희망을 발견할 수 없다. 인생에는 물질보다 더한 것이 있음에 틀림없다. 이집트의 왕들은 그들의 육체가 영원히 남기 위하여 미라가 되었다. 3000년 전과 같이 오늘날에도 그들의 사체를 만질 수 있다. 그러나 그것이 미라로 만든 목적이 아니었다. 이집트의 왕들은 그들의 *영*이 *육체*와 다시 결합한다고 믿었기 때문에 미라로 만들어졌다. 내 생각에는 만일 우리의 세계가 단지 물질뿐이라면, 그리고 내 육체가 멈출 때 내가 영원히 죽는다면, 내 세포가 얼마 동안 저장 되든지 상관이 없다. 만일 물질만이 존재한다면, 내 육체가 기능을 하기 위해서 남은 인생을 인슐린 주사나 심장약 또는 화학요법을 택하는 것이 그렇게 중요한가? 우리 인생의 어떤 부분에서, 우리 모두는 다른 세계의 삶, 즉 우리의 오각을 초월한 현실과 같은 삶, 우리의 짧은 인생을 더 의미 있게 만들어 줄 수 있는 삶을 동경한다.

역사에 보면 이스라엘의 작은 도시가 아람의 군사에 의해 포위된 적이 있었다 (왕하 6:8-17). 그것을 읽으면서, 어느 날 내가 잠에서 깨었는데 내가 살고 있는 도시가 나를 헤치려는 적군들에 둘러싸여 있다면 나는 어떻게 느낄까 생각했다. 그것은 아마도 의사로부터 얼굴과 얼굴을 대하며 나쁜 소식을 들었을 때 느끼는 감정과 별로 다를 게 없을 것이다.

이스라엘 사람들이 도시에서 밖을 보았을 때, 수천 명의 군인들과 병사들이 침범하려는 것을 보았다. 그러나 이스라엘 사람들이 본 것보다 더 많은 것이 있었다. 엘리사는 많은 것을 보았고, 그가 기도했을 때 그의 하인도 같은 것을 보았다. 침략하려고 에워싼 군대는 아람의 힘에 맞서 싸우기 위해 준비된 하나님의 위대한 군대였다.

엘리사의 눈과 이스라엘 사람들의 눈은 무엇이 달랐는가? 엘리사는 그의 오각으로 알 수 있는 것 이상을 볼 수 있었다. 엘리사는 믿음의 눈으로 보았다. 그렇게 하여 육체적 영역만큼 확실하고 살아 있는 영의 영역—확실하고 살아 있어서 아람 군대를 파괴시키기에 충분한 영역—을 보았다.

당신은 병에 걸렸을 때 보이는 것만 믿는가? 당신은 삶에서 이렇게 말할 선택의 여지가 있다, "내가 보는 것이 다야." 그런 다음 그런 방식으로 인생이 끝날 때까지 그대로 살든지 또는 "보는 것 이상의 무엇이 있다고 믿어. 하나님은 진실하셔. 내가 그를 볼 수 없지만 나와 함께 하셔. 하나님은 병과 죽음으로 나를 둘러싸고 있는 군대를 파괴하는 일과 더불어 위대한 일을 성취하시기 위하여, 나의 삶 속에서 역사하시는 힘과 욕망을 가지고 계셔."

생명은 물질적인 것만큼 영적이다. 우리가 믿음의 눈인 엘리사의 눈을 통해 세계를 본다면 그것을 알 수 있다. 영화 "산타 크로스"(The Santa Clause)에서 산타의 일을 무심코 취했던 경영인이 요정들과 장난감들의 대단한 북극 콤플렉스를 보았을 때 날카로운 부분이 있다. 그는 1000년된 요정 여주인에게 돌아서며 말하기를, "나는 그것이 보이지만 믿지는 않습니다!" 그녀는 대답했다, "보는 것은 믿는 것이 아니다. 믿는 것이 보는 것이다."[2] 여러 신성한 이유 때문에, 하나님은 우리가 하나님을 더 믿을수록 우리 삶에 역사하시는 것을 볼 수 있도록 우리를 창조하셨다. 우리는 하나님이 역사하신다는 것을 *보이시기* 위하여 우리 삶 속에 역사*하실* 것을 믿어야 한다.

한 가지 부가적인 단계는 우리의 어려움 속에서 하나님의 역사를 보아야 한다. 우리가 건강에 타격을 받은 삶에 접근할 때, 하나님을 믿는 것의 중요성을 받아들여야 하고, 하나님이 우리를 위해 계신다고 믿을 수 있도록 우리 자신을 밀고 나아가야 한다. 그러나 우리가 찾고 있는 평안을 찾지 못할 수도 있다. 하나님은 신앙의 눈은 단순한 믿음보다 더한 믿음이 요구된다고 주장하신다; 신앙의 눈은 확실한 믿음으로 *명백하게 설명되어야* 한다. 전에 그리스도인 의학회와 치의학회의 지역 과장이었던 론 라이블리(Ron Lively)는 그가 주최했던 가족회의에 대해 설명했다. 회의에 참석한 아이들은 많은 부모들과 함께 큰 방에 눈을 가리고 있었다. 부모들은 자기 자녀들의 이름을 동시에 부르기 시작했다. 어둠 속에서 아이들은 부모의 목소리를 듣고, 소리 나는 곳으로 가서, 자기가 믿는 목소리가 나는 부모의 팔에 안겼다.

당신에게 많은 아픔이나 절망을 주거나 삶의 본질에 눈이 가려지는 상황에 둘러싸일 때, 당신은 하나님의 목소리를 듣고 그의 팔에 안길 의향이 있는가? 하나님의 팔에 안긴 후에만 눈가리개가 풀려지고, 당신 마음속에 신뢰하던 것을 눈으로 볼 수 있다.

하나님이 없는 삶은 마치 미켈란젤로(Michelangelo)가 칠해 놓은 훌륭한 방—그러나 모든 불을 끈 방—을 걷는 것과 같다. 모든 아름다움이 그 곳에 있어도 당신은 볼 수 없다. 당신은 방 끝에 와서 땅에 미끄러진다. 당신은 앞에 다른 방으로 가는 여닫이문이 60센티미터 앞에 있는 것을 모른다—불을 켜면 미켈란젤로가 칠해 놓은 더 많은 벽들, 끝없이 계속되는 벽들을 볼 수 있지만 말이다. 더 나쁜 것은 당신이 앉아 있는 방에 불을 켤 수 있는 스위치가 있다는 것이다. 만일 당신이 불을 켤 수 있다는 것을 알았더라면, 방의 아름다움을 만끽할 수 있다는 것을 알았더라면. 만일 당신이 손을 뻗어 스위치를 만질 수만 있었더라면 (마 9:21 참조).

## 시간에 대한 질문

우리가 현실을 잘못 이해하는 이유 중 하나는 시간을 잘못 이해하는 것이다. 나이지리아에 선교사로 처음 도착했을 때, 적응하는 데 가장 힘들었던 것 중의 하나는 나이지리아 사람들의 시간 개념이었다. 9시에 회의가 예정되어 나는 9시에 도착했으나 아무도 없었다. 9시는 나이지리아 사람들이 회의에 갈 것을 생각하기 시작하는 시간이었다. 결과적으로 오기는 하지만, 회의는 1시간이나 더 늦게 시작된다. 나이지리아 친구와 교회에 참석했는데, 오후에는 아내와 딸들과 계획이 있었다. 예배가 끝나는 시간이 정해져 있지 않았다. 나의 가족들과의 계획은 늦은 오후로 미루어졌다. 나이지리아의 시간 개념과 미국의 시간 개념에 차이가 있었다. 내가 만일 나이지리아 문화에 살면서 미국식을 주장했다면, 나는 그 곳에서 남은 2년 간 화가 나고 불만스러웠을 것이다.

사람의 시간과 하나님의 시간에도 차이가 있다. 우리가 보는 인간의 시간으로 생명은 출생과 죽음 사이에 국한된 경험으로 본다. 하나님의 시간으로 생명은 영원한 것이다. 하나님의 시간은 죽음으로 끝나지 않는다. 당신은 생명을 단축시킬 위협적인 병에 걸릴 수 있다. 만일 죽음이 다가올 때 인간의 이해로 시간을 본다면, 당신은 화가 나고 희망이 없다고 느낄 수 있다. 그러나 하나님의 시간을 이해한다면 죽음을 저주보다는 축복으로 받아들일 수 있다.

근래에 사망한 환자의 남편으로부터 편지를 받았다. 그들은 하나님을 사랑했고 삶의 영원성을 믿었다. 그가 먼저 간 부인에 대해, "하나님이 다른 천사가 필요해서 오셔서 메리언(Marion)을 데리고 갔다고 믿어요"라고 썼다. 그녀의 병을 통해 하나님에 대한 그녀의 진실한 믿음, 용기, 소망과 사랑을 그녀를 아는 사람들과 나에게 가르쳤다. 그녀는 하나님이 그녀를 정말 축복하셨다고 계속 말했다. 나는 그녀를 많이 사랑했고 그녀가 보고 싶다. 내 마음에 많이 아프고 깊고 검은 구멍이 있지만, 당신과 나를 감찰하시는 하나님께 영광을 돌리기 위해 하늘에는 새로운 천사가 있다는 것을 당신과 나는 기억해야 한다. 그녀가 죽어갈 때 이 소중한 여인은 그리고 그녀가 죽은 후에도 그녀의 남편은 그들 마음속에 큰 평안을 가지고 있었다. 시간은 죽음과 함께 끝나지 않고, 우리를 지으시고 사랑하시는 하나님과 영원 속으로 계속된다는 것을 알았기 때문이다.

예수님은 이 영원한 삶을 사마리아 여인과 우물가에서 이야기하실 때 잘 표현하셨다. 그녀가 예수님을 만나기 전, 그녀는 아마도 시간을 그녀에 대해 귓속말하는 다른 여자들-곁눈질 하며 신분이 높은 여자들-없이 물을 길을 수 있는 하루의 열기 속에 작은 공간으로 보았을 것이다. 예수님을 만나기 전, 그녀는 아마 시간을 실패한 관계로부터 분리되는 것이라고 생각했을 것이다. 그녀는 목이 말랐을 뿐만 아니라, 또한 받아들여지는 것과 영원히 남을 관계에 목이 말랐다. 그 때 그녀는 예수님을 만났고, 예수님이 대답하셨다, "이 물을 먹는 자마다 다시 목마르려니와 내가 주는 물을 먹는 자는 영원히 목마르지 아니하리니, 나의 주는 물은 그 속에서 영생하도록 솟아나는 샘물이 되리라" (요 3:13-14).

예수님은 이 세상에서 새로운 삶의 질뿐만 아니라 삶의 제한이 왔을 때 영생의 새로운 기간을 말씀하셨다.

만일 인생이 출생과 죽음 사이에 국한된다고 당신이 믿는다면, 당신은 죽음을 끝이라고 보는 것이다. 그러나 인생이 영원한 것이라고 믿는다면, 죽음이 삶의 끝이 아니라 영생의 시작이라고 믿는 것이다.



천국에 대한 우리의 소망은 지상에서의 우리의 시간의 중요성을 감소시키지 않는다. 천국에서 우리가 얼마나 긴 세월 동안 살 수 있는가는 우리에게 확실히 중요하지만, 우리에게는 지상에서 사는 기간보다는 지상에서의 우리의 시간에 대한 것이 더 중요하다. 우리가 우리의 인생, 죽음의 시간 그리고 그 시간의 짧음을 볼 때, 우리는 우리가 얼마나 오래 사는지에 상관없이, 시간의 가치는 우리가 얼마나 오래 사느냐에 놓여 있는 것뿐 아니라, 또한 우리가 매일 시간을 어떻게 사용하느냐에 놓여 있다는 것을 깨닫게 된다. 시간은 출생과 시작하여 죽음으로 끝나는 하나의 선이 아니며, 죽음을 통해 영원으로 연결시키는 선도 아니다. 시간은 마치 하나님이 매일 여러 색의 점으로 우리 인생의 그림을 칠하시는 인상파 화가의 그림과 같은 것이다. 각각의 점은 기회로 가득 차 있다. 시간이 갈수록 초상화는 완성되어 간다. 각각의 점



은 분리되어 있지만, 모든 점들이 함께 보여질 때 완성되지 않은 우리 삶의 그림을 형성해 간다. 죽음은 또 다른 점—까만 것은 어떤 것들을, 황금색은 다른 것들을 위한 점들—이고, 점들은 계속된다. 우리 삶의 가치는 점의 숫자와 관계가 없지만, 각 점 속에 있는 아름다움과 우리 삶의 전체 그림을 만들기 위해 첨가되는 점들과 관계가 있다. 우리가 사는 동안, 특별히 죽음을 예측할 때, 우리는 매일매일 각 점을 가능한 한 아름답게 만들기 위해 살아야 한다. 우리 중 많은 사람들이 오늘이 있었는지 느끼지도 못하면서 오늘을 지내는 것 같이 내일에 대해 많은 걱정을 한다. 우리는 삶의 끝에 있더라도 매일 기쁨을 인식하고 감사함으로 하루하루를 살아야 한다.

나는 나의 이전 목사였던 얼 데이비스(Earl Davis)가 어떻게 인생을 가치 있게 만드는가를 잘 표현하는 방식을 좋아한다: "우리는 이 인생을 주머니에 금을 채우고, 심장에 쓰레기를 채우며, 앞으로 달리고, 어깨 너머를 보며 산다. 왜냐하면 죽음이 우리에게

다가오기 때문이다." 우리는 삶의 진실된 가치는 우리를 회피하는 미래나 우리를 따라 다니는 과거에 있지 않고, 우리의 소망이나 꿈속에 있지 않고, 우리가 살아가는 매일매일 속에 있다는 것을 깨달아야 한다.

에밀리(Emily)는 이것을 알았다. 내가 그녀를 만났을 때 그녀는 많이 진행된 양측 유방암을 앓고 있었다. 우리가 제공한 치료는 그녀를 몇 달 동안 아주 아프게 했고 심장에 잔여 손상을 주었다. 그녀는 지금 일시적 진정 상태이고 작년에 검사 테이블 끝에 앉아서 나에게 말하기를, "이 병이 나의 삶을 얼마나 더 좋게 변화시켰는지 놀라워요."

"말씀해 보세요." 내가 말했다.

"이 병은 내가 하루하루를 감사할 수 있게 만들었고, 고통스러운 날들까지도 내가 가진 것에 대해서 감사하게 만들었어요. 내 기도 생활을 엄청나게 개선시켰어요. 나와 남편이 서로 더 잘 배려하도록 개선시켰지요."

그녀의 고통 속에서, 에밀리는 하루하루의 의미를 발견했다. 어떤 날도 우리가 채우려고만 하면 공허하고 의미 없는 날은 없다. 왜냐하면 우리가 살고 있는 하루하루 속에 영원의 가치가 있는 관계가 존재하기 때문이다. 하나님이 성경에서 말씀하신 대로, 미래에 대한 걱정은 미래를 바꿀 수 없다. 왜냐하면 그것은 불확실한 것에 근거한 걱정이기 때문이다. 우리의 미래에 대해서 우리가 알 수 있는 한 가지 확실한 것이 있다: 하나님은 우리와 함께 하실 것이며, "어떠한 상황에서도 그분은 친절한 하나님이시다." 우리의 미래를 잡고 계시는 하나님을 우리는 믿을 수 있다. 왜냐하면 그분의 유일한 요구는 사랑이기 때문이다.

코리 텐 붐(Corrie Ten Boom)의 저서 『주는 나의 피난처』(The Hiding Place)에서, 그녀는 여동생과 있었던 나치 강제 수용소 생활에 대해 이야기하고 있다. 둘은 나치 몰살자로부터 유태인을 감추어 준 죄로 감옥에 가게 되었다. 그녀가 매일 죽음에 직면하면서 어렸을 때 아버지에게 외쳤던 시간을 기억했다. "아빠가 필요해요! 죽으면 안 돼요." 그 당시 죽음에 대한 그녀의 공포를 인지하며, 그녀의 아버지는 그녀에게 물었다, "코리, 너와 내가 암스테르담에 갈 때, 내가 너에게 표를 언제 주지?"

"왜요, 우리가 기차 타기 바로 전에요."

"맞아, 우리의 현명하신 하나님 아버지도 역시 우리가 언제 필요할지 아신단다. 그분보다 먼저 달리지 마라, 코리. 우리들이 죽어야 할 시간이 오면, 너는 네 마음속을 볼 수 있게 될 것이고, 정확한 시간에 너에게 필요한 힘을 발견하게 될 거야."[3]

우리에게 삶을 주신 분은 우리가 무엇이 필요하고 언제 필요한지 아신다. 우리가 삶을 인내 없이 살고 죽음을 공포로 맞이할지라도, 우리는 그분의 시간을 믿고, 우리에게 그분의 친절과 사랑의 특성을 보여 주실 시간이 되면 하나님은 그 곳에 계시다는 확신을 가지고 알아야 한다.

우리 각자에게 이 세상에서의 삶은 짧다. 누구도 우리의 삶이 언제 끝날지 모른다. 어떤 사람들에게는 이 세상의 끝이 보인다. 마치 바로 앞에 있는 터널의 어두운 입구처럼, 나머지 사람들에게는 터널이 산에 하나나 두 개의 굴곡들처럼 보인다. 어떤 것이든지, 만일 우리가 삶을 주신 분이 이쪽 터널에서 우리에게 건네 주시는 삶에서 가치와 기쁨을 얻는다면, 우리는 그것을 추구하고, 한 번에 하루씩 매일매일 받아들여야 한다.

# 제5장

# 미래의 모습을 만들어가라

나의 아들 보웬이 열 살 때, 소년야구연맹의 첫 번째 해에 경쟁이 심한 팀과 경기를 하고 있었다. 코치인 잭(Jack)은 보웬을 투수로 기용했다. 그리고 보웬은 실제로 공을 세게 던질 수 있었다. 그러나 그의 문제는 컨트롤이었다. 시즌이 반쯤 진행되고 있을 때 주(州) 챔피온으로 가는 도중에 잭은 보웬을 투수로 서게 했다. 보웬의 투구는 그 날 너무 서툴러서 만루가 되자, 잭은 그를 마운드에서 내려오게 하고, 그의 기세를 땅에 떨어뜨린 외야수에 세웠다. 4회초 경기가 잘 안 풀리고 있을 때, 코치는 보웬을 다시 투수로 불렀다. 그러나 2점이 나고 나서 그는 모자를 집어 던지고 보웬을 벤치에 앉혔다. 게임이 계속 되는 동안, 잭은 보웬의 실패에 대한 분노를 누그러뜨리고, 울타리 밖으로 부코치와 투구 연습을 하도록 내 보냈다. 그런 후 9회 초에 이미 게임은 졌지만, 잭은 보웬을 마운드로 다시 보냈다. 만루에 한 타자가 아웃되었다. 나는 잭이 내 아들을 그렇게 자존심 상하게 만드는 것에 너무 화가 나서 앉아 있을 수가 없었다. 나는 울타리를 잡고, 이를 악 물며, 보웬이 마지막 두 명의 타자들을 삼진 아웃시키는 장면을 보았다. 우리 팀은 게임에는 졌지만, 보웬은 승리자가 되었다. 비록 1회에 마음이 상하고 희망 없이 외야에 서 있었지만, 보웬은 더 나은 모습으로 게임을 끝냈다. 1회에 어려웠던 경험이 마지막 회의 승리 후 견딜 만한 경험이되었다. 그리고 보웬이 경험한 고투 속에는 위대한 가치가 있었다.

❧ ☙

의사의 나쁜 소식을 접할 때 가장 어려운 경험들은 미래의 모습을 불쑥 드러낸다. 당신의 미래가 마치 손을 댈 수 없는 끔찍한 피조물을 연상시키는 어떤 구름의 형상처럼 보일 수 있다. 당신은 아마 9회 초에 내 아들이 경험했던 것처럼 느낄지 모른다. 그의 미래는 그가 바꿀 수 있는 어떤 현실적인 희망이 없는 지나간 사건으로 이미 결정되었던 것처럼 말이다. 그러나 그렇지 않다. 비록 인생이 매끄러운 당신의 삶에 흉터를 남겼다고 하더라도, 하나님은 조각자이시고 그분의 일을 완성하는 것을 도우라고 당신에게 조각칼을 제공하신다.

근래에 있었던 전국 종양학 회의에서, 내과의사이자 정신과의사이며 신부인 에드윈 카셈(Edwin Cassem)은 암과 같은 심각한 병을 가진 환자들에게 여섯 개의 목표를 제공했다:

병에 걸리고, 장애인으로, 신체 불구자로 살아가는 방법을 어
　　떻게 배울 수 있는가?
나는 누구인가? 내가 중요한가?
나는 새로운 사명을 가지고 있는가?
이런 종류의 삶이 내게 가장 좋은 시간일 수 있는가?
내가 어떤 선물을 줄 수 있는가?
내가 사랑하는 사람이 나 없이 (또는 나의 병과 함께) 살 수 있
　　도록 나는 어떻게 그들을 가장 잘 준비시킬 수 있는가?[1]

아마도 이러한 질문들은 당신이 진단받은 후 이미 했을 것이다. 그렇지 않았다면, 언젠가 이런 질문들을 하고 질문에 답해야 할 것이다. 그렇게 함으로 당신은 당신의 병이나 사고에도 불구하고 당신의 미래를 결정하는 것을 도울 수 있다.

## 희망을 가지고 미래를 직면하라

의사에게서 나쁜 소식을 듣는 것은 투수가 1회에 마운드에서 외야로 보내진 것과 같다. 희망은 꺾여졌고, 그리고 게임의 즐거움은 끝이 났다. 나는 내 아들이 어떻게 끔찍한 1회의 경험을 가졌는지 이야기했고, 9회에 게임의 가치가 변했다는 것에 대해 말했다. 우리가 의사의 나쁜 소식으로 인해 마음이 상했을 때 우리는 어떻게 위와 같이 할 수 있는가? *희망을 가지고 반응함으로 그렇게 할 수 있다.* 그리고 당신의 희망이 의사의 나쁜 소식으로 인해 꺾여진 것 같이 당신의 희망은 앞으로 올 변화에 의해 새로워질 수 있다. 나는

요 근래 1년이나 그 이전에 암 진단을 받은 환자들에게 처음 나쁜 소식을 들었을 때 어떻게 느꼈는지, 또 시간이 지나면서 그런 감정들이 어떻게 바뀌었는지 묻기 시작했다. 그들은 나에게 인간이 소유하고 있는 능력은 시간이 흐르면서 타격받은 마음을 가치 있는 것으로 바꿀 수 있다고 가르쳐 주었다.

1. 찰스(Charles)와 그의 아내는 처음 그들이 찰스의 진단을 들은 후, 30분 동안 치료와 예후에 대하여 의논하는 동안 정신이 거의 나갔었다고 나에게 상기시켜 주었다. 다음 날 아침에 그의 아내는 "어제 밤 당신이 '백혈병'이라고 말한 후 우리는 아무 것도 들리지 않았어요"라고 말했다. 나는 상의했던 모든 것을 다시 이야기했고, 이번에는 그들이 이해했다. *만일 당신의 진단이 당신의 정신을 흐리게 한다면, 당신은 분명한 것을 발견할 수 있다.*

2. 아이네즈(Inez)는 2년 전 폐암 진단을 받았다. "나는 공포로 마비되었고, 6개월 내에 죽을 것으로 느껴졌어요. 당신이 나를 치료할 수 있다고 말하고, 내 친구가 기도를 시작했을 때, 나의 공포가 없어졌습니다." *만일 당신의 진단이 공포를 준다면, 어느 날 당신에게 용기도 생길 것이다.*

3. 패티(Patty)의 유방암은 배로 전이되었다. "나는 언제나 책임자였습니다. 내가 가장 어려웠던 일은 무엇이든지 할 수 있는 뛰어난 여자이기를 포기하는 것이었어요. 이제는 평범한 인간이어야 했어요." *만일 당신의 진단이*

*당신을 쇠약하게 한다면, 당신은 당신의 진실한 인간적인 면을 발견하게 될 것이다.*

4. 케이스(Keith)는 서른여덟 살로 급성백혈병 진단을 받았다. "나는 집에 있는 우리 아이들을 생각했습니다. 생활의 변화가 있겠지만, 나는 아이들을 위해서 내가 해야 할 일을 하겠습니다." *만일 당신의 진단이 사랑하는 사람들에게 큰 염려를 가져다 준다면, 그 염려는 결단으로 바뀔 수 있다.*

5. 린다(Linda)는 그녀의 대장암에 대해 배우는 동안 말했다, "내 마음은 충격으로 헐떡이고 있어요. 나는 죽음이 두려웠어요. 나는 그렇지 않은 듯이 행동했어요. 왜냐하면 엄마가 걱정하는 걸 원하지 않았으니까요. 엄마도 두려워했어요. 그러나 괜찮은 듯이 행동했어요. 왜냐하면 엄마는 내가 걱정하는 것을 원하지 않았기 때문이에요. 이제 우리는 그것에 대해 이야기할 수 있어요." *만일 당신의 진단이 고립을 가져다 준다면, 언젠가는 마음을 열 수 있을 것이다.*

6. 도로시(Dorothy)는 피부암이었다. "나는 이것이 내 몸 전체에 퍼져서 죽을까봐 두려웠어요. 그 후 당신의 사무실에 와서 나보다 훨씬 심한 그렇게 많은 환자들을 보고 내 상황에 대해 좀더 좋게 느껴지기 시작했어요." *만일 당신이 가장 나쁜 것을 두려워한다면, 당신은 언젠가는 진상을 제대로 볼 수 있다.*

7. 트레이시(Tracy)는 목에서 뭔가가 만져졌다. 그녀의 어머니는 목에 혹이 만져지기 시작한 암으로 2년 전 돌아가셨다. "나는 엄마가 거쳐 간 모든 것이 나에게도 일어날 것처럼 느꼈어요." 트레이시는 임파선 종양이 치유되었다. *만일 당신의 두려움이 다른 사람의 운명과 연결된다면, 당신은 언젠가 당신 자신의 운명을 발견하게 될 것이다.*

8. 진(Jean)은 65세로 4년 반 전에 뼈의 임파선 종양으로 진단받았다. "나는 처음에는 아무 생각 없이 완전히 멍해 있었어요. 그러나 나중에는 하나님을 의지할 수 있었어요. 그 후로 나는 더 이상 아무런 두려움이나 걱정이 없습니다." *만일 당신의 진단이 혼돈을 가져온다면, 언젠가 당신에게 평안이 있을 것이다.*

위에서 열거한 것들은 환자들이 의사에게서 나쁜 소식을 처음 들었을 때, 어떻게 또 시간이 지나면서, 처음에는 비극적이었던 소식을 어떻게 가치 있는 것으로 만들며 반응하는가 하는 예들이다. 어떤 환자들도 "너무 끔찍해서 내가 처리할 수 없었어요. 내가 두려워했던 것보다 더 나빠졌어요"라고 대답한 사람들은 없었다. 하나님은 우리 모두에게 나쁜 상황을 잘 받아들일 수 있는 놀라운 능력과 시간이 지나면서 그 속에서 가치를 찾을 수 있는 능력을 심어 주셨다. 어떤 진단에서도, 그것이 암이든 당뇨병이든 마찬가지이다. 어떤 끔찍한 진단도 가치 있는 삶의 희망이 따르게 마련이다. 그렇다면 미래의 가치를 향한 과정을 시작하기 위해서 처음 나쁜 소식을 들었을 때, 어떻게 하겠는가? 당신의 미래가 당신을 지시하지 않고 당신이 미래를 지시하기 위해서 어떻게 하겠는가?

## 이해를 가지고 미래를 직면하라

보다 나은 미래를 향하여 효과적으로 행동하기 위하여, 우리는 먼저 미래가 무엇을 가지고 있는지 이해해야 한다. 의사의 나쁜 소식은 항상 놀라움과 혼미함으로 우리에게 다가온다. 우리는 가끔 숲의 그늘 속에서 끔찍하지만 확실하지 않은 어두운 용의 형태만을 본다. 우리의 몽롱한 정신이 명백해지면, 용과 싸우기 위해 우리는 용의 눈, 귀, 이 그리고 꼬리를 명확하게 규정지어야 한다. 놀라움의 희미함이 없어지면, 의사와 예약하고 당신과 맞서고 있는 괴물의 세부적인 것을 발견하기 시작해야 한다.

나쁜 소식 후의 당신의 미래는 변할 것이다. 당신의 새로운 미래를 만들어 가기 위한 과정을 시작하기 위해서 의사에게서 세 가지를 배워야 한다.

1. 이 진단이 나의 삶의 기간에 어떻게 영향을 미칠 것인가?
2. 이 진단이 나의 삶의 질에 어떻게 영향을 미칠 것인가?
3. 치료가 위의 두 가지에 어떻게 영향을 미칠 것인가?

앞장에서 말한 것 같이 가능한 가장 좋은 치료를 받는 것은 중요하다. 그러나 삶의 질 또한 마찬가지이다. 사람들의 삶의 질은 삶을 가치 있게 만드는 모든 것들의 집합이다. 진단과 치료가 당신의 삶에 가치를 주는 것들을 어떻게 변경시킬 수 있는가? 당신이 받은 나쁜 소식에도 불구하고 삶의 가치를 계속해서 발견하기 위해서 당신은 어떤 변화에 참여해야 하는가? 어려운 진단을 받자마자, 당신의 주치의와 앉아서 특별히 삶의 질에 대한 질문을 하기 바란다.

1. 나의 진단이나 치료의 결과로 어떤 육체적인 증상을 기대할 수 있습니까? 고통이 따르는가? 육체적인 장애가 있는가? 위장, 비뇨기과적, 성적 아니면 신경과적인 증상이 생기는가? 육체적 증상은 환자에 따라 굉장히 다르며, 같은 병에 걸린 사람들도 각기 다르다. 심장 문제를 가지고 있는 어떤 사람들은 테니스를 칠 수 있는가 하면, 반면에 어떤 사람들은 천천히 걷는 사람들도 있다. 결핵성 피부병에 대해서도 어떤 사람들은 전혀 증세가 없는 반면, 또 다른 사람들은 고열과 뇌졸중이 일어나기도 한다. 사람마다 진단에 따라 다른 점도 있고 같은 점도 있다. 당신의 미래를 계획하기 위해서, 당신이 알 수 있는 한 정확하게 당신의 삶 속에 다가올 육체적 변화에 참여해야 한다.

2. 어떤 정신적인 변화에 내가 참여해야 합니까? 약이 나를 흥분시키는가? 우울증의 위험이 있는가? 많은 여자 환자들은 유방암 수술 후 화학요법을 정서적으로 잘 받아들인다. 그러나 치료가 끝났을

때 우울증에 빠진다. 만일 당신의 진단이나 치료에 동반되는 정신적인 요소들을 기대할 수 있다면, 당신은 그것들을 방해하거나 다루는 데 잘 준비될 수 있을 것이다.

3. 이런 나쁜 소식으로 어떤 사회적 변화가 나의 삶 속에서 일어날까요? 내가 직면한 이 병이 내 가족에게 부담을 줄 것인가, 아니면 이 어려움이 가족들을 더 가깝게 만들 것인가? 만일 내가 아이를 낳을 수 없다면, 입양해야 하는가? 나의 배우자는 나의 병을 이겨낼 수 있을까? 내가 이동할 때 도움을 받아야 하는가? 나는 집에서 도움이 필요할까? 나는 수요일마다 친구들과 카드 게임을 할 수 있을까? 나는 나에게 감기를 옮길 수 있는 아픈 사람들이 있을 수 있는 교회에 나가지 말아야 할까? 나는 친구들이 있는 곳에서 계속해서 일할 수 있을까? 사람들이 나를 받아들일 수 있을까? 우리 삶의 많은 가치는 우리가 시간을 같이 보낸 사람들과의 관계에서 온다. 당신은 그런 것들이 변할지의 여부를 알아서 다른 사람들과의 관계에서 계속해서 가치를 발견하기 위해 필요한 단계를 거쳐 갈 수 있다.

4. 이 모든 것의 비용이 얼마나 될까요?  내가 든 보험에서 얼마나 보상을 할까? 치료에 가격 차이가 있는 선택이 있는가? 이 진단으로 인한 경제적인 영향은 무엇인가? 내가 직장을 잃을 것인가? 당신은 이 나쁜 소식이 불러 올 경제적인 변화에 적응하기 위하여 당신의 예산과 생활 습관을 바꾸는 경우를 위해 이런 질문들을 해야만 한다.

5. 이런 나쁜 소식 때문에 나의 삶의 기쁨 중 무엇이 없어질까요?
폐암이 삶을 위협하는 것은 어떤 환자에게는 별 문제가 되지 않았
다. 왜냐하면 그의 가장 큰 걱정은 골프를 다시 칠 수 있는가 하는
것이었기 때문이다. 즐거움은 우리에게 기쁨을 가져온다. 이러한
기쁨은 진단 때문에 가끔 없어지거나 어떤 면에서 변한다. 당신은
의사에게 물어볼 필요가 있다: 내가 다시 골프를 칠 수 있을까? 낚
시하러 갈 수 있을까? 독서할 수 있을 만큼 눈이 잘 보일까? 성 생
활을 다시 즐길 수 있을까? 어떻게 다리 하나만으로 수상 스키를
탈 수 있을까? 즐거움은 중요하다; 나쁜 소식이 왔을 때 당신의 삶
에서 없어져서는 안 된다. 만일 옛 즐거움이 없어져야 한다면, 그것
들을 대신할 새로운 것들을 찾으라.

6. 나는 나의 삶의 목표를 더 이상 성취할 수 있을까요?  성취는 삶의
만족에 매우 중요하다. 동기부여를 주는 강사가 청중에게 물었다:
"좋은 날을 보냈는지 어떻게 알 수 있습니까?" 그의 대답은 이랬다,
"가치 있는 목표를 향하여 진전이 있었으면 당신은 좋은 날을 보낸
것입니다." 인간들은 목표를 성취하기 위한 욕망을 가지고 있다. 나
쁜 소식이 당신의 삶에 변화를 가져올 때 당신의 목표를 다시 평가
해 볼 좋은 시간이다. 어떤 목표들은 결코 가능할 수 없을 수도 있
다. 어떤 목표들은 당신의 새로운 진단 때문에 이제는 불가능하다.
당신은 무엇을 성취하기 원하는가? 삶의 가치를 발견하기 위해 목
표를 세우고 그것을 이루어야 한다. 그런 목표들은 현실적이고, 새
로운 육체적 상태에 근거해서 세워져야 한다. 옛날 목표를 생각하

면서 슬퍼하지 말라. 대신에 새로운 목표를 만들고 매일 이루어 나가라. 가치 있는 목표를 향해 진전이 있으면 당신은 좋은 날을 보낸 것임을 기억하라.

------------------◈◈------------------

삶의 변화에 대해 예상되는 위의 여섯 가지 질문을 의사에게 물어본 후, 심각한 삶의 질문으로 당신 자신에게 물어보아야 할 두 개의 질문이 더 있다.

7. 나는 삶을 연장시키는 것을 택할 것인가 아니면 삶의 질을 택할 것인가?  비극적인 병에 걸리면 어떤 사람들은 이런 가장 어려운 질문에 봉착한다. 거의 언제나 내가 줄 수 있는 답은 "두 개 모두"이다. 우리 문화에서는 양자택일을 해야 한다고 한다. 그러나 암 환자라고 하더라도, 대부분 환자의 삶을 연장시킬 수 있는 치료는 삶의 질도 높일 수 있다. 물론, 언제나 그런 것은 아니다. 나는 당신의 의사와 이런 것들을 확실히 하기를 제안한다:

  a. 치료하지 않고 얼마나 더 살 수 있는가?
     (가장 짧은, 가장 긴, 평균)
  b. 치료하면 얼마나 더 살 수 있는가?
     (가장 짧은, 가장 긴, 평균)
  c. 치료하지 않으면 나의 삶은 어떻게 되는가?
     (가장 좋을 경우, 가장 나쁜 경우, 평균)

d. 치료하면 나의 삶은 어떻게 되는가?
(가장 좋은 경우, 가장 나쁜 경우, 평균)

이런 문제들을 가족들과 의논하고, 기도하고, 가장 좋은 결론을 내려라. 이렇게 할 때 삶의 질은 기쁨의 양뿐만 아니라 삶의 고통도 포함된다는 중요한 개념을 기억해야 한다. 삶의 질은 또한 다른 사람의 삶에 우리가 공헌하는 일도 포함된다. 하나님은 우리들이 혼자 있기 위해 우리를 이곳에 두신 것이 아니다. 그리고 가끔 우리 주위에 있는 사람들에게 선함을 제공하기 위해 고통받을 때 우리는 가장 위대한 삶의 질을 얻게 된다. 그 선함은 미소가 될 수도 있고, 편안한 대화와 용기, 편한 사람의 손을 잡아 보았을 고통받고 있는 친구의 손을 잡아 주는 일, 희생적인 선물, 우리의 고통 중에서 하나님의 선하심에 대한 간증이 될 수 있다. 당신의 삶에 기쁨이 없어졌을 때, 당신이 다른 사람에게 선함을 전할 수 있는지를 돌아볼 때까지 삶의 질이 떨어졌다고 단정하지 말라.

8. 나의 건강에 대한 새로운 이해를 가지고 나의 영적인 것은 어디서 찾을 수 있는가? 내 앞에 놓여 있는 모든 것들을 통해 나 자신을 강하게 하기 위하여 하나님과의 관계가 정립되어 있는가? 나는 미래의 어려움을 겪는 동안 내 옆에서 기도해 주고, 정신적으로 지지해 주며, 육체적으로 도와 줄 영적 친구들이 있는가? 만일 없다면, 아마도 지금 당신의 영적 뿌리로 돌아가거나 당신이 전혀 몰랐던 하나님을 찾을 시간이다. 나에게 온 몇몇 환자들은 "이 병이 나를 하나

님께로 돌아가게 했고, 그것은 가치 있는 것이었다"라고 말했다.

---

의사가 나쁜 소식을 전할 때, 당신이 직면한 이런 질문들과 대답들은 당황스러울 수 있다. 그러나 나는 그런 것들이 당신을 당황하게 하고 놀라게 하려고 늘어놓은 것이 아니다. 이런 질문들은 당신이 의사나 가족들에게 가져가야 할 도구들이다. 당신은 이런 질문들을 사람들이 집을 다시 꾸미듯이 당신의 미래를 다시 꾸미는 데 사용해야 한다. 당신은 이러한 질문 하나하나를 받아들이고, 다음의 네 가지 문장과 짝을 맞추어 새롭고 가치 있는 미래를 위한 기초로 쌓아야 한다.

나는 잃지 않을 것이다; 나는 대체할 것이다.
나는 멈추지 않을 것이다; 나는 방향을 바꿀 것이다.
나는 단지 나만을 위해서가 아니라 남들을 위해 여기 존재한다.
나는 혼자가 아니다; 하나님과 내가 사랑하는 사람들이 나와
　함께 있다.

의사가 나쁜 소식을 전할 때 그리고 당신이 다른 미래를 직면하도록 압력을 받을 때, 그 미래의 형상을 만드는 데는 당신이 큰 몫을 차지한다. 상한 몸을 가졌어도, 당신은 상한 몸을 당신의 운명으로 받아들이는 것을 거부할 수 있다.

# 제6장

# 믿을 수 있는
# 하나님께로 달려가라

나님이 치유에 관계하신다는 것을 믿는 것은 지적인 선택을 요구한다. 하나님이 그 곳에 계시다는 것을 아는 것은 신뢰를 요구한다. 무슨 이유에서인지 우리가 가장 하나님을 잘 믿을 때 하나님은 우리의 삶에 가장 뚜렷하게 보인다. 신뢰라는 것은 무엇인가? 우리 인생의 지면이 함몰될 때 우리는 그것을 어떻게 잡을 수 있는가?

케이틀린(Katelyn)은 급성백혈병으로 진단받았을 때 열두 살이었다. 치료하던 중에 그녀는 뇌가 심하게 감염되어 혼수 상태에 빠졌다. 케이틀린은 혼수 상태에서 난폭한 발작증세로 고통받았고, 뇌수술을 여러 번 받았으며, 회복의 가망이 없었다. 케이틀린의 부모와 그리스도인들은 어쨌든 기도했다. 그녀를 위해 1,000여 일이 넘게 수천 번의 기도가 올려졌다.

케이틀린의 발작이 시작되기 바로 전에, 어떤 여인이 케이틀린의 엄마를 찾아와 100여명의 간호사들이 기도했던 담요를 전해 주었다.

"이 담요는 당신의 딸을 위한 것입니다." 그녀는 말했다. "당신의 딸은 나아지기 전에 더 악화될 것입니다. 그러나 그 아이는 나을 것입니다."

끔찍한 발작이 시작되고 몇 주 후, 케이틀린은 성탄절 전날 죽기 위해 집으로 보내졌다. 그러나 그녀는 죽지 않았고, 사람들은 포기하지 않고 혼수 상태 후 몇 달 동안 계속 기도했다; 그리고 그 기도를 통하여 하나님은 역사하셨다. 추수감사절이 지난 주일 동네 신문에 보도된 것에 의하면 "케이틀린은 열세 살과 열네 살 생일에 숨을 쉬고, 튜브를 통해 식사했다. 지난 화요일, 그녀는 열다섯 살 생일에 혼자 숨 쉬고 먹고 웃으며 집 근처에서 자전거를 타면서 보냈다. 그녀의 엄마와 아빠 그리고 언니는 감사하며 그 날을 보냈다.[1]

하나님은 기도의 계단을 내려 오셔서 그 아픈 아이를 위하여 그의 능력으로 불가능한 것을 가능하게 하셨다. 당신은 어떠한가? 당신은 당신의 상황 속에서 당신을 위하여 그의 능력을 사용하시는 하나님께 도달할 수 있는가?

## 하나님의 손은 정말 이렇게 멀리도 닿을 수 있는가?

그의 상점은 나이지리아의 사누비(Sanubi)에 있는 다른 빌딩들처럼 지어졌다―진흙으로 가득 찬 틀이 고정되고, 양철 지붕으로 덮여 있다. 그는 서른다섯 살 정도였지만, 어려운 세월을 살아왔기에 나이에 비해 늙어 보였다. 나이지리아의 대장장이가 어떻게 해서 영어를 잘 하는지 나는 모르지만 그는 영어를 잘 했고, 그는 그의 가게로 나를 인도했다. 그의 모루는 전형적인 서부 영화에서 보았던 것과 같았으나, 최근 도살된 닭의 피로 덮여 있었다. 벽에는 주주를 상징하는 털로 된 갈대 매트가 걸려 있었다.

"피와 희생에 대해서 말해 주실 수 있습니까?" 내가 물었다.

"철신이 나의 일을 주관하시고 내 연장들을 도둑들로부터 보호하십니다."

우리는 그의 신들에 대한 이해에 대해서 이야기했다. 철신뿐만 아니라, 그는 세상에는 그의 명령을 적절한 희생으로 접근할 수 있는 다른 많은 신들이 있다는 것을 믿고 있었다. 대장장이는 또한 창조신도 믿고 있었다. 창조신은 모든 창조에 어쨌든 드러내고, 애매하게 작은 것에도 연결되고, 세상에 유용한 신이다. 그러나 창조신은 인간을 향한 태도는 무차별이며, 우리 일에 관계하지는 않는다. 대장장이와 헤어진 후, 신에 대한 그의 접근 방법은 미국인들이 그들의 하나님께 접근하는 것과 유사한 것을 깨달았다.

온 세계를 통해 보면, 하나님이 누구신지, 하나님이 어떤 분이신지, 하나님이 우리들의 문제에 어떻게 관여하기 원하시는지 많은 종류의 의견들이 있다. 많은 사람들이 사누비 대장장이와 동의한다. 그들은 하나님은 존재하나 거리를 두시고 인간의 조건에 관계하기를 원하시지 않는다고 믿는다. 어떤 사람들은 하나님은 별이 있는 것처럼 존재하시지만, 하나님은 현실적으로 그들의 삶에 관계하지 않으신다고 믿는다. 다른 사람들은 하나님은 돌보시기는 하지만, 각 개인의 상황에서 의미 있는 변화를 성취할 힘이 없다고 믿는다.

아마도 당신은 하나님의 능력에 대한 질문을 모두 무시했는지 모른다. 그러나 당신은 지금 당신을 끔찍한 병이나 사고로부터 끌어내 올 손에 도달하고 있다. 만일 돌보시는 하나님이 계시고 당신의 유익을 위하여 당신의 삶 속에 중재할 수 있는 힘을 가졌다면, 당신이 건강할 때 하나님을 발견하기 원할 것이다. 그러나 당신이 심각한 건강 문제에 직면하면서 지금 그를 발견하는 것은 더 중요하다. 한 가지 분명한 것은 우리는 우리의 힘으로, 우리가 원하는 대로, 우리의 삶을 만들기에는 불충분하다는 것이다.

근래에 나는 가장 친한 친구와 노루사냥을 나간 젊은 아버지에 대한 이야기를 들었다. 그 친구는 노루를 잡기 위해 견갑골 뒤로 총을 쏘았다. 그는 노루가 쓰러질 때를 기다리며 흥분을 감출 수 없었다. 그러나 총에 맞은 사람은 젊은 아버지였다. 그리고 세상에서 인간이 낼 수 있는 모든 분노의 힘으로도 그를 살려낼 수 없었다.

어느 날 나는 삶에서 나 자신의 무기력함을 깨달았다. 나는 일을 끝내고 집으로 돌아와서, 주변 상황을 안중에 두지 않고 차고에 주차했다. 보웬은 내가 오는 소리를 듣고 차 도로로 뛰어왔다. 1초만 빨랐으면 그 아이는 내 손으로 운전대를 잡고 있는 내 차에 치일 뻔했다.

우리는 가장 문제가 되는 것을 통제할 힘이 없다. 우리는 건강과 질병에 직면할 때 힘의 근원을 요구한다. 하나님은 우리가 필요한 힘을 제공하실 수 있고 또 제공하시는가?

지난 해 알바니아에서 일하는 동안, 의료 체계와 증인의 불가능한 책임에 직면했을 때, 나는 나를 붙잡아 주고, 나의 주의를 끌게 하여, 몇 주 동안 매일 읽었던 성경 구절이 이해되었다. "그의 신기한 능력으로 생명과 경건에 속한 모든 것을 우리에게 주셨으니, 이는 자기의 영광과 덕으로써 우리를 부르신 자를 앎으로 말미암음이라"(벧후 1:3). 그의 신기한 능력은 우리의 삶을 위해 필요한 모든 것—우리에게 필요한 모든 능력, 모든 것—을 주셨다.

급성백혈병으로 고생하는 아들을 잡아 주기 위해 얼마나 많은 능력이 필요한가? 탐(Tom)과 마가렛(Margaret)은 알았다. 그들은 아들 에릭(Eric)이 백혈병을 치료하기 위해 끔찍한 화학요법을 받으며 고통받는 것을 보았고, 그 아이가 치유되었다고 믿을 때까지 5년을 기다렸다.

중년에 예상치 못한 실직에 직면하기 위해서 어떤 힘이 필요한가? 밥(Bob), 버니(Bernie), 제리(Jerry)와 로저(Roger)는 알았다. 그들은 모두 40대, 50대에 일거리를 찾는 나의 친구들이다.

당신 어머니의 침대 옆에 앉아서 고통이 없어질 때까지 진통제를 놓기 위해서 어떤 힘이 필요한가? 나의 아내 베키(Becky)는 안다. 그녀는 엄마 옆에 앉아서 나나(Nana)가 이 세상의 삶을 마감하고 천국의 삶으로 바꿀 때까지 진통제로 그 고통을 억제했다.

우리의 삶을 위하여 얼마나 많은 힘이 필요한가? 탐, 마가렛, 밥, 버니, 제리, 로저, 베키와 나는 말할 수 있다. "내가 가진 것보다 더 많이." 그러나 우리 모두는 "하나님의 능력은 내가 이런 것을 이겨낼 수 있기에 충분하다"고 말할 수 있다. 베드로 사도는 2절에서 말하고 있다, "삶을 위해 무엇이 필요하든, 하나님의 능력은 충분하다."

그러나 하나님은 정말 큰일들을 하실 수 있는가? 그리고 그의 능력을 나를 위해 사용하시는가?

하나님을 사랑하던 젊은 목사는 얼마 전 암으로 사망했다. 그는 6년 전에 그의 병이 뇌와 눈에 두 번이나 재발된 후 죽었어야 했다. 그 당시 그는 치료에 지쳐 있었다. 그리고 나는 그가 곧 죽을 것 같다고 말했다. 지난 해, 내가 말한 지 5년 째, 그는 검사 테이블에 앉아서 건강한 모습으로 내게 말했다, "당신이 더 이상은 아무 것도 할 것이 없다고 나에게 말했을 때, 나는 내 기도를 바꿨습니다. 나는 이렇게 기도해 왔어요, '하나님, 이런 치료를 다 잘 이겨내게 해 주세요.' 당신이 더 이상 치료할 것이 없다고 했을 때, 나는 기도를 '창조주 하나님, 나의 창조주, 나의 왕, 우주 전체의 주님, 이런 자국들이 없어지게 해 주세요'라고 바꾸었어요. 그 다음 자기공명촬영에서 당신이 기억하듯이, 누구도 암을 발견할 수 없었습니다."

결과적으로 이 환자의 암은 그를 천국으로 데려갔으나, 그것은 내가 예상했던 것보다 6년 늦게, 이 사람의 삶의 사명을 하나님의 이해로, 그리고 그의 가족들의 필요성에 대한 하나님의 지식으로, 하나님의 시간에 이루어졌다. 하나님의 능력은 현실이며, 하나님은 그 능력을 목사나 당신이나 나 같은 실제의 사람들을 위해 사용하신다.

그러나 하나님은 그의 능력을 언제 사용하기로 결정하시는가? 우리를 향한 하나님의 행동이 무엇이든지, 그것은 선하심에 의해 동기부여가 된다. 속성은 선하심이다. 하나님은 우리의 삶이 고통받기보다는 우리를 축복하기 원하신다. 하나님이 우리에게 주신 어떤 법보다 우리의 이익을 위해서이다. 우리 삶 속에 있는 어떤 고통도, 그것이 사탄으로부터 왔든지, 아니면 사랑의 하나님으로부터 왔든지, 그것은 우리의 유익을 위해서이다. 만일 그것이 사랑의 하나님으로부터 온 것이라면 마치 십자가에서 자신의 아들에게 하신 것처럼 위험한 길로 가는 것으로부터 고삐를 잡아당기거나 또는 우리의 고통보다 더 큰 목적을 우리를 통하여 이루시려는 것이다.

지난 주에 나는 뇌암으로 죽어가는 젊은 사람의 침대 옆에 서 있었다. 그의 아내는 그를 아주 사랑했고, 집에는 어린 아이들이 있었다. 내가 그의 삶이 너무 빨리 끝난 것에 대한 슬픔으로 돌아 섰을 때, 그의 침대 밑에 매직으로 가족들이 적어 놓은 노트를 보았다. "하나님은 언제나 좋으신 분이다."

다른 환자 프랭크(Frank)는 55세였고, 그의 배는 직장암이 퍼져 있었다. 우리는 암을 조절하기 위해 최선을 다했지만, 그가 살지 못할 것을 알았다. 그의 딸이 다른 도시에서 비행기로 도착했고, 그의 어깨에 손을 얹고 침상 옆에 서 있었다. "아버지, 편찮으시기 전에는 하나님을 모르셨지만, 이제는 그분을 알게 되셨고, 아버지는 영원히 사실 거예요." 아버지에 대한 그녀의 눈물과 사랑으로, 그녀는 다음과 같이 덧붙였다, "이것은 가치 있는 일이에요."

이 가족들은 하나님의 선하심을 그들이 사랑하는 사람들의 고통 속에서 발견했다.

무슨 일이 일어나든지, 무엇이 당신을 아프게 하든지, 하나님은 사랑으로 당신에게 주시거나, 사탄이 조종하는 곳에 관여하시며,

악에서 구하신다 (롬 8:28).

이 간단한 기도문으로 기도하라: *하나님, 당신의 능력이 나의 삶
과 경건함과 이런 상황을 위해 내게 필요한 모든 것을 주셨습니다.
당신의 선하심을 느끼고 지금 내 삶에 역사하시는 것을 볼 수 있는
당신의 손에 도달할 수 있게 도와 주십시오. 아멘.*

## 그의 손에 도달할 수 있는 힘을 어떻게 발견하는가?

어떤 때는 하나님이 계신 것을 우리 온 마음으로 안다. 그러나
그에게 도달할 수 있는 힘이 없다. 당신의 믿음은 확실하나 마음이
약할 때 하나님의 손을 발견할 수 있는 세 가지 단계를 알려 주겠다.

### 뒤를 돌아보라

타일러 헨리(Tyler Henry)가 숲 속에서 나무에 부딪쳤을 때 내
아들의 4륜차를 타고 있었다. 차가 뒤집어지고, 그의 다리가 크게
찢어졌다. 나의 아들은 숲 속을 지나 마을로 뛰어와서 타일러를 나
무로부터 꺼낼 도움을 청했다. 상처는 믿기 어려울 정도였다. 다리
뒤쪽은 무릎부터 발목까지 찢어져 뼈 있는 데까지 열려 있었고, 우
리가 응급실로 급히 가는 동안 근육은 제멋대로 돌아갔다. 상처는
나뭇잎과 흙으로 차 있었다. 여러 이유에서, 타일러의 상처는 12시
간 동안 닦지도 꿰매지도 못했다. 심각하게 감염될 확률은 90% 이
상이었다. 다리를 잃게 될지도 몰랐다. 사람들은 기도했다. 하나님

은 1,000바늘 넘게 꿰맨 상처를 만지시고 아무런 합병증 없이 완쾌시키셨다. 내가 그 젊은이를 돌아볼 때, 또 하나님을 믿는 그의 부모를 볼 때, 하나님에 대한 그들의 믿음은 내 신앙의 반석이 되었다.

나는 뒤를 돌아보고 믿음을 찾은 최초의 사람이 아니다. 이스라엘 사람들은 하나님을 신뢰하지 않았기 때문에 40년을 광야에서 방황했다. 그런 다음, 그들은 하나님의 약속된 땅으로 들어가기 위하여 화살 같이 요단으로 왔다. 앞에 놓인 약속과 흥분의 사건으로 감동하기보다는 모세는 지나간 40년을 그들로 하여금 뒤돌아 보게 했다 (신 1-3장). 모세가 왜 그랬을까? 내 생각에, *믿음*은 하나님이 미래에 우리를 위해 무엇을 하실 것을 믿는 것이다.

줄에 매여 있는 화살이 있는 활을 들어본 적이 있는가? 올바른 방향을 겨냥하고, 화살을 앞으로 당기며 과녁을 맞출 수 있는가? 안 될 것이다. 화살은 그대로 있다. 당신의 화살에게 앞으로 가라고 납득시키기 위한 구두 호소에도 불구하고, 과녁의 아름다움에 관계없이, 화살은 무슨 일이 일어날 때까지 움직이지 않을 것이다. 그것이 무엇인가? 줄은 화살이 목적지를 *향하여 나가기 위해서* 필요한 힘을 제공하기 위해 *뒤로* 당겨져야 한다.

가끔 우리는 믿음을 앞으로만 향해 가면서 무슨 일이 일어날 것이라고 믿는 것으로 생각한다. 그러나 믿음의 힘은 하나님이 우리의 삶 속에서 무엇을 해 주셨는지를 돌아보고, 그분은 다시 하실 것이라고 믿는 것에서 오는 것이다. 당신은 지금 건강에 문제가 있을 수 있다. 하나님은 지금 현재 상황에서 그분을 믿을 수 있게 한 이런 위기 전에 당신의 삶에서 무엇을 하셨는가? 내가 나의 삶에서 위기에 직면할 때, 나는 뒤돌아보고 하나님이 이스라엘을 위해서 하신 일과 또한 나를 위해 하신 일을 깨닫는다. 모세가 이스라엘의 자녀들에게 그들의 삶에서 하나님의 지나간 역사에 대하여 말한 것처럼 나에게도 말씀하셨다.

**하나님은 나를 창조하셨다.** "내가 있기 전 하나님이 사람을 세상에 창조하신 날부터 지금까지 지나간 날을 상고하여 보라. 하늘 이 끝에서 저 끝까지 이런 큰 일이 있었느냐, 이런 일들을 들은 적이 있었느냐?" (신 4:32)

**하나님은 나에게 말씀하셨다.** "어떤 국민이 불 가운데서 말씀하시는 하나님의 음성을 너처럼 듣고 생존하였었느냐?" (신 4:33)

**하나님은 내 삶에 관여하신다.** "어떤 신이 와서 시험과 이적과 기사와 전쟁과 강한 손과 편 팔과 크게 두려운 일로 한 민족을 다른 민족에게서 인도하여 낸 일이 있느냐? 이는 다 너희 하나님 여호와께서 애굽에서 너희를 위하여 너희의 목전에서 행하신 일이라" (신 4:34).

**하나님은 나와 함께 하신다.** "여호와께서 네 열조를 사랑하신 고로 그 후손 너를 택하시고, 큰 권능으로 친히 인도하여 애굽에서 나오게 하시며" (신 4:37).

━━━━━━━━━━ ❧ ❧ ━━━━━━━━━━

믿음은 뒤돌아보는 것으로부터 온다: 말씀을 돌아보고, 당신의 삶에서 주님의 활동을 돌아보고, 당신의 삶 속에 하나님의 임재가 사실이었던 시간들을 돌아보라. 하나님은 나를 붙잡아 주셨고, 나를 다시 잡아 주실 것이다. 하나님은 나에게 길을 보여 주셨고, 다시 보여 주실 것이다. 그의 말씀은 내 삶 속에 현실이고 사실이다. 그래서 나는 그분으로부터 안내와 진실을 찾을 수 있다.

나는 알바니아 의사들과 그들의 의료 체계를 만들기 위해 가끔 알바니아로 여행을 한다. 근래에 있었던 여행에서, 젊은 알바니아 목사는 믿음에 대한 그의 다른 방법의 이해에 대하여 설명하였다. 믿음은 마치 우리의 종착지를 향하여 배의 노를 젓는 것과 같이 삶을 통해 움직인다. 우리가 노를 저을 때, 우리의 뒤는 종착지로 향하게 된다. 그리고 우리의 조종사로부터 지시를 받는다. 배의 뒤쪽에 서서 확실히 볼 수 있는 그가 우리에게 오른쪽 또는 왼쪽의 노를 더 열심히 저으라고 말할 때, 조종사가 무엇을 보는지도 모른 채 우리는 그가 선택한 방향으로 계속해서 움직인다. 그런 다음, 우리 삶이 우리를 지나 움직이는 것을 볼 때, 우리는 지시가 사실인 것을 깨닫게 되고, 우리가 가고 싶은 곳으로 그가 우리를 데리고 갈 것이라는 확신을 얻는다.

암 환자들 중 여러 명은 앞에 있는 번쩍이는 폭풍우에 의해 너무 놀라서 과거에 하나님이 어떻게 하셨는지 기억하지 못한다. 이제, 당신이 건강에 대해 불확실하고 어려운 미래에 직면할 때 선택하라: 당신의 삶을 돌아보고, 하나님의 발자취를 보라. 그리고 이 고통 또한 잘 통과하게 해 주실 것을 알라.

## 불확실한 것을 상대하라

완전한 신뢰—그의 신실함과 미래에 대한 확신을 기억하며 조종사를 향한 우리의 눈—, 이것이 우리들의 삶에 이상적이다. 그러나 우리가 아직 거기에 도달하지 못한다면? 만일 우리가 아직도 앞에 닥칠 불확실한 것에 대해 걱정한다면?

샌디(Sandy)는 젊었다. 그녀의 앞날이 창창했었다. 그녀는 유방암이 있었다. 팔 밑에 다섯 개의 임파선이 전이되어 있었는데, 이것은 50%의 사망률을 말한다. 그녀가 살 수 있도록 과격한 화학요법을 사용하기로 하였다. 유방암은 폐, 뼈, 간 또는 뇌로 전이되기 전에 멈추어야만 한다. 이런 기관들로 퍼지고 난 후에는 거의 완쾌될 수가 없다. 샌디는 이것을 이해했고 우리는 시작했다. 그녀는 힘든 치료를 챔피언처럼 받아들였다.

처음 3회의 치료 후 샌디는 머리가 다 빠졌지만, 그것 외에는 육체적으로 잘 견디고 있었다. 우리는 다음 치료를 하기 전에 전이의 여부를 확실히 알기 위해 뼈와 간에 단층촬영을 했다. 처음 단층촬영과는 다르게, 뼈와 간에 포착하기 힘든 변화가 있었다. 우리 방사선과 의사는 염세적이어서 그것들을 암이라고 했다. 나는 낙천적이었고 이런 변화들이 확실하게 암이라고 말하기는 너무 명확하지 않았다. 불확실함은 샌디를 거의 파괴시켰다. 만일 암이 아니라면, 치유 가능성은 좋았다. 그러나 만일 그 점들이 암이라면, 그녀를 죽일 것이다. 불확실한 것을 끝낼 합리적인 검사는 없었다. 사실 나는 샌디가 괜찮을 것이라고 *생각했지만,* 그녀에게 필요한 절대적인 확신을 줄 수 없었다. 이 시점에서 샌디를 황폐하게 만든 것은 암이 아니라 불확실성이었다.

우리가 심각한 건강 문제들로 고심할 때, 가끔씩 너무 어려운 것은 우리 병을 둘러싸고 있는 불확실성이다. 자신들이 문제에 직면해 보지 않은 사람들은 "내 생각에 당신은 괜찮을 거예요." 또는 "당신은 괜찮을 것입니다"라고 말한다. 그러나 그들 대부분은 모른다는 것을 우리는 안다. 그들은 그런 상황에 있어 보지 않았다. 그들은 확신이 아니라 희망에 대해서 이야기하고 있다. 불확실성은 가끔 고통을 준다. 그러나 불확실성은 양쪽 방향—큰 슬픔의 시간이나 큰 기쁨의 시간—으로 왔다 갔다 할 수 있는 문이다.

나는 기억력이 좋지 못하지만, 어릴 적 기억 중 하나는 성탄절이다. 내가 어렸을 때 우리는 넓은 계단이 입구에 있는 2층집에 살았다. 우리 4남매가 성탄절 아침에 부모님을 깨운 후, 아버지가 무비 카메라와 조명을 조작하는 동안 우리는 계단 맨 위에서 기다려야 했다. 조명은 거대했다. 네 개의 큰 조명은 카메라가 붙은 손잡이에 연결된 네 개의 다리에 붙어 있었다. 마침내 이 기구가 다 조작되면, 우리는 한 번에 한 명씩, 눈을 어지럽히는 빛을 쳐다보고, 손을 흔들며 계단을 내려와도 되었다. 우리에게 중요한 모든 것들은 그 빛 뒤 응접실에 있는 성탄 트리 밑에 있었다. 우리는 층계 위에서 차례를 기다리며, 나무 밑에 있는 선물이 우리가 꿈꾸고 요청했던 것인지에 대해 확신할 수 없었다.

그럼에도 불구하고 우리는 두려워하고 걱정하기보다는 흥분하며 확신했다. 우리는 성탄절 아침이 우리에게 기쁨을 안겨 주리라는 것을 확신했다. 왜냐하면 우리는 우리를 위해서 아침에 준비한 사람을 알았기 때문이다. 우리는 그와 함께 살았고, 그가 행동으로 옮기는 것을 보아왔다. 우리는 그의 성품을 알았다. 우리는 우리를 위한 그의 사랑을 알았다. 그리고 한 번도 실망한 적이 없었다. 우리는 나무 밑에서 우리가 기대했던 선물들을 항상 찾은 것은 아니었지만, 무엇을 받았든지 항상 훌륭했던 지난 성탄절들을 기억했다. 내가 이런 기억을 하고 있는 동안에도, 내가 받았던 선물 중 어떤 것도 기억할 수 없었다. 그러나 계단 밑에서 우리를 기다리고 있는 찬란한 빛 때문에 숨겨진 우리 아버지의 위대한 사랑과 기쁨을 기억할 수 있었다.



불확실함은 불확실한 것이다. 그것이 성탄절 아침을 둘러싸든지, 심각한 병에 대한 경험이든지. 차이는 병이나 절박한 죽음에서 불확실함은 가장 좋은 것보다는 가장 나쁜 것을 상상하게 한다. 가장 나쁜 것에 대한 두려움을 가장 좋은 것을 기대하는 불확실성으로 바꾸는 방법은 계단 밑에 있는 선물을 준 사람을 아는 것이다.

예수님은 이것을 이렇게 말씀하셨다, "너희 중에 누가 아들이 떡을 달라 하면 돌을 주며, 생선을 달라 하면 뱀을 줄 사람이 있겠느냐? 너희가 악한 자라도 좋은 것으로 자식에게 줄 줄 알거든, 하물며 하늘에 계신 너희 아버지께서 구하는 자에게 좋은 것으로 주시지 않겠느냐?" (마 7:9-11)

한 유방암 환자가 나에게 다음과 같은 메시지로 생일 카드를 보냈다:

내가 세월의 문에 서 있는 사람에게 말했다, "나에게 불을 주시
오. 내가 모르는 곳으로 안전하게 걸어갈 수 있도록."
그리고 그는 대답했다, "어두운 곳으로 들어가시오. 그리고 당
신의 손을 하나님의 손 위에 놓으시오. 그것이 불보다 나을
것이고, 아는 길보다 안전할 것이오."[2]

우리를 기다리시는 아버지에 대해 알아야 한다. 우리가 정말 그를 알 때, 우리는 그를 신뢰할 수 있다. 우리가 그를 믿을 때, 우리는 가장 좋은 것을 기대할 수 있다. 왜냐하면 우리가 계단 밑에 있는 그를 알기 때문이다.

## 순종하며 살라

신뢰는 뒤를 돌아보는 데서부터 온다. 신뢰는 우리가 친구와 불확실한 것을 만들고 가장 좋은 것을 기대할 때 온다. 신뢰는 두려움과 그 결과가 무엇이든지 하나님께 순종하고 나아올 때 생긴다.

나는 내 삶에서 이것이 사실이라는 것을 발견했다. 나는 청년 때 그리스도인이 되었다. 그리고 그 때부터 하나님을 사랑하고 믿어왔다. 그러나 내가 죽음의 공포를 극복한 것은 몇 년 안 되었다. 나의 믿음에도 불구하고, 나는 나의 삶의 마지막에 대해 심사숙고하며

큰 두려움에 땀을 흘리며 누워서 깨어 있는 밤들이 있었다. 내가
서른세 살이 되었을 때, 나의 삶에 큰 변화가 있었다. 베키와 나는
해외 선교에 확실하게 소명을 받아 그 방향으로 가고 있었다. 나는
의사 생활을 떠났고, 집을 팔았고, 베키는 둘째 아이를 임신 중이었
다. 그녀는 죽도록 아팠다. 처음에는 육체적으로 메스껍고, 토하고,
체중 감소와 무력감이 있었다. 나는 그녀를 안아서 화장실로 옮겨
야 했다. 그런 후 그녀는 심한 우울증에 빠졌다. 우리는 결론에 도
달했다. 모든 유용한 의학적인 도움에도 불구하고 나는 솔직히 말
해서 그녀가 육체적으로나 정신적인 병 때문에 죽을지도 모른다는
생각을 했다. 나는 몇 주를 기도하고 울었다. 그러나 하나님은 응답
하지 않으셨다. 여기에 우리는 마음과 행동으로 선교의 소명을 따
르고 있었는데, 아무런 희망 없이 우리는 무너졌다.

　우리는 낙태하기 위해서 병원에 갔다. 우리는 이것이 우리 믿음
에 위배되는 것을 알았다. 우리는 해외 선교의 희망이 끝나리라는
것도 알았다. 우리는 아기가 죽을 것을 알았다. 우리는 계획한 대
로 진행하려고 했다. 수술 전에 우리 아버지가 베키 방에 와서 말
씀하시기를, "나는 너를 세상에 어떤 것보다 사랑한다. 내가 말하
려고 하는 것이 영원히 네가 나로부터 돌아서게 할 것도 안다. 그
러나 너희들의 계획은 틀린 것이야." 그런 다음 아버지는 방에서
걸어 나갔다. 그리고 베키와 나는 서로 붙잡고 남아 있던 울음을
터뜨렸다.

　우리가 울음을 그쳤을 때, 우리는 결과에 관계없이 임신의 과정
을 거치기로 하나님께 약속했다. 거의 순간적으로 베키는 좋아졌

다. 그녀의 아픔은 견딜 만해졌다. 그녀는 체중이 늘었고, 기운을 얻었다. 6개월 후, 캐서린이 태어났다. 그 아이가 6주 되었을 때, 우리는 나이지리아로 갔다. 그 경험을 생각하며 내가 기억할 수 있는 것은 두 가지이다: 첫 번째는 희망 없이 그리고 필사적으로 넘어지는 느낌, 그런 다음 하나님의 팔에 안기는 느낌이다. 두 번째는 그 경험에서 지금까지 나는 죽음의 공포를 거의 다시는 갖지 않는다는 깨달음이다.

나는 나의 미래를 볼 때에 나의 삶에 영향을 끼친 경험 속에서 많은 진리를 배웠다. 첫 번째로, 하나님은 우리가 순종하고 싶지 않더라도 우리의 순종을 원하신다는 것을 경험했다. 우리가 하나님과 동행하면서 평안과 기쁨이 없을 때라도, 하나님은 우리가 그분과 동행하기를 기대하시며, 순종하기를 기대하신다. 우리는 우리의 감정을 따라야 하는 피조물이 아니다. 우리는 우리가 하나님을 따라가며 우리의 감정을 가져야 하는 피조물이다. 그런 다음, 우리의 감정의 요구로부터 자유로워질 때, 우리는 기쁨과 평안이 결과적으로 이전보다 훨씬 더 넘치게 되는 것을 발견하게 된다. "또 여호와를 기뻐하라. 저가 네 마음의 소원을 이루어 주시리로다" (시 37:4).

두 번째로, 나는 우리가 순종할 때 하나님을 볼 수 있다는 것을 발견했다. 디트리히 본회퍼(Deitrich Bonhoeffer)는 말하기를 "보는 자만이 순종하고; 순종하는 자만이 본다."[3] 내 삶이 언제나 그랬듯이 하나님은 내가 순종으로 그를 따랐을 때 하나님을 가장 확실하게 보여 주셨다. 우리 아이들에 대해서 하나님의 뜻에 순종하기 전에는, 나는 죽음을 두려워했고, 하나님의 품에 안기는 것이 어떤 것이라는 것을 온전히 깨닫지 못했었다. 그러나 나는 나의 욕구를 거스리고 순종함으로, 내 감정에도 불구하고, 내가 그렇게 하지 않았다면 가능하지 않게 하실 하나님을 체험했다. 그리고 나는 나를 둘러싼 하나님의 품을 느낌으로 죽음에 대한 나의 두려움은 없어졌다. 나는 "하나님은 위대하시다. 그러므로 나는 죽음을 두려워하지 않아야 한다"면서 합리화시키지 않았다. 나는 단순하게 하나님을 체험했고, 나의 두려움이 없어진 것을 깨달았다.

나는 또한 하나님이 그의 사람들을 통해 역사하시는 것을 배웠다. 만일 가장 훌륭한 의학과 훌륭한 에너지에만 의존했다면, 캐서린을 유산시켰을 것이다. 그녀는 올림픽 기계체조 선수의 꿈을 꾸며 자라지 못했을 것이고, 또는 같은 집에서 취침 시간에 어둠 속에서 "안녕히 주무세요. 사랑해요"라고 말하지도 못했을 것이다. 그러나 우리는 우리만 있었던 것이 아니었다. 하나님은 나의 아버지를 통해 그분의 말씀을 사랑으로 전하셨고, 우리는 변화되었다. 과거를 통해 볼 때, 하나님은 우리 주변에 있는 사람들을 통하여 그분의 뜻을 이루기 원하신다. 우리가 각자의 삶의 비극과 죽음을 택할 때, 우리는 하나님의 임재와 우리 주위에 있는 하나님의 사람들을 통하여 오는 도우심에 우리 자신을 열어야한다. 비록 우리가 혼자서 더 잘할 수 있다는 사탄의 거짓말을 생각하더라도 말이다.

결과적으로, 나는 하나님의 품을 이해했다. 그것은 강했다; 그것은 사랑이 넘쳤다; 그것은 나 같은 사람도 보살폈다. 죽음의 두려움을 녹여 준 것은 하나님의 품이었다. 만일 내가 절망하지 않았고, 나의 가능성의 끝에 도달하지 못했고, 나갈 구멍이 없는 함정에 빠지지 않았더라면, 나는 그 품을 느껴보지 못했을 것이다. 나의 믿음은 그의 말씀을 읽고 다른 믿는 사람으로부터 듣는 것에서 뿐만 아니라 모든 이상한 세력들에서 나를 보호해 주시며 나를 높이 들어주시는 하나님의 품 안에서 세워진다. 순간의 아픔이나 절망은 하나님의 품을 아는 기쁨과 비교하면 아무 것도 아니다. 지나간 두려웠던 경험들을 오늘날 돌이켜 볼 때, "그것은 다 가치가 있었다"고 말할 수 있다. 그리고 나는 앞을 내다보며, 죽음까지도 동일하신 하나님이 그의 팔로 나를 그 곳에서 붙들어 주시기 위해 기다리고 계시다는 것을 안다. 이렇게 삶을 바꾸는 신뢰는 우리의 절망 중에서 우리가 하나님께 순종할 때에만 생긴다.

당신의 절망 중에서 하나님은 당신으로 하여금 무엇을 하게 만드셨는가? 당신이 질병이나 사고로 안간 힘을 쓰고 있을 때, 하나님은 당신에게 하나님을 위해 어떤 단계를 택하기 원하셨는가? 그것은 하나님이 당신에게 개선하라고 물어보시는 것과 어떤 관계가 있는가? 하나님이 어떤 특별한 죄들을 버리라고 묻고 계신가? 비록 당신이 너무 지쳐서 다른 단계를 취할 수 없어도 당신에게 마치라고 하시는 무슨 사명이 있는가? 하나님은 당신이 단지 상처받았기 때문에 당신의 삶에서 그의 목적한 바를 없애지는 않으신다. 만일 당신이 하나님의 부르심을 향해 나가면, 특별히 지금 당신이 고통당하고 있다면, 지금 그 고통이 없으면 받기 불가능한 축복을 당신에게 주실 것이다.

## 왜 우리는 자주 하나님을 선택하지 않는가?

내가 아는 사람들 중 그들이 위기에 처했을 때 왜 하나님을 찾지 못할까 깊이 생각하고 있을 때, 개인적인 많은 반응들이 마음에 떠올랐다. 가끔 나는 그것들이 중심의 문제라고 생각한다. 고통받는 사람들은 종종 두 개의 독특한 진술을 가지고 속으로 초점을 맞춘다: 그들은 그들의 마음의 창에 가리개를 치고, 하나님의 빛으로부터 피한다.

### 내 생각에 나 혼자 할 수 있다

대학 시절에 같은 방을 썼던 필립(Phillip)과 나는 짧은 봄 학기에 내기를 걸었다. 우리는 워싱턴 캐스케이즈(Washington Cascades)로 여행하기 위해 영어와 사진 과목에 학점을 얻기로 했다. 우리는 에머슨(Emerson)과 토로우(Thoreau)를 읽고, 사진을 찍고, 산 계곡에서 현상하고, 일기를 쓰고, 산에서 캠핑하며 정규 학기의 학점을 따기로 했다. 흔히 있는 계획의 실패 후, 긴 밤을 길에서 보내며, 나의 이모 마텔(Marthel)의 집에서 식사도 하고, 우리의 배달용 트럭을 주차시키고, 손가락 모양으로 생긴 쉘란호수(Lake Chelan)에서 스테헤킨(Stehekin)까지 가기 위해 배에 올라탔다. 우리가 태양으로부터 멀어졌을 때 태양 광선이 잔물결을 일으키며 튀었다.

우리는 배에서 샘(Sam)을 만났다. 그와 그의 아내는 스테헤킨 계곡에 집을 지을 동안 2년 간 텐트에서 살았다. 5톤의 화강암으로

벽난로를 짓기 위해 화강암을 산에서 날랐다. 이제 그녀는 다발성 경화증으로 호숫가에 있는 양로원에 살고 있고, 그는 혼자 집에 남아 있다. 우리는 배에서 만나 친구가 되었고, 그는 우리에게 산 밑에 있는 그의 땅에서 캠핑하라고 제의했다. 나는 그에게 주위에 사람이 별로 없어서 외로운 적이 없었냐고 물었다.

"자연이 그 문제를 해결해 줍니다." 그는 말했다. "삶을 이렇게 아름다운 곳에서 보낼 때, 외롭지 않습니다."

우리는 산을 탐험하고, 독서, 집필 그리고 벽을 만들며 그와 함께 며칠 동안 이야기하며 보냈다. 그러나 곧 샘은 우리에게, 우리는 그에게 서로 지치게 되었다. 떠나야 할 시간이었다. 그러나 우리가 떠나기 전, 우리가 있는 골짜기로부터 168킬로미터나 솟아오른 산에 오르기로 맹세했다. 필립은 그의 일기에서 우리의 모험에 대해서 설명하고 있다:

오늘 우리가 올라가야 할 산이었다. 우리는 8시 45분에 시작하여 첫 번째 큰 절벽을 만날 때까지 거의 1시간을 올라갔다. 절벽을 올라가는 것은 산 밑으로 떨어지면서 깨어지는 것을 볼 수 있는 단단하지 않은 돌들 때문에 어려웠다. 어느 시점에서 나는 미끄러운 암반을 오르기 위해 배낭을 버려야 했다. 내 손톱으로 절벽을 끌어안으며, 나는 내 자신이 떨어지는 것을 느끼기 시작했고, 처음으로 떨어지는 것을 느꼈다.

우리는 정상에 오르려고 마음먹었으나, 우리가 정상에 도달할 때마다 다른 정상이 있었다. 오후 1시에 우리는 한계에 도달했다. 돌은 눈으로 덮여 있었고 눈이 내리고 있었다. 우리는 그런 절벽들을 오른다는 것은 어려운 일이며 또 내려오는 것은 불가능하다는 것을 알았다. 우리의 하강은 배고픔으로 시작되었고 그것은 불안의 몫보다 더한 것이었다.

처음에는 물줄기를 따라 가려고 시도했으나, 너무 미끄럽고 경사가 심했다. 2시간 후, 우리는 몇 킬로미터 밖에 내려오지 못했고, 곧 우리의 옛 길을 택하기에는 너무 오른쪽으로 와 있다는 것을 깨달았다. 이제는 더 이상 어떤 재미나 모험이 아니었다. 1년 전 어떤 남자가 밤에 이 산을 내려가다가 죽은 적이 있다.

절벽은 거의 똑바로 되어 있었고, 엉성한 바위로 되어 있었으며, 우리 앞에 바로 있었는데, 우리는 더 오른쪽으로 움직이기로 결정했다. 그런 다음 잘 만들어져 있는 사슴길이 경사에 열십자로 엇갈린 것을 발견했다. 만일 사슴이 내려갈 수 있다면, 우리도 시도해 보아야 한다고 결정했다. 우리는 미끌어지면서 경사에 털썩 앉았다.

그런 후 바위 비탈길에 도달했고 길은 없어졌다. 우리가 어떻게 길을 잃어버렸나 생각하고 있을 때, 큰 사슴이 비탈길의 다른 쪽에 나타났고, 사실상 산 쪽으로 물 흐르듯 지나갔다. 우리는 서로 미소를 지으며 조심스럽게 비탈길을 넘고, 기어서 사슴이 사용했던 작은 언덕 중턱의 목장을 발견했다. 우리는 그 길을 택했고 1시간 안으로 집에 도착했다.[4]


필립과 나는 젊고 강해서 산에 오를 수 있었다. 당신은 언제나 산에 오르는 것이 고달프다고 생각한다. 사실 사람들이 길을 잃거나, 넘어지거나, 떨어지거나, 두려움에 떠는 것은 산을 내려올 때이다. 이것은 삶과도 같다. 세워 가고, 모이고, 오르는 것의 많은 고투는 우리 뒤에 있으며, 우리는 우리의 삶을 잘 조종할 수 있다고 생각한다. 그런 다음, 의사가 우리에게 나쁜 소식을 전한다. 어떤 때는 우리가 다른 것들을 잘 조종한 것처럼 잘할 수 있을 것 같이 느낀다. 만일 당신이 할 수 있다고 생각한다면, 그렇게 하라. 그러나 만일 당신이 어떤 길도 눈에 보이지 않는 절벽 끝에 서 있다면, 기꺼이 그리고 당신을 산에서 내려올 수 있도록 인도하실 수 있는 하나님이 그 곳에 계시다는 것을 잊지 말라.

다윗은 이것을 알았고 하나님을 목자라고 불렀다. 그가 죽을지도 모른다는 것을 알 수 있는 나쁜 상황에서도 다윗은 그의 목자가 자신을 인도해 주실 것을 알았다. 시편 23편에서 다윗은 "내가 사망의 음침한 골짜기로 다닐지라도 해를 두려워하지 않을 것은 주께서 나와 함께 하심이라"고 말하고 있다 (시 23:4).

죽음은 우리 누구에게나 어느 날 찾아올 것이다. 죽음은 의사의 나쁜 소식으로 인해 지금 당신에게는 큰 두려움일 수 있다. 하나님은 우리를 언제나 죽음으로부터 보호하지는 않으신다. 그러나 목자와 함께 죽음을 대하는 것과 혼자 죽음을 대하는 것에는 차이가 있다. 목자와 함께 있으면 죽음의 악은 없어진다. 우리의 목자는 우리를 죽음의 문을 통과하여 영생으로 들어가도록 인도하신다. 사랑하는 사람의 죽음은 우리 자신의 죽음보다 더 아플지 모른다. 그러나 목자와 함께 할 때 죽음의 악은 또한 없어질 것이다. 죽음에 의한 분리는 일시적이다. 목자와 함께, 우리는 영생의 즐거운 재회를 기대할 수 있다. 당신의 고민은 절박한 죽음이 아니라, 당신의 건강 문제로 인한 불가능한 삶일 것이다. 이것은 당신 자신이 혼자 직면한다면 불가능하다. 삶의 어려운 시간을 통할 때든지, 죽음의 문을 통할 때든지, 당신은 혼자서 할 수 없다; 당신이 그분으로 하여금 그렇게 하도록 선택한다면, 당신의 목자는 당신을 인도하기 위하여 당신과 함께 계신다.

## 내가 무엇을 잘못 했나봐

가끔씩 우리는 우리를 향한 하나님의 사랑의 깊이를 오해하기 때문에 하나님의 능력에 다다르지 못한다. 건강의 비극에 직면할 때, 크게 말하든지 혹은 속으로만 생각하든지 많은 사람들은 그들의 삶에서 무엇을 잘못했다고 느끼고 이제는 하나님이 혼내신다고 느낀다. 만일 우리의 건강 문제가 우리의 꿈을 깨뜨릴 때 우리를 괴롭힐 과거를 가지고 있다면, 우리는 하나님을 멀리 계신 비난자라고 욕하든지 아니면 하나님을 사랑의 아버지로 의지한다. 나는 근래에 아버지에 대한 나의 이해를 예증하는 한 이야기를 들었다.

버니(Bernie)는 수입이 적은 홀어머니 밑에서 자랐다. 그는 어릴 때 매우 근시였다. 그의 엄마가 그에게 안경을 사 주었다. 그에게 안경은 귀중한 도구였는데, 안경대의 작은 부속품을 잃어버리자 그 대신 옷핀을 사용하였다. 새 것을 사 줄 수 없기 때문에 버니의 엄마는 그에게 놀 때 안경을 조심하라고 경고했다.

그래그초등학교(Gragg Elementary)의 어느 겨울 날, 눈이 오기 시작했다. 몇 인치의 눈이 땅에 쌓였을 때, 버니의 선생님은 밖에 나가 눈에서 놀라고 휴식 시간을 주었다. 왜냐하면 멤피스에서는 눈은 보기 힘든 일이기 때문이었다. 버니는 책임감 있는 소년이었기에, 안경을 벗어서 코트를 입기 전에 셔츠 주머니에 넣었다. 잠시 동안 뛰고, 미끄러지고, 눈싸움을 한 후, 선생님은 수업하기 위해서 아이들을 안으로 불렀다.

버니가 코트를 벗고 안경을 찾았으나 없었다. 절망이 그에게 엄습했다. 그는 선생님에게 말했다. 이해한 선생님은 모든 아이들에게 다시 옷을 입고 나가서 안경을 찾을 수 없냐고 물었다. 20명의 남자 아이들이 눈이 계속 내리는 중에 넓은 운동장에 나가서 비로 쓸었다. 안경은 없었다.

버니는 집에 갔다. 마음이 무너지며 두려웠다. 그리고 엄마에게 말했다. 엄마는 화내지 않았으나, 코트를 입고 버니와 함께 2.4킬로미터나 되는 거리를 걸어서 학교까지 갔다. 운동장에 도착했을 때, 그의 엄마는 멈추어서 아이들이 놀았던 곳을 쳐다보았다. 눈은 계속 내렸고 오후의 해는 저물어 가고 있었다. 그리고 그녀는 아들에게 물었다, "안경을 잃어버렸을 때 너는 어디 있었니?" 버니는 짜증이 났고, 운동장 전체를 가리키며, "우리는 여기 전체에서 놀았어요." 잠시 멈추고 기도한 후, 버니는 엄마가 운동장을 가로 질러 무거운 발걸음으로 가는 것을 보았다. 그녀는 구부리고, 눈을 쓸어낸 후, 그의 안경을 집어 들었고, 그들은 집으로 돌아왔다.

하나님은 버니의 엄마처럼 좋으신 분이다—더 좋으시다. 병이 생기면 세상이 우리에게 해 주는 것이라고는 두려워하고 무기력하게 하고 죄의식을 갖게 하는 것이다: "당신은 당뇨병입니다." "당신은 투석을 해야 합니다." "당신은 폐암에 걸렸습니다." "미안하지만 당신은 알아서 해야 합니다." 그러나 세상과는 달리 하나님은 말씀하신다, "나는 선하다; 내가 해결하겠다." 나쁜 건강은 하나님이 화가 나서 "내가 너에게 그렇게 말했잖아"라고 하는 하나님의 진노가 아니다.

우리는 소리친다, "안경을 잃어 버렸어요; 내 잘못입니다. 내가 할 수 있는 것은 다 했어요. 그리고 그들은 다 가버렸어요. 춥고, 어둡고, 그리고 이제 끝났어요." 하나님은 말씀하신다, "내 손을 잡아라; 내가 춥고 어두운 곳을 지나도록 너와 함께 걷겠다." 우리가 운동장에 도착했을 때, 그는 말씀하시기를, "여기 잠깐 기다려라." 하나님은 운동장을 가로 질러 가셨고, 찾으셨고, 눈을 쓸어내시고, 우리의 안경을 우리에게 가져다 주셨다; 그런 후 집으로 같이 걸어 오셨다.



가끔 환자들은 왜 자신들이 비극적인 상황에 직면해야 하는지에 대해서 묻는다. 나에게는 간단하고 만족스러운 답변이 없다. 나는 하나님이 왜 죽음을 영생의 문으로 택하셨는지 모르며, 왜 우리가 인생에서 고통받도록 허락하셨는지 모른다. 이것은 우리가 안경을 잃어버리지 않는 세계를 말하는 것이 아니다. 그러나 우리가 선택할 수 있는 세계를 말하는 것이다. 우리는 포기하고 우리의 안경이 묻힌 곳에 놓아 둘 수도 있고, 또는 우리가 발견할 수 있도록 도와 주시고, 우리를 집으로 데리고 오시는 창조주에게 도달할 수 있다.

사랑하는 하나님, 나는 안경을 잃었습니다. 왜 그랬는지 모릅니다. 나의 건강은 상했고 나의 꿈들도 깨어졌습니다. 당신만이 치유하실 수 있는 힘을 가지고 계십니다. 나의 의사와 함께 해 주세요. 나의 기도를 들어 주세요. 나를 사랑하는 사람들의 기도를 들어 주세요. 당신의 능력을 보여 주시고, 다시 한 번 저를 온전케 만들어 주세요. 아멘.

# 제7장

# 올바른 투쟁 계획을 선택하라

마르시아(Marcia)는 폐암에 걸렸다. 그녀는 담배를 피운 적이 없었다. 그러나 그녀가 내 사무실에 도착했을 때에는 폐암뿐만 아니라 간과 뇌에도 전이가 되어 있었다. 암과의 전쟁이 매우 힘들었을 텐데, 그녀의 영은 강했다. 그녀는 하나님 앞에 올바로 서 있었고, 남편과도 사이가 좋았으며, 무엇보다도 자녀들을 하나님의 뜻대로 키우기 원했다.

마르시아의 암에 대한 투쟁은 각기 최소의 또는 짧은 반응을 보이는 세 가지 다른 종류의 화학요법 후, 뇌에 높은 용량의 특별한 방사선 치료로 시작되었다. 결국 더 이상의 화학요법은 필요가 없게 되어 대신 우리는 그녀의 가슴과 뇌에 방사선으로 치료할 수밖에 없었다.

매번 올 때마다 그녀의 헌신적인 남편이 함께 와서, 기록하고,

새로운 치료에 대해 질문하였다. 그는 항상 예의를 지켰고, 힘든 질문을 하거나, 부가적인 정보를 요구했다. 화학요법으로 실패한 사람들에게 겨우 10%의 효과가 있는 실험적인 암 요법을 시도해 보자고 우리에게 제의한 사람은 마르시아의 남편이었다. 우리는 약을 제공할 수 있었고, 마르시아의 암은 우리가 예상했던 것보다 훨씬 더 잘 반응하였다.

마르시아는 치료받는 동안 충실했다. 항상 다음 단계에 대하여 준비가 되어 있었고, 강인했다. 그녀는 치료를 받을 때마다 우리가 그녀를 잘 인도하고 있다는 신뢰감으로 받아들였고, 그녀의 몸과 마음이 그만 하라고 할 때에도, 계속 하려는 의지를 가지고 있었다. 그녀는 *삶을 위하여 싸우고 있었고*, 동시에 그녀의 아이들과 남편, 친구들 그리고 하나님의 사랑의 우산 밑에서 *그녀의 삶을 살고 있었다.*

마르시아는 힘든 병을 통하여 싸우는 다른 사람들의 모범이었다. 이 짧은 장에서 나는 마르시아가 암에 대항하여 싸울 때 택했던 단계들을 나열하고자 한다. 당신은 당신의 건강 문제가 무엇이든지 이 단계를 적용할 수 있다. 대부분은 책의 다른 부분에서 언급되어 있으나, 전체 투쟁 계획을 보면 당신의 삶에서 이런 전략들을 사용할 수 있고, 당신이 투쟁해 나갈 때 그것들을 점검할 수 있다.

**병에 대해 이해하라.**

   1. 치료의 목표들을 이해하라―무엇을 이룰 수 있고 무엇
을 이룰 수 없는지 알라. 이것은 처음 진단을 받았을 때

만 적용되는 것이 아니라 계속적으로 여러 번 결정을 내려야 할 때도 적용된다. 가끔씩 물어보라, "의사 선생님, 이 검사나 치료의 목적이 무엇입니까?"

2. 병이나 치료 과정에서 생길 가능성이 있는 합병증을 이해하라. 합병증이 생기면 즉시 의사에게 알릴 준비가 되어 있어야 한다. 합병증의 치료가 지연되면 큰 차질을 일으킬 수 있다. 만일 당신이 발생될 수 있는 문제를 안다면, 더 큰 손실이 있기 전에 빨리 중재하기 위하여 당신의 의사와 접촉할 수 있다.

3. 의사를 방문할 때마다 질문하라. 집에 공책을 마련하라 —"의사에게 물어 볼 질문들." 생각이 떠오를 때마다 적어 놓아라. 의사에게 가기 전에, 목록을 보고 별로 중요하지 않은 질문들은 지워버려라. 그렇게 함으로 제한된 시간에 가장 중요한 문제들에 집중할 수 있도록 해야 한다.

4. 의사에게서 병과 치료에 대한 인쇄된 설명서를 받고 병과 치료를 다루는 두 개의 웹 사이트를 받아라. 한 달에 한 번 새로운 정보를 위해 웹 사이트를 점검하라. 의사에게 갈 때마다 의사에게 물어보라, "내 병에 대해서 새로 발견한 것이 있습니까?"


**싸움을 싸우라.**

1. 지평선 너머를 바라보지 말라. 당신의 에너지를 지시해 줄 수 있는 보이는 목표를 선택하라. 마르시아의 경우,

나는 그녀에게 "우리는 두 달 간 이렇게 해 보고 다시 평가하겠습니다. 나를 따라서 그렇게 할 수 있겠습니까?"라고 물었다. 이런 목표를 두는 것은 수술 후나 뇌출혈 후 재활하는 것과 같은 것이다. 하나씩, 눈에 보이고, 이룰 수 있는 목표들을 선택하고, 한 번에 하나씩, 그 목표에 도달하기 위해서 필요한 만큼 열심히 싸워라.

2. 당신의 병과 관계된 싸움을 싸우는 것은 감정이 아니라 의지의 행동이라는 것을 잊지 말라. "나는 내가 그 목표에 도달하고 싶은지의 여부에 관계없이 목표에 도달할 것이다." 감정은 변할 것이다. 그러나 의지와 행동은 확고하고 영속적으로 남아야만 한다.

3. 이기도록 계획하라. 다음 목표에 도달할 것에 대하여 확신을 가져라.

4. 만일 목표에 도달하지 못한다면, 그것은 단 한 번의 실수라는 것을 기억하라. 한 번의 패배이지 전체 싸움에서의 패배를 말하는 것은 아니다. 실패는 그만 두는 때가 아니라 다른 방법이나 다른 지시로 다시 노력해 보는 때이다.

5. 싸움에서 힘을 얻도록 매일 기도하라.


**당신의 지지자를 세워라.** 가족들, 친구들, 교회 친구들 그리고 전문가들은 매우 귀중한 지지 팀이 될 수 있다. 그들을 모집하라. 그 사람들의 목록을 만들어 한눈에 이름들을 볼 수 있도록 하라. 도움을 청하는 것에 대해서 죄의식을 느끼지 말라. 만일 상황이 바뀐다면,

당신이 그들을 위하여 똑같이 할 수 있을 것이다.

**당신의 병 외의 삶을 계속하라.** 병에 너무 집착해서 싸우는 것은 당신이 가진 능력, 사랑받을 수 있는 능력, 하나님께 쓰임받을 수 있는 능력에 상처를 입히는 것이다. 당신의 건강의 목표를 성취하기 위해서 필요한 모든 에너지를 활용하되, 그 목표를 달성하기 위해서 필요한 시간이나 힘보다 더 하지는 말라. 병 이외의 삶은 계속된다—그것의 한 부분이 되게 하라.

다른 것들을 생각하라. 자가 집중은 자가 동정으로 이끌게 되며, 결국 우울증과 슬픔으로 이끌게 된다. 우울증과 슬픔은 당신의 목표 달성의 가능성을 감소시킬 것이다.

**무엇이 이루어져야 하는지를 알아야 한다.** 당신의 건강에 대해 세 가지 목록을 구성하라.

- 이번 주에 내가 무엇을 해야 하는가?
- 이번 주에 나의 의사는 무엇을 해야 하는가?
- 이번 주에 나의 지지 팀은 무엇을 해야 하는가?

이런 일들이 일어나도록 하고, 일들이 성취되었다고 확신할 때 점검하라. 그런 다음에는 당신의 병에 대해서 더 이상 생각하지 말라. 대신에 당신의 주변을 돌아보라. 당신의 가족, 그 다음 친구, 그 다음은 상처받은 사람들, 그런 다음에 당신 자신에게 물어보라,

"내가 그들을 위해서 무엇을 해야 하는가?"

내가 이것을 쓸 때는 성탄절이 가까웠고 마르시아는 잘 지내고 있다. 병에 걸린 지 아홉 달째였다. 계획된 예약 목록에서 마르시아의 이름을 볼 때마다, 검사 결과에 대해서 기도하기 시작했고, 그때마다 하나님은 "예스"라고 대답하셨다. 하나님은 우리의 노력을 축복해 주셨고, 마르시아와 남편, 아이들에게 성탄절은 아무 문제가 없을 것이다.

이 장을 "마르시아의 목록"이라고 일컬어라. 그것을 당신이 한 주에 한 번씩 검토할 수 있는 곳에 보관하라. 당신이 이런 법칙을 따를 때, 당신의 건강 목표만 달성하는 것이 아니라, 당신의 삶에 무엇이 중요한지에 대한 것을 잃어버리지 않게 된다. 어떤 때는 삶의 진정한 가치로 우리를 일깨워 주는 것이 병이나 사고의 충격이다. 그리고 어떤 때는 건강을 위해 투쟁하고 싸울 때는 우리들의 삶을 위한 하나님의 사명의 진정한 본질을 깨닫게 한다.

# 제8장

# 다루기 힘든
## 질문들을 직면하라

서구에 살고 있는 사람들 중 소수는 1945년 8월 9일 원자 폭탄이 떨어졌던 일본의 나가사끼(Nagasaki)를 상상할 수 있다. 서구인들 대부분은 이것을 그들의 적들이 패배한 시간과 장소로 알고, 다른 것에 대해서는 별로 알려고 하지 않는다. 그 사건의 세부적인 것은 우리가 상상하는 것보다 훨씬 깊은 뜻이 있다. 나가사끼는 그 날 서구의 군대가 의도했던 목표지가 아니었다. 조종사는 짙은 구름 때문에 두 번째 중요한 목표지였던 미츠비시(Mitsubishi) 철강으로 비행할 수밖에 없었다. 그러나 미츠비시 건물을 포함한 나가사끼 대부분도 역시 구름으로 뒤덮여 있었으므로, 그 도시 안에서 교체된 목표 장소가 선택되었다. 원자폭탄은 목표물인 우라까미성당(Urakami Cathedral) 상공으로 500야드를 직접 날아가서 터졌는데, 그 파괴된 중심지는 나가사끼의 천주교인들의 대다수가 살고 있는 곳이었다. 그 날 80,000명의 사람들이 죽었다.

1934년부터 그리스도인이었던 타카시 나가이(Takashi Nagai) 의사가 집으로 걸어가서 집이 파괴되었고, 핵 폭풍 속에서 마지막 희망인 묵주를 손에 감고 있는 아내의 시커멓게 탄 시체를 발견했다. 그는 하나님께 주먹을 휘두르기보다는 죽은 사람들을 위한 야외 미사에서 사람들에게 다음과 같이 말했다, "우리는 사랑의 법에 불순종했습니다. 우리는 서로를 증오했습니다....세계의 평화를 회복하기 위해서 이것은 회개하기에 충분하지 않습니다. 우리는 큰 희생을 제공함으로 하나님의 용서를 얻었습니다....나가사끼가 희생지로 선택된 것에 대해 감사합시다."[1]

나가이 의사는 나가사끼 신자들의 큰 슬픔 뒤에 있는 *왜*에 대하여 대답하려고 노력했다. 그 대답 안에서 그는 하나님의 목적을 발견할 수 있었다.

**"왜?"와 "내가 무엇을 했는가?"에 대한 대답**

나가이 의사는 비극이 생겼을 때 우리 모두가 가지고 있는 질문에 대한 대답을 하려고 노력했다: "왜?" "왜 이런 일이 생겼는가?" "내가 무엇을 했단 말인가?" "왜 이런 일이 나에게 일어났는가?" 나는 이런 질문들을 환자들로부터 자주 듣는다.

예수님이 이런 질문을 받으셨을 때, 열여덟 명을 죽인 실로암 탑이 붕괴된 비극을 참조하셨다. "실로암에서 망대가 무너져 치어 죽은 열여덟 사람이 예루살렘에 거한 모든 사람보다 죄가 더 있는 줄

아느냐? 너희에게 이르노니, 아니라” (눅 13:4-5).

왜 그것은 추정하기가 그렇게 쉬울까? 가끔 우리는 우리의 고통으로 인해 분노가 일 때, 그 잘못이 우리 자신이나 다른 특정인, 심지어 하나님에게 있다고 비난한다. 나는 최근에 어떤 젊은 여자가 자신의 삶에서 슬펐던 경험에 대하여 자세히 들었다. 그 당시, 그녀는 신학대학원생이었고, 등록금을 벌기 위해 신약학과 과장 비서로 일했다. 그녀는 사랑하는 사람을 잃었고, 그 고통은 사라지지 않았다.



어느 날 화가 나서 그녀의 상사에게 소리쳤다, “만일 어떤 사람이 나에게 ‘하나님께 감사해야 해. 왜냐하면 이것이 주님의 뜻이기 때문이야’라고 말한다면, 나는 소리지를 거예요!”

교수도 화가 나서, 그녀를 쳐다보고 손가락질하며, 그의 특유의 노바 스코시아(Nova Scotia) 사투리로 말하기를, “하나님의 마음을 상하게 할 일로 하나님께 감사하지 말아요!” 그런 다음에 그는 손가락을 내리고, 얼굴을 펴고, “그러나 하나님은 이 갈등 가운데 당신과 함께 계시고, 당신을 꿰뚫어 보시기에 감사할 수 있어요”라고 덧붙였다.

나는 가끔 환자들 중에서 하나님의 뜻에 대해 오해하는 것을 본다. 내가 아는 한 남자는 더 이상 가능한 치료가 없어 그의 삶을 빨아들이는 뇌종양으로 흥분되고 분별을 잃게 되었다. 그의 부인은 앞에 놓여진 비극과 그 결과로 다가오는 죽음에 대하여 논의하려고 내 옆의 의자에 앉았다.

"이런 일을 겪게 되어 안 되셨습니다." 내가 말했다.

"괜찮아요." 그녀가 대답했다. "우리가 계획하지 않았어요. 하나님이 계획하셨어요."

나는 그런 말을 전에도 들은 적이 있었는데, 그 대답에 대해 고통을 느꼈다. 그리고 주저하며 다시 이야기했다, "나는 하나님이 이 땅에서 무엇을 계획하시고, 무엇을 계획하지 않으신지 모릅니다. 가끔 우리가 고통받을 때, 하나님은 고통을 멈추게 하는 손을 보류하십니다. 그러나 우리는 그 손을 믿을 수 있다는 것을 압니다. 그 손은 그의 아들이 우리를 위해 고통받을 때 보류해 주었던 바로 그 손입니다. 나는 그의 계획이 무엇이든지 나를 위한 그의 사랑에서 생겼다는 것을 압니다."

하나님은 그의 충실한 신자들에게 고통—단지 죄와 사탄이 불러온 고통—을 주시지 않는다고 자신한 적이 있었다. 그러나 내가 아마 틀렸을 것이다.

몇 주 전에, 나에게 왔던 환자의 남편인 탐(Tom)이 웨스트 클리닉(West Clinic)에서 나를 멈추어 세웠다. 그의 아내 재니스(Janice)는 내가 그녀의 암을 위해 시도한 치료의 합병증으로 5년 전에 죽었다. 치유될 수 없는 암과 필사적으로 싸웠음에도 불구하고, 치료는 실제로 그녀의 삶을 단축시켰다. 재니스가 죽어갈 때, 나는 가족들에게 내가 투여한 약이 그녀를 죽음으로 몰고 갔다고 설명했다.

이제 5년 후, 탐이 나를 복도에서 멈추어 서게 했고, 나를 깜짝 놀라게 했다. 그의 아내가 죽은 후 그를 본 적이 없었다. 그는 최근에 재니스에 대해서 많이 생각해 왔고, 나에게 편지를 쓰려고 계획했었다고 말했다.

탐은 아내의 죽음 후 나에게 화가 많이 나 있었고, 그 분노는 한
동안 그에게서 떠나지 않았다고 말했다. 그러나 해가 지남에 따라
그는 다르게 이해하게 되었다. 재니스는 특별한 사람이었다고 그는
말했다. 그렇게 말하는 이면에는 그녀가 좋은 사람이었다는 것 이
상을 말하는 것이었다. 그가 의미한 것은 그녀가 도덕적으로 영적
으로 특별한 사람이었다는 것이다. 그는 재니스가 다른 사람들이
가지고 있지 않은 하나님과의 관계를 가지고 있었다고 말했다. 그
녀의 암이 재발하기 바로 전, 그들의 아들은 다른 암이 두 번째 재
발했고, 이번에는 간에 퍼졌다. 그 때에 재니스는 아주 진실하게 물
었다, "하나님, 그 아이 대신에 저를 데려가 주세요."

그의 아내가 죽은 후, 탐은 재니스가 유해한 약 때문에 죽은 것이
아니라는 견고한 이해를 갖게 되었다. 그 대신에 하나님은 엄마의
기도를 들어 주셨고, 그녀의 아들을 살리기 위하여 그녀를 희생양
으로 받아 들였던 것이다. 탐은 내가 그 희생양을 사용하시기 위한
도구였다고 믿었고, 재니스의 죽음과 나와 관련된 부분에 대하여
나를 용서하였다고 말했다.

나는 가끔 사람들의 고통을 경감하여 그들이 살 수 있는 하나님
의 도구가 되기를 갈망하곤 했다. 내가 어떤 사람의 죽음에서, 아들
의 생명을 구하는 큰 목적을 위해서 하나님의 도구로 쓰여졌다는
말을 듣기는 처음이었다. 그의 아들은 아직도 건강하게 잘 지내고
있다.

나이를 먹을수록 나는 다른 사람들의 고통의 원인을 이해하는 것

에 대해 별로 자신이 없다. 나는 하나님이 얼마나 자주 이 세상에서 그의 목적을 이루시기 위하여 사람들에게 고통을 주시는지 모른다. 그러나 내가 아는 것은 하나님의 목적은 좋은 것이며, 이것은 사랑 안에서 이루어진다는 것이다. 그러므로 하나님이 나를 너무 사랑하실 때 만일 나의 고통이 필요하다면 그가 성취하시려는 목적이 얼마나 위대한 것인가.

레티 카우만(Lettie B. Cowman)은 다른 방법으로 말하고 있다.


기회는 나에게 이 병을 허락하지 않았다.
이것은 하나님의 손이므로 그냥 두어라.
왜냐하면 내가 볼 수 없는 것을 하나님은 보시기 때문이다.
각각의 고통은 목적이 있다.
그리고 어느 날 하나님은 그 고통을 명백하게 만들 것이다.
지상에서의 손해는 천상의 이득이다.
마치 색실로 짠 수예품 한 조각처럼
뒤에서 보면 단지 실들이
마구 뒤엉켜 있는 듯 보이지만;
앞모습의 아름다움은
만든 자의 수고를 보상해 준다.
그의 기술은 증명되나 인내심은 별로 없다.
당신은 숙련가, 나는 도구.
주님, 당신의 영광을 위하여,
당신의 형상을 똑같이 이루소서.[2]


때때로 우리는 "왜?"라는 질문에 대해 우리의 설명을 지지해 줄 성경 구절을 가지고 신학적인 용어로 대답하려고 애쓴다. 나는 우리가 비극에 직면할 때 하나님이 "왜?"라는 질문에 대답하기를 원하시는지 확실하지는 않지만, 나는 인간이기에 질문할 권리가 있다고 믿는다. 뮤지컬 "예수 그리스도 수퍼스타"(Jesus Christ Superstar) 중에서 통절한 장면은 겟세마네 동산에서의 예수님을 묘사한 부분이다. 예수님은 앞에 놓인 십자가의 길에 대하여 고민하셨고, "내가 왜 죽어야 합니까?"라고 물었다. 그런 후 하나님께 계속해서 말씀하셨다, "당신은 무엇과 어디에 대해서는 아주 훌륭하시지만, 왜에 대해서는 그렇지 않으십니다."

이 뮤지컬에서 나오는 대사는 내가 본 대부분의 고통에서 사실로 드러났다. 삶의 비극에 따르는 "왜?"라는 질문은 일반적으로 이생에서 대답을 얻지 못한다. 우리가 대답을 얻지 못하더라도, 대답을 가지고 계신 오직 한 분의 품에서 우리는 휴식을 취할 수 있다.

엘렌 맥컬(Ellen McCall)은 그렇게 할 수 있었다. 그녀는 나의 가장 친한 친구의 어머니였고, 그녀의 생애의 마지막 해에는 전국 올해의 어머니였다. 그녀가 연설 일정을 위해 전국을 여행하고 있을 때, 난소암은 그녀를 인간의 삶으로부터 서서히 쇠진시키고 있었다. 고통과 죽음에 다가가는 것을 아는 대신에, 그녀는 연설에서 선언했다, "나는 내일 무슨 일이 일어날지 모릅니다. 그러나 누가 내일을 주관하시는지 압니다." 당신이 고통에 직면할 때 "왜 나입니까?"에 대한 질문의 중요성을 감소시킬 수 있다면, 그 고통도 감소시킬 수 있다. 그리고 이것을 하나님에 대한 신뢰로 대신할 수 있다.

"왜 나입니까?"에 대한 질문에 상대적인 질문은 "이제 나는 여기 있습니다. 하나님 어디 계세요?"이다. 가끔씩 하나님은 명백하게 나타나시고 사람들을 기적적으로 치유하신다. 윌리엄(William)은 나에게 오기 1년 전 넓적다리에서 큰 흑색종양을 제거했다. 그는 허리에 동통을 호소했고, 검사 결과 왼쪽 신장 위에서 덩어리가 발견되었다. 바늘 조직 검사 결과 악성 흑색종양으로 진단되었다. 나는 방사선 필름에서 덩어리를 보았다. 나는 실험적인 관리를 위해 국립 암 센터로 그를 의뢰했다. 그들이 평가했을 때, 덩어리는 없었다. 하나님이 그것을 없애 주셨다.

나는 하나님이 기적적으로 치유하셨다는 것을 알았다. 나는 아기 때, 다른 어린 아이처럼 성장하지 못했다고 이미 말했다. 나는 앉지도 못했고, 뇌의 퇴행 때문에 남과 대화하지도 못했다. 적절한 수술과 배농을 했으나, 신경외과 의사는 우리 부모에게 내가 죽거나 식물인간이 될 것이라고 말했다. 나는 두 가지 다 되지 않았다.

---

사람마다 기적에 대해 다른 정의를 내린다. 나는 우리의 정의가 너무 한정되고, 우리는 매일 하나님의 창조의 기적과 지탱해 주시는 힘으로 살고 있다는 것을 믿는다. 그러나 기적을 정의할 때 우리는 적어도 내가 설명했던 것처럼, 데이빗과 뱀에 물린 것 또는 윌리엄과 그의 흑색종양이 대부분의 보통 사람들의 정의에 맞는다. 각 상황에서, 과학은 희망이 없다는 선언에도 불구하고 치유되었다고

말했다. 나는 기적이 일어난다고 믿는다. 하나님은 가끔 병이나 부상의 결과를 과학의 법에 거슬러서 바꾸는 비상한 방법을 사용하신다. 언젠가 죽음을 맞이할 우리들 대부분은 이런 기적을 위해 기도할 것이고, 대부분 실망할 것이다. 우리들 대부분은 하나님의 자연법칙의 결과를 따르고 의학의 이해와 우리 의사들이 예측하는 시간의 범위에서 죽을 것이다.

왜 기적이 항상 일어나지 않는가?

내가 죽음에 직면하여 하나님을 가장 필요로 할 때 하나님은 어디 계시는가?

왜 하나님은 나를 살리기 위해 그 힘을 사용하지 않으시는가?

이런 것들은 어려운 질문들이다. 이런 질문들은 대부분 대답되지 않는 질문들이다. 이런 질문들을 하는 환자들을 25년간 대하면서, 나는 적절한 답변이 없다는 것을 배웠다. 그러나 내가 어려운 질문들의 숲을 지날 때 하나님의 길로 가도록 나를 지켜 준 다섯 개의 이정표가 있다.

1. 우리는 대부분의 고통 뒤에 있는 이유를 이해하지 못한다 (사 55: 8-9). 질문하는 것은 좋은 일이다. 왜냐하면 몇몇 경우는 답이 있기 때문이다. 하나님은 위험한 절벽을 향해 날뛰는 말의 입 안에 있는 재갈처럼 경험을 사용하실 수도 있다. 이것이 자연적인 결과를 위한 나의 삶에 있는 행동일 수 있다. 경험만이 엄청난 행복을 위한 기회로 가는 문을 열어 주는 유일한 길인지 모른다. 아니면 조니 에릭슨 타다가 말한 것처럼 "'왜'라고 묻는 것은 좋은 일이다.

이것은 답을 가지고 있는 사람과 관계를 형성한다."[3] 왜라고 묻는 것은 좋은 일이지만, 대부분 우리는 그 답을 듣지 못할 것이다.

2. 우리 삶의 하루하루는 기적적인 선물이다; 우리는 기적이 보류되어 보이는 예외적인 날들 때문에 믿음을 잃어버려서는 안 된다 (시 139:23-24). 가끔씩 병이나 사고의 충격이 삶의 진정한 가치의 실제를 우리에게 일깨워 준다. 프랭키(Frankie)는 서른다섯 살이었고, 폐암을 앓기에 너무 젊은 나이였다. 감사하게도 그녀는 치유되었다. 그러나 암과 투병하는 중에 그녀는 말하기를, "나의 삶은 전과는 많이 달라졌어요. 나는 매일 살아 있는 것을 감사하게 여기며 깨어나지요. 나는 어떻게 그 많은 사람들이 매일 피곤하고 우울증에 빠지는지 이해할 수 없어요. 나는 암에 걸렸지만, 암 환자들을 도와 주기 위해 나의 일과를 보내고 있어요. 내가 매일 살아가는 것이 흥분되요."

3. 우리가 인생을 영원한 시간의 틀로 보기 전에는 정답이 없다 (고후 4:17-18). 우리가 아무리 열심히 노력한다고 해도, 만일 우리가 초점을 영생 이전의 삶으로 제한한다면, 우리의 삶 속의 매 사건에서 정의를 발견하거나 이해할 수 없을 것이다. 만일 죽음 뒤에 삶이 없다면, 이 세상에서 겪는 우리의 대부분의 고통은 낭비일 것이다. 그러나 죽음 후에는 삶이 있다. 죽음은 하늘로 가는 문이지 우리가 떨어지는 절벽이 아니다. 하나님은 어느 날, 언젠가 곧, 언젠가 후에, 모든 일들을 옳게 만드실 것이다.

4. 이런 어려운 질문들에 대한 궁극적인 대답은 하나님을 알 때 온다 (욥 42:1-6).  무시무시한 질문들에 대한 부담감을 덜어 줄 우리를 사랑하시는 하나님 아버지와의 대면에 관한 것이 있다. 앞에서 언급했던 같은 테이프에서, 조니 에릭슨 타다는 호흡기를 달고 살아야 할지에 대한 질문에 직면한 루게릭병에 걸린 환자에 대한 이야기를 했다. 조니는 명확한 대답이 없었고, 무엇을 말해야 할지 고민한 후, 환자에게 부드럽게 찬송하고 있는 자신을 발견했다.

<blockquote>

"내 모든 시험 무거운 짐을
주 예수 앞에 아뢰이면...."[4]

</blockquote>

종종 질문들의 부담감을 더는 가장 좋은 방법은 우리를 사랑하시는 하나님의 발 아래 그것들을 내려놓는 것이다.

5. 우리는 우리의 재앙 가운데서도 좋은 것을 주시는 하나님을 믿을 수 있다 (롬 8:28).  하나님은 우리와 함께 하신다. 하나님은 선하시다. 하나님은 우리의 큰 비극 중에도 좋은 것을 주신다. 우리의 고통은 헛되지 않는다.

지미(Jimmy)는 그를 놀라게 한 새로운 암과 싸우고 있었다. 진단받은 지 2년 후 그는 나에게 말했다, "사탄은 엉망진창이 됐어요. 사탄은 이 암 때문에 나를 하나님으로부터 멀리 떼어 놓으려고 했지만, 나를 하나님께 더욱 더 가까이 가게 했어요. 내가 지나온 모든 것은 가치가 있었어요."

어떤 때는 우리는 근심이 좋은 결과를 가져오는 것을 볼 수 있다; 어떤 때는 그것을 볼 수 없다. 어떤 때는 하나님의 사랑의 손이 우리를 안고 있는 것을 느낀다; 어떤 때는 그렇지 않다. 그러나 하나님은 우리의 비극과 함께 하신다. 그리고 우리는 그분을 믿을 수 있다; 우리가 하나님을 알 때, 가장 큰 고통으로부터 가장 큰 축복이 온다.

어떤 때는 우리 앞에 먼저 간 사람들을 보면 도움이 된다. 나의 가장 친한 친구의 엄마인 엘렌 맥컬에 대해서 말했다. 나는 그녀를 충실한 삶을 사는 사람으로 기억하며, 나의 이름을 "알"이라고 부를 수 있는 내가 아는 유일한 사람이었다. 나는 그녀를 둘째 엄마로 사랑했다. 그녀는 죽기 전 몇 년을 암과 투병했다. 그녀가 곧 죽을 것을 알면서 그녀는 고통을 참아내며, 하나님의 사랑과 힘을 크고 그리고 기쁘게 선포했다.

이것은 내가 치료한 환자 중 39세로 폐암을 앓았던 메어리(Mary)도 마찬가지였다. 암은 뼈까지 퍼졌고, 내가 그녀의 암이 더 퍼져나가지 않도록 열심히 노력하면 할수록, 암은 계속해서 매우 고통스럽게 진행되었다. 그녀는 병과 고통을 매우 객관적으로 묘사했으나 결코 괴로움으로 묘사하지는 않았다. 내가 메어리의 치료를 마칠 때, 그녀는 가끔 "당신을 사랑합니다. 와이어 의사 선생님"이라고 말했다. 그녀는 최근에 암으로 인한 오른쪽 다리의 골절로 병원에 입원했다. 그녀는 골절을 안정시키기 위해 수술실로 들어갔는데, 수술하는 동안에는 괜찮았다. 그러나 다음 날 깨어난 그녀는 다리를 움직일 수 없었다. 척추의 종양으로 인한 마비였다. 응급 상황에서 우리가 해야 할 모든 처치를 했음에도 불구하고, 그녀는 마비에서 회복되지 않았고 또 회복되지도 않을 것이다. 나는 그녀에게 진행되는 암에 대해서 어떤 합리적인 치료도 없다고 확실하게 말했다. 후에 이런 비극적인 소식이 끝나 갈 때, 그녀의 방에 들어가 그녀에게 어떠냐고 물었다. "나는 괜찮을 거예요"라고 그녀는 대답했다. 내가 말을 끝내고 그녀를 떠나려 할 때 그녀는 말했다. "괜찮을 거예요, 의사 선생님. 하나님은 선하신 분이에요."

이 두 여자들의 고통 중 이러한 간증은 "선하시고 능력 있는 하나님은 고통을 주지 않으신다"고 말하는 무지한 외침으로 극복될 수 없는 사람들에게 빛이 된다. 이 여자들은 고통 가운데서 하나님으로 만족하였다. 그들은 각기 하나님의 임재하심을 발견했기에, 질문은 더 이상 적절하지 않았다. 하나님을 아는 것이 하나님을 믿을 수 있다는 깨달음을 가져왔다. 하나님을 아는 것, 그들은 하나님의 방법을 이해할 수 없다는 것을 인정했고, 동시에 하나님의 사랑과 능력을 받아들였다. 이사야는 바벨론으로 추방된 사람들에게 말했다. "내 생각은 너희 생각과 다르며, 내 길은 너희 길과 달라서, 하늘이 땅보다 높음 같이 내 길은 너희 길보다 높으며, 내 생각은 너희 생각보다 높으니라" (사 55:8-9)

"왜?"라는 질문에 대한 답은 하나님을 아는 것으로부터 온다. 내가 하나님과 함께 할 때, 그가 누구신지 깨닫는다. 나는 그의 목적이 나를 고통으로부터 해방시키는 것보다 더 크고, 더 중요하고, 나에게 더 좋은 것을 안다. 나는 고통 중에 그와 함께 하는 것이 하나님 없이 편안한 것보다 나은 것을 안다. 우리의 고통에도 불구하고 그 고통이 죽음으로 끌고 간다고 하더라도 우리는 다윗과 같이 말할 수 있다, "종이 여기 있사오니, 선히 여기시는 대로 내게 행하시옵소서" (삼하 15:26). 그리고 심지어 우리를 구원하지 않으신다 할지라도, 우리는 예수님과 함께 말할 수 있다, "아버지여, 내 영혼을 아버지 손에 부탁하나이다" (눅 23:46).



## 하나님은 신실하시다

우리의 질문의 답이 무엇이든지, 만일 우리가 우리의 병 가운데서 평안을 원한다면, 우리는 하나님의 신실하심을 의지해야만 한다. 이것은 성경 말씀에서도 맞다. 우리의 삶 속에서도 맞는 말이다.

다윗은 그의 아들 압살롬으로부터 구출되었다. 하나님은 신실하셨다.

다니엘은 사자의 굴속으로 던져졌다. 다음 날 왕이 그를 끌어냈다. 사자의 이빨 하나도 그를 해하지 않았다. 하나님은 신실하셨다.

윌리엄은 흑색종양으로부터 기적적으로 치유되었다. 하나님은 신실하셨다.

하나님은 우리가 치유되지 않아도 신실하시다. 랄프(Ralph)와

린다 베시아(Linda Bethea)는 케냐의 선교사였다. 어느 날 밤에 몸바싸(Mombassa)에서 나이로비(Nairobi)로 운전하고 있었다. 다친 한 사람이 길에 누워 있었다; 아니면 그들은 그렇다고 생각했다. 랄프는 그 사람을 돕기 위해 차를 세웠다. 강도떼가 바위를 넘어 공격했다. 린다는 차 밖으로 도망쳤는데, 머리를 직통으로 맞았다. 랄프는 강도들을 쫓았지만, 린다는 그의 팔에서 숨을 거두었다. 하나님은 신실하셨을까?

스데반은 가난한 과부를 돌보고 하나님의 말씀을 증거했다. 군중들은 그를 도시의 외곽으로 데리고 가서, 그가 죽기까지 돌을 던졌다. 하나님은 신실하셨을까?

엘렌 맥컬은 하나님을 위해 생애를 바쳤고 암으로 죽었다. 하나님은 신실하셨을까?

그들은 각기 그들의 비극에 굴복했다. 그러나 *그들은 하나님이 신실하셨다고 말했다.* 내가 그들이 잘못이었다고 말할 수 있겠는가?

당신과 나도 어느 날 마찬가지로 죽을 것이다. 하나님은 신실하신가?

하나님은 신실하시다. 우리 중 어떤 사람들은 지금도 고통받고 있다; 우리 중 어떤 사람들은 나중에 고통받을 것이다; 우리 모두 언젠가 고통받는다. 고통으로부터 구원을 받는 것은 하나님의 신실함을 시험하는 것은 아니다. 왜냐하면 하나님의 목적은 모든 고통으로부터 우리를 구하시는 것이기 때문이다. 그런 목적을 가지고 일하는 것은 우리가 이해할 수 있는 능력 밖이다. 그러나 우리는 그분을 알 수 있다. 그리고 우리가 그분―사셨고, 죽으셨고, 다시 살아나셨고, 그분과 함께 우리가 영원히 살 수 있는 곳을 우리를 위해 예비하신 분, 돌보시는 분, 사랑하시는 분, 그리고 부활의 능력을 가지신 분―을 알 때, 우리는 그의 품으로 들어갈 수 있고, "왜?"라는 질문을 할 수 있고, 우리가 영원 가운데서 그분과 함께 앉아 이야기할 수 있는 날까지 그것을 제쳐놓을 수 있다.

# 제9장

# 계속적인 기도를 선택하라

하나님의 임재를 가장 직접적으로 찾는 방법은 기도를 통해서이다. 그것은 나의 삶에서도 확실한 사실이었다. 기도에 대한 하나님의 응답을 처음 체험했을 때 나는 매우 어렸다. 잘 기억나지 않는다; 그것에 대해 이야기를 들은 것을 기억할 뿐이다. 이것에 대해서 앞에서 말한 적이 있으나, 자세히 이야기하겠다. 부모님이 내가 이상하다고 느꼈을 때 나는 한 살도 되지 않아서였다. 잘 먹지도 않았고, 나의 운동신경은 누나가 그 나이에 발달했던 것에 비해 제대로 발달하지 않았다. 우리 아버지는 의사였으므로, 아주 우수한 치료에 대한 정보를 가지고 있었다. 적절한 검사를 받았는데, 나의 뇌가 퇴행하고 있었고, 머리는 수액으로 가득 차 있었다.

의사들은 과감한 방법으로 단락(短絡)을 사용하여 진행 과정을 바꾸려고 시도했으나, 그런 것들은 소용이 없었다. 사람들은 나의 부모에게 나를 시설에 넣으라고 했으며, 내가 식물인간으로 살 것이라고 예상했다. 나의 부모님은 희망이 없었으나, 나를 너무 많이 사랑해서 직접 나를 돌보기로 결정했다.

우리 이모 유니스는 신경외과 의사의 판정을 받아들일 만큼 과학적이지 못했다. 이모는 나를 교회로 데리고 갔고, 그 곳에서 기름으로 안수를 받았다. 믿음의 성도들이 나의 치유를 위하여 기도하였다. 병은 나았고, 그 후로 나의 뇌는 제 기능을 꽤 잘 발휘하고 있다.

내가 그 사건을 잘 기억할 수 없지만, 하나님은 나를 치유하기 위한 그의 능력의 통로로 그 작은 교회의 교인들의 믿음과 기도를 사용하셨다는 것을 확신한다. 그 후로 여러 번 나는 기도를 통하여 치유와 경감 또는 불가능한 욕구를 성취하기 위해 인도해 주시는 하나님의 능력을 체험하였다. 그런 일이 일어날 때, 믿음을 가진 많은 사람들은 "하나님이 기도에 응답하셨다"고 말한다.

나는 나의 삶 속에서 내가 간절히 간구하고 기도했던 것들이 이루어지지 않았던 많은 경험들이 있다. 우리 모두 미래에 어떤 비극에 직면하게 된다. 어떤 사람은 우리가 살기 위해서 간절히 기도함에도 불구하고 우리 모두는 죽을 것이다. 그래서 우리의 경험은 마치 "하나님은 우리의 기도를 들어 주시지만, 항상 들어 주시는 것은 아니다"라고 말하는 것 같다.

서머셋 모엄(Somerset Maugham)은 그의 책 『인간의 굴레에 관하여』(Of Human Bondage)에서 많은 욕구를 가진 젊은 청년에 대해 서술하고 있다. 필립 캐리(Phillip Carey)는 기형발을 가진 소년이었다. 그는 그것을 증오했다. 학교에서 모든 아이들이 그를 놀렸다. 어느 날 그는 예수님의 말씀을 읽게 되었다, "만일 너희가 믿음이 있고, 의심치 아니하면...이 산더러 들려 바다에 던지우라 하여도 될 것이요." 며칠 밤 후, 필립은 그의 발이 치유되기를 위하여 모든 힘을 다하여 기도했다. 그는 다른 아이들과 뛰노는 것을 꿈꾸며 잠이 들었다. 아침에 깨었을 때 그는 흥분하여 치유된 것에 대해 감사했다. 그러나 그의 발을 만졌을 때 변하지 않은 것을 알았다. 그는 만일 믿음을 가지고 기도했으나 실현되지 않으면 무슨 뜻인지 목사인 삼촌에게 물었다. 삼촌은 그에게 그것은 믿음이 충분하지 않기 때문이라고 대답했다. 그래서 그는 20일 내내 믿음을 회복시키며 하나님께 그 기간을 더 드렸다. 그러나 발은 여전히 기형이었다. "충분한 믿음이 있는 사람은 아무도 없다고 생각해요"라고 필립이 말했다. 필립은 그 후로 다시 기도하지 않았다.[1]

앞에 나온 장들에서, 이미 하나님은 우리가 원하는 것을 우리에게 제공해 주실 능력이 있다고 제시했다 (엡 3:20 참조). 우리는 하나님은 우리가 기도로 그에게 다가갈 때에 그의 자녀로 사랑하신다고 이미 진술했다 (마 7:7-11 참조). 그렇다면 응답되지 않는 것처럼 보이는 기도에 대해서 우리는 무엇을 할 수 있는가? 가끔 우리의 간구가 하나님께 전달되어 그의 손에서 거절될 때 무슨 이유가 있는가?

물론 우리가 구하는 대로 하나님이 역사하지 않으신다는 데는 많은 이유가 있다. 이런 이유들 중 어떤 것들은 하나님의 손에 달려 있고 또한 그대로 거기에 남겨져야 한다. 그러나 어떤 것들은 우리 손에 달려 있고, 우리 삶의 변화가 하나님의 능력을 우리로 하여금 더 잘 볼 수 있게 하는지의 여부를 숙고해야 한다. 이제 당신의 기도를 하나님의 능력을 위한 방법으로 바꾸도록 선택할 수 있는 몇 가지 분야를 다루려고 한다.

## 깨어진 관계

가끔 환자들이 하나님을 찾기 위해 투쟁하지만, 그들의 삶을 괴롭혀 온 그리고 고쳐져야 할 관계 때문에 실패하는 것을 보아왔다.

> 서서 기도할 때에 아무에게나 혐의가 있거든 용서하라. 그리하여야 하늘에 계신 너희 아버지도 너희 허물을 사하여 주시리라.
>
> 마가복음 11:25

> 그러므로 예물을 제단에 드리다가 거기서 네 형제에게 원망들을 만한 일이 있는 줄 생각나거든, 예물을 제단 앞에 두고, 먼저 가서 형제와 화목하고, 그 후에 와서 예물을 드리라.
>
> 마태복음 5:23-24

나는 유방암이 척추로 전이된 환자를 기억한다. 그 환자는 계속해서 치료에 순응하지 않았고, 의심하고 화를 냈다. 어느 날 그녀가 간호사 라비(Robbie)와 화학요법을 받는 방에 앉아서 울며 이야기하는 것을 보았다. 후에 라비에게 그녀가 왜 울었는지 물었다. "그녀는 5년 동안 말하지 않고 지내는 동생이 있는데, 다시는 그녀를 보지 못할 것 같다고 했어요. 나는 그녀에게 동생에게 오늘 전화해서 당장 그 관계를 바꾸라고 했어요." 환자는 동생에게 전화했고, 그녀의 마지막 해는 삶에 평화가 있었고, 내가 가능하지 않다고 생각했던 우리와의 관계가 변화되었다.

하나님은 말씀하신다, "예물을 제단에 드리다가 거기서 네 형제에게 원망들을 만한 일이 있는 줄 생각나거든, 예물을 제단 앞에 두고, 먼저 가서 형제와 화목하고, 그 후에 와서 예물을 드리라." 당신 자신에게 물어보라: 내가 하나님께 가기 전에 내가 고쳐야 할 관계가 있는가? 나에게 해를 끼쳐 내가 용서해야 할 사람이 있는가? 내가 잘못하여 관계를 올바르게 해야 할 사람이 있는가? 하나님은 "나는 너를 진공 상태에서 다루지 않겠다. 나는 네가 다른 사람들과 어떻게 관계하는지에 따라 너와 관계를 맺겠다"고 말씀하신다.

만일 우리가 하늘로부터 오는 하나님의 능력을 보기 원한다면 이 세상에서 깨어진 관계를 회복해야 한다. 사실, 그의 능력의 위대한 표현 중 하나와 당신의 삶 속에 말로 표현되지 않은 기도의 응답 중 하나는 당신과 당신이 사랑하는 사람과의 깨어진 관계를 회복하는 일이다. 당신의 발, 당신의 손, 당신의 입술 그리고 주님의 능력은 그것을 할 수 있다.

## 불순종

때로는 우리의 삶 속에 있는 죄는 하나님과의 교통에서 장애물로 작용한다는 것을 안다.

오직 너희 죄악이 너희와 너희 하나님 사이를 내었고, 너희 죄
가 그 얼굴을 가리어서 너희를 듣지 않으시게 함이니.

이사야 59:2

무엇이든지 구하는 바를 그에게 받나니, 이는 우리가 그의 계
명들을 지키고 그 앞에서 기뻐하시는 것을 행함이라.

요한일서 3:22

기도가 응답되지 않는 것 같으면, 그 때가 나의 삶에서 해결되어
야 할 죄가 있는지 물어보아야 할 때이다. 하나님의 명령에 내가
복종하지 않는 것이 있는가? 나는 나의 아내 베키의 두 번째 임신
때 아팠던 것에 대해서 이미 이야기했다. 우리는 그녀가 죽을지도
모른다고 생각했을 때, 그녀의 생명을 구하기 위한 마지막 수단으
로 아이를 유산시키려고 계획했었다. 우리는 유산의 가능성을 염두
에 두면서도 하나님의 도우심을 위해서 계속 기도했다. 우리가 *베키
의 건강과 관계없이* 유산하는 것을 거부했을 때, 하나님은 우리의
기도에 응답하셨고 그녀를 치유하셨다. 불순종과 죄는 하나님의 능
력의 경로를 막을 수 있다. 우리가 구원을 위해 간절히 빌 때 우리
의 삶을 되돌아보아야 하고, 응답을 기대하기 전에 죄를 제거해야
한다.

마이크(Mike)는 그렇게 했다. 그는 뇌암에 걸린 나의 환자였다.
그가 심각한 병에 걸린 것을 알았을 때, 첫 번째로 한 일은 그의
삶에서 하나님의 뜻을 방해하는 죄를 찾아내는 일이었다. 그는 일

을 너무 열심히 하느라 집안 식구들을 소홀히 했던 것을 발견하였
다. 그는 그 죄를 고쳤고, 그런 다음에 그는 하나님과 교통할 수 있
다고 자신했다. 하나님은 마이크에게 정확하게 말씀하셨고, 그 병
을 통하여 놀라운 일을 하셨다. 만일 우리가 우리의 죄를 자백하고,
우리의 행동을 변화하며, 그리스도의 피로 우리를 깨끗하게 하면,
우리 중 어떤 사람들은 삶 가운데 동반되는 병으로부터 치유될 수
있을 것이다. 그리고 치유되지 않는다 하더라도, 우리의 삶에서 죄
를 없애므로, 우리는 적어도 영생으로 가는 길을 인도하시는 하나
님과 손에 손을 잡고 동행할 수 있다.

그러나 우리는 용서에 대한 우리의 필요에 관한 이러한 이해를
조심해야 한다. 우리는 기도를 막는 죄에서 고통의 원인이 되는 죄
로 뛰어넘으면 안 된다. 암 전문의로서 많은 사람들의 믿음에 대한
나의 경험은 기도를 통하여 하나님이 치유하실 수 있는 것을 방해
하는 죄가 주 문제가 되는 것이 아니었다.
대부분의 사람들은 죄 때문에 아픈 것도 아
니고, 단순히 기도 때문에 치유되는 것도 아
니다. 우리는 개인의 병을 개인의 죄 때문이
라고 비난해서는 안 되며, 개인의 불순종 때
문에 치유가 안 된다고 비난하는 것도 조심
할 필요가 있다. 우리 모두는 죄를 지었지

만, 그러나 우리를 벌하시지 않고 구원하시려는 하나님의 마음에 십자가가 있다. 너무나 많은 사람들이 그들의 병은 하나님이 벌하시는 것이라고 믿는다. 나는 이것이 흔한 경우는 아니라고 믿는다. 우리가 우리 삶 속에서 죄를 용서받기 위해 간구할 때, 우리는 하나님이 사랑과 자비의 하나님—그의 자녀들이 고통받고 죽기를 원하지 않으시는 하나님—이시라는 것을 기억해야 한다.

## 하나님 아버지와의 거리감

우리의 삶 속에 있는 죄가 하나님의 능력을 가끔 방해할지라도, 우리는 때때로 우리의 기도 응답이 우리가 성취하는 점수에 달려 있으며, 우리의 복종을 첨가하면 죄가 감해진다고 잘못 믿을 때가 있다. 하나님은 우리의 삶에서 가장 중요한 것은 점수가 아니라 하나님과의 관계라는 것을 언제나 명확하게 해 주신다.

> 내 이름으로 무엇이든지 내게 구하면, 내가 시행하리라.
>
> 요한복음 14:14

> 너희가 내 안에 거하고 내 말이 너희 안에 거하면, 무엇이든지 원하는 대로 구하라. 그리하면 이루리라.
>
> 요한복음 15:7

이야기 하나를 해 보겠다: 에벌린(Everlyn)은 삶이 그녀에게 가져다 준 외로움에 화를 내며 현관 앞에 앉아 있었다. 그러나 그녀

앞에 펼쳐진 전원적인 풍경과 부드러운 바람에 긴장을 풀게 되었다. 그녀에게 남겨진 것이라고는 농장, 기복이 있는 전원과 그들이 기쁠 때마다 바람에 따라 옮겨 뛸 말들뿐이었다. 그녀는 늙지는 않았지만, 젊었을 때 그녀의 남편을 죽음으로 앗아간 그리고 그녀의 아들이 스무 살도 되기 전에 도시로 일하러 떠나버린 삶에 대해서 지쳐 있었다. 아들이 "안녕히 계세요, 엄마" 외에 한 마디 말도 없이 떠난 지 40년이 지났다. 그녀는 친구가 있었으나, 그녀를 포기하지 않은 초라한 늙은 홀아비 네이트 커손(Nate Cawthorne)을 제외하고는 어떤 친구도 남지 않았다. 그는 어떤 로맨스를 즐기려는 것이 아니라, 그녀에게 친구가 필요할 때마다 그녀가 그를 외면하려고 했을 때에도 그는 친구가 되어 주었다. 그는 매주 토요일에 와서 현관에 앉아 그녀와 함께 전원을 쳐다보았다. 그는 아무 말 없이 30분을 앉아서 그녀가 하듯 쳐다보고 있다가, 특정한 말의 활보를 보거나 겨울 나무의 새로운 색깔을 볼 때에야 침묵을 깼다. 그들은 점차적으로 대화를 해 나가고, 그는 방문 때마다 그녀에게 필요한 것들을 알아내어, 그녀가 요청하거나 기대하지 않아도, 그가 다음 주에 담을 고치거나 지붕을 수선하곤 했다.

이제 외로운 세상에서 그녀가 알았던 단 하나의 친구였던 그도 갔다. 죽은 지 2년이 되었다. 그녀는 인생이 어쨌든 그랬기 때문에 기대했었다. 그녀에게 문제되었던 모든 사람을 잃은 것은 잘된 일이었고, 그녀는 인간의 방해 없이 평안히 살 수 있었다.

그녀는 멀리서 누군가가 오고 있는 것을 보았다. 그는 약간 절면서 천천히 걸어오고 있었다. 그가 가까이 왔을 때 그는 꽤 젊어 보였고, 아마 30대나 40대, 거친 피부와 쇠약한 관자놀이가 힘든 삶을 살아 온 사람처럼 보였다. 그는 그녀에게 어떤 사람을 기억나게 했지만, 그는 현관 끝 흙이 있는 곳에 도착할 때까지 아무 말도 하지 않았다. 그런 후 모자를 벗고 더듬거리며, "나는 배가 매우 고픕니다. 만일 당신이 원하면 오늘 일을 할 테니 밥 좀 주세요"라고 말했다.

그녀의 속에서 화가 치밀었다. 그녀는 혼자서 자기 자신을 돌보고 있는데, 어떤 부랑자가 나타나서 동냥을 하다니, 인생의 또 다른 모욕이었다.

"누가 당신을 구걸하게 했는지 모르지만, 잘못 오셨어요. 돌아가서 당신을 보살필 수 있는 사람들에게 구걸해 보세요." 그녀는 흔들의자의 앞으로 기울이며 완고하게 말했다.

그는 머리를 숙이고, 모자를 고쳐 쓰고 가려다가 멈추었다. 그리고 돌아서서 눈을 내리 깔고 다시 한 번 말했다, "그 사람들은 이미 나를 거절했습니다. 나는 다른 곳에 갈 데가 없어요. 감옥에서 출감하여 다시 시작할 수 있다는 희망을 가지고 집에 왔으나, 아무도 나를 원하지 않았습니다. 우리 아버지가 편지에 당신에 대해서 몇 번 언급하셨습니다; 당신의 마음은 당신이 깊게 묻었다고 하더라도, 대부분 다른 사람들의 마음보다 훨씬 크다고요. 나는 당신에게 마지막으로 왔습니다. 왜냐하면 전에는 여자에게 도움을 구해 본 적이 없었기 때문입니다. 아버지가 당신은 믿을 수 있다고 말씀하셨어요. 아무 곳도 갈 데가 없는 것은 내 잘못인 것을 압니다. 그리고 나는 가치도 없지만, 사람은 가치가 없을 때에도 살려고 노력합니다.”

그녀는 의자에 기대서 초원을 바라보았다. 무엇인가가 말에게
위협을 주었는지 말이 두 번째 언덕을 넘어 질주하고 있었다; 아니
면 말은 단지 얼굴에 바람을 느끼기 원했는지 모른다.

그녀는 “나는 당신의 아버지가 누군지 모릅니다. 누구의 아버지
도 모릅니다”라고 눈을 떼며 말했다. “그는 다른 여자에 대해서 편
지를 쓴 것입니다. 나는 당신이 필요 없어요. 당신이 여기 있는 것
도 싫어요. 당신의 사정은 딱하지만, 내 일은 아니에요. 이 곳에서
나가시고 나를 가만히 두세요.”

그녀는 그의 얼굴에서 분노가 치미는 것이나 그의 주머니로 손
이 가는 것을 보지 못했다. 그러나 그의 목소리가 얼음처럼 차가웠
고 그의 손에 총이 있는 것을 보았기 때문에 그녀는 다시 한번 보
았다.

“부인, 이렇게 하려고 계획하지는 않았지만, 나는 배가 고프고
먹어야겠소.” 그는 말했다, “그 의자에서 일어나 먹을 것을 가져오
세요.”

그녀는 잠시 두려움에 쑤시는 듯한 아픔을 느꼈으나 곧 괜찮아졌
다. 그녀는 한숨을 쉬고 의자에 기대어 앉았다. “나를 쏘세요.” 그
녀는 말했다. “어쨌든 인생은 가치가 없으니까.”

그가 총을 그녀 뒤에 있는 집의 벽을 향해 던졌을 때 그의 얼굴
은 빨갛게 변했다. 소음은 그녀를 약간 움찔하게 만들었다. 그는
다시 돌아서서 자갈길로 다리를 절며 걷기 시작했다. 그 때 그녀는
그의 왼쪽 손을 보았다. 전에 본 적은 없었지만, 그는 네 번째 손가

락이 다른 손가락들보다 짧았다. 그녀는 그런 손을 전에 안 적이 있었다.

"당신 아버지가 누구지요?" 그녀는 다그쳤다.

"아버지 성함은 네이트 커손입니다." 그는 대답했다. "아버지는 돌아가신 지 좀 되었습니다. 내가 감옥에서 나오기 전에요."

"그는 좋은 사람이었어요." 그녀가 대답했다. "당신에게 부탁할 일이 있어요. 담은 당신 아버지가 돌아가신 후 고친 적이 없어요. 며칠 묵었다 갈 수 있는 방도 있어요. 저녁은 6시에 준비될 거예요. 장비는 곳간에 있어요."

젊은 네이트 커손은 눈에서 먼지 낀 눈물을 찢어진 옷소매로 닦으며, 일을 시작하려고 다리를 절며 곳간으로 걸어갔다.

하나님은 우리가 아주 선하다는 이유 때문에 우리의 기도에 응답하지 않으신다. 하나님은 우리가 규칙을 따랐기 때문에 우리의 기도에 응답하지 않으신다. 그리고 우리가 규칙을 어겼기 때문에 우리의 기도를 거절하지 않으신다. 우리는 우리의 행동이나 믿음 또는 하나님의 약속을 하나님께 보여 줌으로 우리가 원하는 것을 하나님께 강요할 수 없다. 하나님은 우리가 어떠한 사람이냐에 따라서 우리의 기도에 응답하지 않으신다. 하나님은 우리를 사랑하시기 때문에, 우리가 아는 하나님 때문에 그리고 우리가 누구의 소유인지 때문에 우리 기도에 응답하신다. 하나님은 우리와 하나님과의 관계 때문에, 그리고 그 관계가 예수님을 통하여 온다는 것을 믿는 그리스도인들과의 관계 때문에 우리의 기도에 응답하신다.



당신은 하나님의 아들과 얼마나 가까운가? 그리스도의 임재가 당신의 삶에 실제로 있는가? 당신이 고통과 많은 요구와 많은 욕구에 직면할 때, 당신은 당신의 기도를 응답해 주실 수 있는 하나님과 시간을 보내야 한다. 당신이 위해서 기도하는 그 사람이 기도보다 당신에게는 더 중요하게 된다는 것을 당신은 발견할 것이다.

## 잘못된 동기

때때로 하나님은 우리의 동기가 하나님 중심이기보다는 자기 중심이기 때문에 우리가 원하는 방향대로 움직이지 않으신다.

"너희가 욕심을 내어도 얻지 못하고, 살인하며 시기하여도 능히 취하지 못하나니, 너희가 다투고 싸우는도다. 너희가 얻지 못함은 구하지 아니함이요, 구하여도 받지 못함은 정욕으로 쓰려고 잘못 구함이니라" (약 4:2-3).

아버지로서 나는 나의 세 아이들을 사랑한다. 그리고 그들이 정

말 원하는 것을 내가 줄 때 그들의 얼굴에서 행복해 하는 것을 보는 것은 너무 경이롭다. 아마 그들 자신보다도 내가 그것으로 인해 더 기쁨을 갖는 것 같다. 그러나 우리가 야구 때문에 상점에 들어갔을 때 보웬이 새 야구장갑, 새 야구방망이, 롤러 블레이드, a.22 소총 그리고 15센티미터 사냥칼을 사겠다고 조르면 견디기 힘들고, 어떤 때는 화가 나기도 한다. 우리가 공이 필요해서 상점에 갔을 때, 보웬은 자기가 원하는 것을 가질 수 없기 때문에 화가 나서 투정을 부림으로 즐거움을 망쳐버렸다. 상점에 갔던 목적은 우리가 필요한 것을 가져서 둘이 함께 굉장한 날을 보내려고 했던 것이다. 그가 원했던 다른 것은 쓸데없는 기분 전환이었다.

우리는 어떤 것들을 하나님께 요구하는가? 아마도 우리가 요구하는 것의 대부분은 정말 쓸데없는 것과 기분 전환이다. 하나님은 사랑의 아버지로, 우리를 들으시고 우리를 기쁘게 하기 원하신다. 그러나 하나님이 가장 원하시는 것은 하나님과 굉장한 날을 보내기 위해 그리고 그분과 영원히 놀라운 삶을 갖기 위해 필요한 것을 우리에게 주시는 것이다. 하나님은 물론 우리가 사랑하는 자들을 위해서 똑같은 것을 원하신다. 당신이 미래에 어려움을 겪을 때, 당신과 하나님과의 관계를 강화시키기 위해, 당신이 사랑하는 사람들과 당신의 관계를 돈독히 하기 위해, 그리고 하나님과 당신이 사랑하는 사람들과의 관계를 강화시키기 위해서 당신은 무엇이 필요한가? 그것들을 위해 기도하라. 그리고 응답을 기대하라. 만일 그런 기도들의 응답이 의사가 처방할 수 있는 어떤 약보다 당신의 아픔과 외로움을 덜어 준다면 놀라지 말라.

## 오해된 응답들

가끔 우리는 다른 것을 기대하기 때문에 하나님의 응답을 인식하지 못한다. 사도 바울은 그의 고통을 말했다, "이것이 내게서 떠나기 위하여 내가 세 번 주께 간구하였더니, 내게 이르시기를, '내 은혜가 네게 족하도다. 이는 내 능력이 약한 데서 온전하여짐이라'" (고후 12:8-9).[2]

몇 년 전 가스 브룩스(Garth Brooks)는 "응답되지 않은 기도"라는 노래를 발표했다. 그 노래 속에서 그는 고등학교 때 애인과 그들의 사랑이 지속되기 위하여 그가 하나님께 어떻게 기도했는지를 말하고 있다. 사랑은 계속되지 못했고, 몇 년 후 그는 사랑하는 아내와 함께 고등학교 동창회에 갔다. 그의 옛 애인이 거기 있었다. 그는 그녀와 그의 아내를 번갈아 보았고, 그의 기도가 응답되지 않는 것에 대해 하나님께 감사했다.

그의 책 『기도의 의미』(The Meaning of Prayer)에서 해리 에머슨 포스딕(Harry Emerson Fosdick)은 말하기를, "만일 하나님께서 우리가 간구하는 형태를 허락하신다면, 그는 우리가 원하는 것의 실체를 거절할 것"[3]이기 때문에 우리는 때때로 하나님의 응답을 놓친다고 말한다. 바울의 가장 큰 욕구는 하나님께 가까이 가는 것이었고, 모든 사람들을 하나님께로 인도하는 것이었다. 하나님은 고통을 없애 달라는 바울의 간구를 거절하셨다. 그리고 바울이 약할 때 그의 능력을 드러내심으로 바울의 가장 큰 욕구를 들어 주셨다.

성 어거스틴(St. Augustine)은 그의 『참회록』(Confessions)에서, 그가 하나님을 받아들이기 전에 그의 어머니가 겪었던 고통에 대해 말하고 있다. 어거스틴은 그의 집과 어머니를 떠나 그의 시야를 넓히기 위해 이탈리아로 가기로 결정했다. 그의 어머니는 그가 그녀의 영향을 벗어난다는 생각으로 근심에 싸여 있었다. 그녀는 그의 방탕한 아들이 이탈리아의 방탕한 환경에서 하나님을 절대로 발견하지 못할 것이라고 확신했다. 그녀는 그가 떠나기 전날 바닷가에 있는 교회에서 하나님께 그가 집에 있게 해 달라고 빌며 밤새도록 기도했다. 그러나 어거스틴은 떠났다. 어거스틴이 하나님을 구세주로 받아들인 곳은 이탈리아였다. 어거스틴은 후에 한 기도에서 그 일에 대해서 그가 이해한 바를 언급했다: "당신은 당신의 깊은 의도를 가지고 어머니가 원하는 것의 핵심을 들으셨으나, 어머니가 기도로 요청한 것은 듣지 않으시고, 어머니가 원했던 대로 나를 만들어 주셨나이다."[4]

-------------- ❦ --------------

당신이 당신의 미래가 정말 어렵다고 볼 때, 당신뿐 아니라 당신이 겪은 것에 의해 영향을 받을 사람들의 많은 필요와 요구들이 당신에게 올 것이다. 시간의 조절은 당신에게 급한 것이다. 당신은 모든 일이 잘 되기 위해서 어떤 것들이 이루어져야 하는지 정확하게 알 것이다. 당신은 하나님께 당신의 요구를 아뢰지만, 그의 응답은 당신의 시간표 안에 오지 않거나, 응답이 "아니"거나, 당신의 요구를 듣지 않는 것처럼 보인다. 당신은 하나님의 방법은 당신의 방법이 아니라는 것을 이해해야 한다; 하나님의 방법은 당신과 당신이 사랑하는 사람들에게 당신의 방법보다 더 나은 것이

다. 당신은 가끔 거절하는 것 같아 보이는 것이 사실은 "그래, 내
가 그것을 해결하겠다. 그러나 다른 방법으로 하는 것이 더 나은
것이다. 나를 신뢰하라. 나는 너를 사랑한다"는 것임을 받아들여
야 한다.

## 믿음의 결여

우리는 하나님이 행하시는 것을 볼 수 없을지 모른다. 왜냐하면
우리는 하나님이 그렇게 하신다고 믿지 않기 때문이다.

그러므로 내가 너희에게 말하노니, 무엇이든지 기도하고 구하
는 것은 받은 줄로 믿으라. 그리하면 너희에게 그대로 되리라.

마가복음 11:24

나와 함께 일하는 간호사들 중 한 명은 진달래를 사랑한다. 그러
나 그녀는 진달래를 가꾸어 본 적이 없었다. 우리는 지난 번 회진
때 멤피스의 유별난 날씨—특별히 겨울 동안 엄청나게 변덕스러운
날씨—에 대하여 이야기하고 있었다. 우리는 2월에 한 주는 얼음
폭풍우를, 그 다음 주는 화씨 70도 중반 정도 되는 맑은 하늘, 그런
다음 다시 얼음을 경험한다. 이런 것들은 흥미로운 겨울이 될 수도
있지만, 화초들에게는 혼동을 일으킨다. 꽃들은 자주, 특별히 진달
래는 꽃봉오리가 트는 듯하다가 심한 결빙에 의해 없어지고, 봄에
는 몇 개의 꽃만 남는다. 이 간호사는 진달래 가꾸기를 거절했다.

왜냐하면 꽃들이 죽거나 봄에 꽃이 피지 않을까봐 두려웠기 때문이다. 결과적으로 그녀는 다른 사람의 정원에서 거리를 두고 보는 것 외에는 아름다운 꽃을 즐기지 못했다. 그녀는 진달래꽃을 갖지 못했다. 왜냐하면 그것들이 안전하게 자랄 것을 믿지 못했기 때문이다.

---

만일 하나님이 우리의 기도에 응답하실 것을 믿지 않으면 우리는 하나님이 기도에 응답하시는 것을 거의 볼 수 없다. 하나님이 응답하실 것을 우리의 생각에서 믿어야 하는 것은 물론, 우리는 우리의 삶 속에서 그러한 기대가 있도록 해야만 한다. 우리는 진달래를 심어야 한다. 무슨 이유에서인지 하나님은 그의 능력을 위해 우리 쪽 끝에 열려야만 하는 밸브가 있는 도관을 개발하셨다. 믿음은 하나님의 능력의 도관을 여는 손잡이다. 당신은 당신의 삶에서 손잡이를 틀었는가? 당신은 하나님이 당신의 상황에서 무엇이든지 하실 수 있는 것을 믿는가? 만일 아니라면, 당신은 당신의 삶에서 상상할 수도 없는 방법들로 작용할 하나님의 능력의 공급을 막고 있는지도 모른다.

우리는 조심해야 한다. 어떤 사람들은 하나님보다 신념을 믿는다. 우리 쪽에 있는 밸브는 단지 밸브이다. 그의 사랑과 지혜로 능력을 주시는 분은 하나님이시다. 우리의 믿음으로 밸브를 열었다고 해서 우리가 원하는 것을 성취하는 데 하나님의 능력을 경험할 수 있는 것은 아니다. 그러나 만일 우리가 우리의 삶 속에서 하나님이 역사하신다는 것을 믿지 않으면 그의 능력을 볼 수 없을 것이다.

## 하나님의 뜻 밖에서

우리는 하나님이 어떤 것은 단순히 하나님의 뜻이 아니기 때문에 여러 번 우리가 원하는 대로 들어 주지 않으신다는 사실을 받아들일 필요가 있다.

> 그를 향하여 우리의 가진 바 담대한 것이 이것이니, *그의 뜻대로 무엇을 구하면 들으심이라.*
>
> 요한일서 5:14

우리가 가치 있고 중요하다고 느끼는 것에 대한 기도는 하나님의 목적 밖에 있기 때문에 응답되지 않는 경우가 있다. 우리는 우리의 요구가 하나님의 계획과 맞지 않는다는 것을 삶 속에서 느낄 때가 있다. 이런 일이 생기면, 우리는 우리의 삶 속에 하나님의 역사가 그의 계획대로 시작되지 않는다는 것을 느껴야만 한다. 우리의 삶에서 하나님의 역사는 언제나 그의 사랑으로 시작된다: "하나님은 사랑이시다" (요일 4:8). 하나님의 역사는 사랑에 근거하며, 그것은 전지하심 가운데 경험된다. 하나님은 포로된 이스라엘 자녀들에게 말씀하셨다, "하늘이 땅보다 높음 같이 내 길은 너희 길보다 높으며, 내 생각은 너희 생각보다 높으니라" (사 55:9). 하나님의 계획은 우리를 위한 그의 사랑으로부터 흘러나오며, 그가 우리를 이해하시는 범위 안에서 공식화된다. 그는 인간을 위한 그의 사랑에 상반되는 것은 어떤 것도 하지 않으실 것을 선택하시고, 또한 지혜롭지 않은 과정도 선택하지 않으신다. 우리는 그의 사랑과 지혜로 하나님이 우리의 삶 속에서 역사하시는 것을 본다. 그리고 가끔 우리가 원하는 대로 역사하지 않으시기에 우리는 실망한다.

나의 아들 보웬은 지금 그가 원하는 것을 요구하는 것에 아직은 규제 받지 않는 나이다. 지금 그는 많은 것을 요구한다: 제트 스키, 말 그리고 공짜로 얻을 수 있는 것—이 모든 것들은 그가 정말 필요하다고 느끼는 것들이다. 내가 모든 것에 대해 "안 돼"라고 말할 때 그는 우울해지고 한동안 나를 피한다. 후에 베키가 공항에 나를 데려다 줄 때 나에게 와서 내 품에 안겼다. 그는 그의 요구를 들어주지 않는 나에게 화가 났지만, 그는 우리가 함께 보낸 세월에 근거한 나에 대한 믿음과 사랑하는 아버지와 함께 있으려는 욕구 때문에 결국 항복했다.

의사가 당신에게 나쁜 소식을 전할 때, 당신은 하나님께 힘든 현실을 피하게 도와달라고 기도할 것이다. 만일 당신의 요구가 거절되는 것 같으면, 실망 때문에 아버지의 팔로 다시는 돌아가지 않는 어린 아이처럼 놀지 말라. 하나님에게는 당신의 삶에 계획이 점차적으로 있다는 것과 인간을 위해서 당신보다 더 현명하고 사랑이 있다는 것을 받아들이라. 점차적으로 당신은 당신의 삶과 당신이 사랑하는 사람들의 삶에 하나님의 계획이 있다는 것을 믿을 수 있음을 깨달으라. 점차적으로 당신의 분노를 잠시 옆에 두고, 당신이 사랑하고 그리고 당신을 위해 죽으시고 당신을 영원한 소망으로 데리고 가실 수 있는 오직 한 분의 품속으로 들어가라.

# 제10장

# 진정한 가치를 선택하라

돈 맥클린(Don McLean)의 "빈센트"(Vincent)라는 아름다운 노래에서, 그는 빈센트 반 고흐(Vincent Van Gogh)의 인생, 업적 그리고 죽음에 대하여 설명하고, 그의 작품에 대한 세상 사람들의 무관심에 대한 고흐의 절망에 대하여 묘사하고 있다.[1] 반 고흐의 일생 동안 사람들은 그의 그림에 대해서 과소평가했다. 그러나 지금 그것들의 가치는 대단하다. 백만 불 이상에 정기적으로 팔리고 있다. 어느 날 자신의 가치 결여에 무모하게 느낀 반 고흐는 가슴에 총을 쏘고 그의 형의 팔에 안겨 죽었다. 그 당시 그 자신이나 세상의 누구도 그의 존재 가치에 대해 이해할 수 없었다.

당신의 삶의 가치가 무엇인지 어떻게 결정하는가? 당신은 올바른 일에 중점을 두고 인생을 살고 있는가? 만일 당신이 어려운 일에 직면하고 있으면, 당신의 남은 생애를 살아가는 동안 무엇을 하며 살지를 결정하는 것은 중대한 일이다.

누가복음 12장 16-21절에 보면, 예수님은 가치에 대하여 우리에게 말씀하고 계신다. 만일 그분이 오늘 그것을 말씀하신다면, 아마 다음과 같을 것이다:

10분 후면 5시가 된다. 10분만 더 있었으면 내가 이룰 수 있었을 것이다! 그것이 이 회의를 하는 이유이다. 이 지위에 맞는 적임자야말로 오로지 나뿐이다. 그리고 그는 5시에 만나자고 요청했고, 그 말을 할 때 그는 미소지었다. 나는 드디어 해냈다! 나는 직장에서 주식을 받을 수 있는 선택의 자유가 있고, 주식 선택권과 함께 쉰 살에 퇴직한다.

드디어 내가 같이 시간을 보내기 원한 브릿 2세(Britt Jr.)와 같이 시간을 보낼 수 있을 것이다. 그가 고등학교 졸업반 때, 나는 야구 시합에 갈 수 있을 것이다. 오, 레이첼(Rachel)이 집에 있을 때 그녀와 시간을 같이 보냈었기를 얼마나 바랬는지 가여운 것, 그녀는 언제나 행복할 수 있을까? 나는 지금부터 운동을 시작할 것이다. 그래서 여행을 즐길 수 있을 것이다—그리고 아카풀코(Acapulco)에서 멋있게 보일 것이다.

내가 바닷가를 재니스(Janice)와 같이 걸어 다닌다면 그녀는 운동을 해야 한다. 재니스는 그녀의 엄마처럼 배가 나왔다. 만일 그녀가 계속 뚱뚱하다면 어떻게 될까? 나는 그녀가 다시 멋있게 보이게 하도록 해야 한다. 나는 요사이 너무 많은 여자들을 보아왔다; 나는 그러지 말아야 한다. 그러나 산드라(Sandra)는 멋있다. 그녀에게는 천국과 같은 냄새가 난다. 그리고 그녀는 "우리는 단지 같이 일하는 동료 이상의 관계죠. 그리고 당신

도 그것을 알죠"라고 말하는 듯한 눈으로 나를 쳐다본다. 그녀
가 나를 만질 때, 나는 마치 축구장에서 동창회를 하는 대학 3
년생 같이 느껴졌다. 나는 그녀를 어떻게 할 것인가? 만일 내가
가까이 가면, 나는 멈추지 못할 것이고, 멈추고 싶지도 않다.
나는 일이 되게 할 것이다.

무슨 일이 일어나든 나는 브릿 2세가 집에 있는 동안 재니스
의 곁을 떠나지 않을 것이다. 오늘밤 게임에 가고 싶지만, 이
회의 후에 사무실로 돌아와서 나의 상사가 생각하고 있는 나에
대하여 증명해 보여야 한다. 재니스는 브릿 2세의 게임에 갈 것
이다. 그녀는 언제나 게임에 간다. 이번 주말에 아마도 호숫가
에 있는 우리 별장에 가서 같이 못 보냈던 시간들을 메울 수
있을 것이다. 이런, 토요일에 나의 투자 중개인과 만나야 한다.
만일 보너스를 받을 수 있으면, 백만 불 이상을 화집에 투자하
겠다. 그런 다음, 주식에 투자하겠다!

"안녕하세요, 브릿 워너(Britt Warner)입니다. 무엇을 도와
드릴까요?....의사 선생님, 무슨 말씀이세요? 당신 사무실에서
나올 때 내 상태가 좋다고 말씀하셨잖아요....내 혈액에 무슨
이상이 생겼나요? 지금 말씀하세요. 5분 후에 나에게 모든 것
을 보증해 줄 회의가 있어요. 내일까지 기다릴 수 없어요!....백
혈병? 무슨 말씀이세요? 얼마 동안 일을 못하게 되나요?....나
에게 이러실 수는 없어요!"


예수님은 2000년 전 다음과 같이 말씀하시고 그의 이야기를 마
쳤다, "어리석은 자여! 오늘밤에 네 영혼을 도로 찾으리니, 그러면
네 예비한 것이 뉘 것이 되겠느냐?" (눅 12:20)

어떤 사람은 백혈병은 희귀병이기에 우리의 삶에서 원하지 않는

비극에 근거하여 기본적인 결정을 해서는 안 된다고 말할 수도 있다. 나는 백혈병이 발견될 때까지 이렇게 생각하는 100명 이상의 백혈병 환자를 치료했다. 게다가 유방암, 심장마비, 뇌졸중, 조직의 재구조 그리고 이혼이 있다. 목록이 커지는 것처럼, 삶의 바람직하지 않은 비극은 우리가 언젠가 직면해야만 하는 계획들에 자주 방해가 된다. 요점은 우리가 비극을 예상하며 인생을 살아야 하는 것은 아니다. 요점은 우리의 가치 체계를 점검하고 그것을 삶의 현실에 비추어 측정해 보는 것이다.

우리의 가치 체계는 이 땅에서 우리의 시간 개념과 70년 넘는 삶의 기대와 자연적으로 연결되어 있다. 만일 이 땅에서의 삶을 이렇게 본다면, 죽은 후 아무 것도 없으니, 우리는 살아 있는 동안 우리에게 기쁨을 줄 수 있는 것들에 큰 가치를 둘 것이다. 불행하게도 이런 생각은 두 개의 결과를 초래한다:

1. 우리가 이 세상에서 우리의 생을 마감하게 될 때, 우리가 가치 있게 생각했던 모든 것들은 단지 기억으로 남게 되고, 죽음으로 우리의 눈이 감길 때 그런 기억들도 없어진다.
2. 우리의 마음은 우리가 가치 있게 생각하는 것과 묶여 있다. 죽음이 다가올 때 또는 의사의 나쁜 소식이 우리 삶을 격렬한 방법으로 바꾸어 놓을 때, 우리는 우리가 가치 있게 생각했던 모든 것들이 억지로 떨어지는 것과 직면해야 하고, 그것은 절망과 같이 온다.

예수님은 이렇게 말씀하실 때 이것을 이해하셨다, "너희를 위하여 보물을 땅에 쌓아 두지 말라. 거기는 좀과 동록이 해하며, 도적이 구멍을 뚫고 도적질하느니라. 오직 너희를 위하여 보물을 하늘에 쌓아 두라. 거기는 좀이나 동록이 해하지 못하며, 도적이 구멍을 뚫지도 못하고 도적질도 못하느니라. *네 보물이 있는 그 곳에 네 마음도 있느니라*" (마 6:19-20).

의사가 나쁜 소식을 전할 때, 이것은 절망을 가져와서 마음속의 일들을 억지로 떼어 놓는 것이다. 캐서린은 허리를 다친 후 다시는 기계체조를 할 수 없었다. 내가 아는 멋진 심포니를 연주하는 바이올린 연주자는 폐 수술 후 뇌졸중으로 인하여 더 이상 음표를 읽지 못하게 되었다. 병이 우리가 가장 중요하게 생각하던 것을 빼앗을 때 우리의 마음을 독립적이 아닌 가치 체계로 만든다는 것이 가능한가?

우리는 이 땅에서 우리가 가치 있게 느끼는 것을 특권과 책임을 가지고 선택하게 되어 있다. 어떤 사람들은 반 고흐의 그림에 가치를 둔다. 어떤 사람들은 돈에 가치를 둔다. 다른 사람들은 육체적인 애정에 가치를 둔다. 유명한 영화에서 육체적인 애정에 가치를 둔 어떤 남자가 돈에 가치를 둔 다른 남자에게 하룻밤에 백만 불에 그의 아름다운 부인을 빌려 주기로 했다. 나는 그 영화를 보지 못했고 어떻게 끝났는지 모른다. 그러나 어떻게 끝났는지는 중요하지 않다. 중요한 것은 예수님의 말씀을 이해하는 것이다: 돈도 육체적인 아름다움도 영원히 남지 않는다는 것이다.

지역 신문의 근래 기사에 영국 공장에서 일하는 어니(Ernie)는 천팔백육십만 불 복권에 당선되었다는 이야기가 실려 있다. 어니는 담배, 술, 음식으로 살다가 20개월 후에 죽었다. 그는 술과 담배를 끊으라는 충고를 무시하고, 140킬로그램의 몸무게로 사치스러운 별장에서 죽었다. 집안의 한 친구가 "불쌍한 어니는 돈을 가지고 갈 수 없다는 것을 증명했다"고 말했다.

우리는 종종 죽음을 직면할 때에만 그 말의 진리를 깨닫곤 한다. 그렇다면 우리는 오마 카얌(Omar Khayyam)이 말하는 삶에 대한 이해를 납득할 수 있다:

세속적인 희망을 가진 사람들은 그들의 마음을
재에 두든지 혹은 부에 둔다; 그리고 머지않아,
마치 사막의 먼지투성이가 된 얼굴 위에 있는 눈처럼,
잠시 반짝이는 한두 순간은 지나간다.[2]

우리는 인생에서 오마 카얌의 이해와 절망에 직면할 수 있다. 또는 이 땅의 보물은 일시적이라는 진리를 무시할 수 있다. 또는 죽음보다 오래 견디는 보물의 가치를 배울 수 있고, 심각한 건강의 변화를 직면하며 그 가치를 유지할 수 있다.

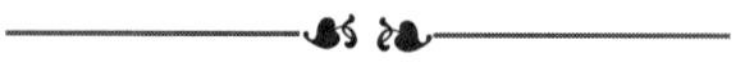

머레이 알렉산더(Murray Alexander)는 몇 세기 동안 미시시피 강(Mississippi River)에 의해 평평하고 비옥해진 땅인 미시시피 삼각주에 있는 퇴직한 부유한 농사꾼이다. 그는 2년 전 불가능한 상황 가운데서 나에게 왔다. 우리가 만나기 6개월 전, 그는 암 때문에 신장을 떼어 냈었다. 이제 간에 암 세포처럼 보이는 곳이 두 군데 있었다. 우리는 조직검사를 했는데, 예상한 대로였다. 우리는 최고의 과학과 기도를 동원하여 열이 나고, 붓고, 발진이 나고, 심한 허약과 체중 감소를 일으키는 인터루킨 2(Interleukin 2)라고 부르는 약으로 끔찍한 치료를 했다. 간 부위는 안정적으로 남아 있었다. 다른 암의 흔적은 없어서 수술을 했다. 수술 당시 모든 암 세포는 다 없애버렸다.

마지막 수술 후 1년이 넘었다. 그리고 알렉산더 씨는 그의 건강이 회복 중에 있다. 현재까지 암은 없다. 근래 사무실에 왔을 때, 그는 "간암에 대해 들었을 때, 성경 한 구절이 생각났습니다, '나의 평안을 너희에게 주노라.' 나는 나아지기를 위해 기도하지 않았습니다. 왜냐하면 그것이 하나님의 최선의 뜻인지 모르기 때문입니다. 그러나 하나님의 평안이 나를 떠나지 않았습니다. 그리고 만일 지난 2년 간의 고통을 2년의 건강과 바꾸라면, 나는 절대 그렇게 하지 않겠습니다"라고 말했다. 이것은 혼미하거나, 광적으로 아픈 사람의 목소리가 아니었다. 알렉산더 씨는 위대한 비밀을 발견했다: 실제적인 고통과 하나님과 함께 하는 죽음의 공포는 하나님이 없는 편안한 삶보다 더 가치 있는 것이다.

> 고통과 하나님과
> 함께 하는
> 죽음의 공포는
> 하나님이 없는
> 편안한 삶보다
> 더 가치 있는 것이다.

당신은 삶을 살아갈 때 무엇을 찾는가? 당신은 개인적인 욕구를 만족시킬 기쁨을 찾기 위해 목을 쳐들고 애쓰는가? 아니면 전능하시고 사랑이 많으신 하나님이 깨어진 세계를 그의 품속으로 모으시는 일에 주의하는가? 당신은 이 세상을 살아갈 때 영원한 소망에 대한 통찰력을 가지고 있는가?

우리가 단지 물질적인 것과 이 세상에서 실재하는 것만을 볼 때, 우리는 보는 것만을 얻고자 동기부여가 되어 있다. 우리는 우리를 행복하게 해 줄 수 있다고 생각하는 것을 찾기 위해 인생을 살아간다. 그러나 우리의 성공과 만족 사이에 큰 차이가 있는 것을 발견하게 된다. 그리고 나서 우리는 죽는다.

요한복음 6장 27절에서 예수님은 이 세상의 것으로 만족감을 채워 주는 문제를 지적하셨다: 그 모든 것을 망가진다. 우리가 얻는 것들이 녹슬거나 낡거나 부패하거나 또는 우리의 욕구가 손상될 것이다. 이 세상에서 우리가 개인의 목적을 만족시키기 위해 얻는 어떤 것도 점차적으로 감소되므로, 우리는 새롭고 손상 되지 않는 것을 찾으려고 할 것이다. 그런 다음 죽음을 직면하면 아직 이 세상에서 우리를 만족시키는 어떤 것이라도 우리의 손아귀에서 사라질 것이다.

예수님은 우리를 우울하게 만들기 위해 이런 것을 경고하지 않으셨다. 예수님은 더 나은 것이 있기 때문에 우리가 진실을 직면하기 원하셨다. 예수님은 더 만족을 줄 수 있는 것, 없어지지 않는 것, 영원한 것, 영원히 남을 수 있는 것, 당신에게 주실 것이 있다고 말씀하셨다.

예수님은 "이 세상의 보물 대신 하나님을 선택하라. 하나님은 당신을 지금 실망시키지 않으실 것이다. 그리고 하나님은 당신이 죽을 때에도 당신을 실망시키지 않으실 것이다"라고 말씀하신다.

당신은 당신의 보물을 얼마나 잘 선택했는가?

예수님은 갈릴리의 언덕에 서 계셨다. 그리고 제자들에게 우리가 하나님을 우리의 보물로 선택하면 우리의 삶이 얼마나 많이 달라질 것인지를 설명하셨다. 우리가 산상수훈으로 알고 있는 말씀에서 예수님은 이렇게 말씀하신다, "심령이 가난한 자는 복이 있나니, 저희가 위로를 받을 것임이요" (마 5:3). 윌리엄 바클레이(William Barclay)는 그의 주석에서 산상수훈을 다시 말하고 있다, "자신의 무력함을 깨닫는 사람과 그의 모든 신뢰를 하나님께 두는 자는 복이 있다."[3]

심각한 병이나 죽음에 직면하는 것은 우리가 확신하고 있는 것을 흔들어서 우리의 "심령을 가난하게" 만드는 가장 효과적인 방법이다. 우리 중 죽음을 직면하며 "나는 죽음이 무엇인지 알고 그것을 다룰 수 있다"고 말할 수 있는 사람은 많지 않다. 나는 포쉐(Porsches) 자동차를 고치고, 5개 국어를 말하지만, 하나님을 거부하는 환자를 알고 있다. 하나님은 그에게 의미 있는 존재가 되지 못했다. 내가 만난 사람들 중 그는 자신의 능력을 과신하므로 죽음에 이르기까지 모든 일을 스스로 헤쳐 나간 몇 사람 중 하나였다. 당신도 마찬가지일지 모른다. 그러나 우리들 대부분은 심각한 병이나 죽음의 밤을 맞이하며 자신 있게 갈 수 없다. 우리 대부분은 "나는 혼자 이것을 감당할 수 없습니다! 하나님 도와 주세요!"라고 외친다. 우리의 "심령이 가난할 때" 우리는 결국 하나님을 찾게 되고, 그를 찾고, 그를 발견하고, 그리고 천국이 우리의 것임을 발견한다.

산상수훈은 계속된다, "애통하는 자는 복이 있나니, 저희가 위로를 받을 것임이요" (마 5:4). 우리 대부분은 어렸을 때 우리에게 소중한 것을 잃었을 때 마음이 아팠던 것을 기억한다 (나의 아들이 열 살 때, 하얀 밴을 몰던 어느 공격적인 십대의 트럭에 치었다). 그런 일이 일어나면 우리는 우리 엄마나 아빠의 무릎으로 기어가서 그 품속에서 위로받았던 것을 기억한다. 우리가 사건을 되돌아 볼 때, 그러한 품속의 위로는 잃은 아픈 기억을 압도하는 기쁨으로 우리의 마음을 채워 준다. 잃은 아픔은 엄마나 아빠의 품의 위로와는 비교가 안 된다. 하나님의 품을 느껴 보고 싶은가? 만일 당신이 눈물 가운데서 하나님을 따른다면, 하나님은 당신이 위로를 받을 것이라고 약속하신다.

예수님은 계속하셨다, "온유한 자는 복이 있나니, 저희가 땅을 기업으로 받을 것임이요" (마 5:5). 온유는 약한 것이 아니다. 온유한 자는 다른 사람과 하나님을 위하여 그들 개인의 권리를 포기하는 사람들이다. 예수님은 하나님으로서 많은 권리를 가지고 오셨다. 예수님은 이 세상에 오실 때 그것을 다 포기한 채 오셨고, 그리고 십자가에서 돌아가셨다. 우리 모두는 개인의 권리를 가지고 있다고 느낀다: 가족에 대한 권리, 건강, 우리의 업무를 통제할 권리, 우리 아이들이 자라는 것을 볼 수 있는 권리, 우리가 일을 열심히 하면 좋은 삶을 가질 수 있는 권리. 의사의 나쁜 소식은 우리 개인의 권리를 무시한다. 그것들을 빼앗아 가고, 아무 것도 보상하지 않는다. 예수님은 말씀하신다, "네가 생각하기에 받을 가치가 있다고 생각하는 것으로부터 당신을 빼앗아 갈 비극적인 건강 문제가 올 때까지 기다리지 말라. 개인의 권리를 지금 포기하고 나를 찾으라. 그리고 아무것도 아닌 것 대신에 너는 땅을 기업으로 받을 것이다."

하나님을 믿는 사람들은 산상수훈에서 큰 위로를 받는다. 우리가 병과 죽음을 맞이하게 될 때, 우리는 그 옛날 예수님이 산 위에서 가르치셨던 약속을 기대할 수 있다. 우리가 슬퍼할 때, 우리는 위로를 받을 것이다. 하나님은 약속하셨다. 하나님은 약속을 지키신다.

> 주께서 내 마음에 두신 기쁨은
> 저희가 곡식과 새 포도주의 풍성할 때보다 더 하니이다.
> 내가 평안히 눕고 자기도 하리니,
> 나를 안전히 거하게 하시는 이는 오직 여호와시니이다.
>
> 시편 4:7-8

의사가 나쁜 소식을 전할 때, 당신은 어떻게 세상을 볼 것인지 선택할 수 있다. 당신은 시간이 영원하다고 보겠는가? 당신은 인생을 육체적이면서 영적이라고 보겠다고 선택하겠는가? 당신은 하나님과의 관계를 이 세상의 어떤 것보다 더 가치를 두겠다고 선택하겠는가? 당신의 몸과 꿈이 깨어진다고 할지라도, 건강하게 몇 년간을 살아 온 것을 아는 것보다는 남아 있는 당신의 인생에서 더 큰 가치를 발견할 수 있다.

# 제11장

# 기쁨의 추구를 선택하라

레베카(Rebecca)는 폐암 환자로, 살아갈 날이 얼마 남지 않았다. 어느 날 나는 그녀에게 물었다, "내가 지난 번 당신을 만난 이후 어떤 좋은 일이 있었는지 말해 줄 수 있어요?" 그녀는 대답했다, "좋은 일들이 많이 일어났어요. 우리 아이들이 주말에 집에 왔었고, 내 병 때문에 많은 일들을 상의했어요. 내가 간 후 누가 무엇을 해야 하는지. 우리 아이들은 그것에 대해 재미있어 했어요. 다른 사람들이 원하지 않는 것을 나는 좋아하는 것들이 있었어요. 우리는 일을 분담하려고 했어요. '누가 이것 좀 가져가라' 그랬더니, 그들은 서로에게 '네가 가져가'라고 했어요."

그녀는 손자 손녀들이 온 것에 대해서 말했다. 손자 친구 중 하나가 레베카에게 머리카락이 어떻게 된 것이냐고 물었다. 레베카는 대답하기를, "글쎄, 내가 아파서 의사가 약을 주어 먹었더니, 상태는 나아졌는데 머리카락이 빠지게 되었단다." 그러자 그 아이는 또 물었다, "머리카락이 다 어디로 갔는데요?" 그녀는 빠진 머리카락을 다 모아 놓았다고 말했다. 그러자 그 아이는 말했다, "그러면 물을 머리카락에 뿌려서 머리에 붙이세요. 그러면 붙어 있을 거예요." 레베카는 그 소년의 유머에 웃었고, 그는 다른 날보다 더 좋은 날을 보냈다.

레베카는 그 날 암 말기로 내 방에 걸어 들어왔지만, 기쁨을 가지고 그리고 인생은 살 가치가 있다는 느낌을 가지고 떠났다. 삶이 공포와 아픔으로 가득 찰 때 무엇이 사람들에게 기쁨을 줄 수 있겠는가? 나는 기쁨이 언제나 우리 어깨를 감싸지 않지만, 기쁨을 다시 느낄 수 있는 단계가 있고, 우리가 힘들 때 삶을 다시 살 가치가 있게 만드는 기쁨이 가끔 돌아온다는 것을 배웠다.

## 기쁜 일을 찾아라

로버트(Robert)가 나에게 왔을 때 그는 나이가 들었었고, 두 종류의 암으로 쇠약해 있었다. 그러나 그는 7월 4일 독립기념일 축하를 기대하고 있었다. 그는 더 이상 요리사는 아니지만, 구이판 위에 갈비와 돼지 어깨살과 소시지가 있을 것이고, 그의 모든 친척들을 볼 수 있고, 대화하고, 들을 수 있었다. 그는 암에도 불구하고 다가 올 기쁜 일이 다가오고 있기 때문에 미소 지을 수 있었다. 죽음은 저 멀리 있었다.

우리 중 많은 사람들은 죽음이 우리가 볼 수 있는 미래에 있다는

것을 알 때나 병이 우리가 전에 알았던 기
쁨을 빼앗아 갈 때 움츠리고 우리의 상처
를 핥는 경향이 있다. 우리는 우리의 삶에
서 기쁨을 다시 맛볼 수 없다. 그럴 필요
는 없다. 당신은 다시 행복하게 느끼려고
자신을 밀고 나아갈 수 없겠지만, 당신의
기쁨을 삶 속으로 끌어갈 수 있는 일들을



계획할 수는 있다. 여생이 지날 때까지 구석에서 움츠리고 있기보
다는, 책상에 앉아서 당신이 언제나 하고 싶었던 일들의 목록을 만
들어라. 그 다음에 나머지 생을 살면서 그것들을 해 나가며 그것들
을 점검하라.

## 당신이 사랑하는 사람들과 함께 시간을 보내라

우리 동네에 있는 어느 젊은 여자는 몇 년 동안 혈액병을 앓았다.
그 병은 통제할 수 없는 과정으로 급속히 바뀌고 있었다. 그녀는
아팠지만, 남편과 여덟 살 난 아이와 함께 휴가로 여행을 떠나고자
소원했다. 그녀는 여행할 수 있을 것처럼 건강해 보였다. 그래서 그
들은 하와이로 갔다. 그녀와 그녀의 남편은 이것이 함께 가는 마지
막 휴가일 수도 있다는 것을 알았다. 그들은 휴가 첫째 주 내내 좋
은 시간을 보냈다. 그러나 그녀는 폐와 심장에 문제가 생겨서 하와
이에서 죽었다. 그녀는 갔고, 그녀의 떠남은 우리 모두에게 비극적
이었음에도 불구하고, 그녀는 마지막 날들을 기쁨으로 보냈고, 그

녀가 사랑하는 사람들과 함께 최후의 날들을 나누었다.

병이 당신을 갑자기 덮쳐올 때, 사람들로부터 도망가기보다 당신은 그들을 선택적으로 찾아야 할 필요가 있다. 피상적인 관계를 갖기에는 충분한 시간이 남아 있지 않을지 모른다. 당신이 함께 있고 싶은 사람들을 선택하라. 그들 한 사람 한 사람과 삶을 나누는 데 시간을 바쳐라. 당신이 사랑하는 사람들 옆에 앉을 때 기쁨이 올 것이다.

## 당신이 사랑하는 사람들의 기쁨을 빌리라

만일 당신이 자신의 상황에서 기쁨을 발견할 수 없다면, 당신이 사랑하는 사람들로부터 기쁨을 빌리라. 당신의 손자가 이기고 있는 축구의 골 점수를 매기면서 그의 미소 짓는 얼굴을 본다면 어떻겠는가? 당신의 동생의 생일 축하에 참석하여 그가 갖기 바라는 기쁨에 초점을 두는 것은 어떻겠는가? 그의 행복이 당신의 행복이 될 것이다. 당신이 사랑하는 사람들에게 기쁜 일들을 제공할 수 있는 *원인이 될* 수도 있다. 그리고 그 기쁨이 당신의 날들을 채울 수 있게 하라. 유방암을 앓는 한 환자는 장성한 딸들과 사위들과 함께 선상여행을 계획했다. 그녀는 불편함에도 불구하고 그들과 함께 여행을 했고, 그들과 함께 간 것을 즐겼을 뿐 아니라 선상여행이 그들의 삶 속에 가져다 준 기쁨으로 축복받았다. 그녀는 고통 중에도 다른 사람에게 기쁨을 줄 수 있었고 그 기쁨에 동참할 수 있었다.

## 당신의 위대한 친구인 하나님께 가까이 가라

인생의 어려운 일들을 겪을 때와 죽음의 문을 통과할 때 당신의 손을 잡아 줄 유일한 친구는 하나님이시다. 앞에서 머레이 알렉산더는 말했다, "나는 하나님이 나를 고쳐 주시기를 기도하지 않았다. 왜냐하면 그것이 하나님의 뜻인지 몰랐기 때문이다. 대신 하나님이 나와 함께 계시기를 그리고 내 곁을 떠나지 않으시기를 기도했다." 예수님은 죽음에 다가갈 때 다음과 같이 말씀하셨다, "나는 포도나무요, 너희는 가지니....아버지께서 나를 사랑하신 것 같이 나도 너희를 사랑하였으니 나의 사랑 안에 거하라. 내가 아버지의 계명을 지켜 그의 사랑 안에 거하는 것 같이 너희도 내 계명을 지키면 내 사랑 안에 거하리라. 내가 이것을 너희에게 이름은 내 기쁨이 너희 안에 있어 너희 기쁨을 충만하게 하려 함이니라" (요 15:5-11).

바울은 그의 삶이 끝나 갈 때 감옥에서 빌립보 교회에 편지했다, "주 안에서 항상 기뻐하라. 내가 다시 말하노니 기뻐하라. 너희 관용을 모든 사람에게 알게 하라. 주께서 가까우시니라. 아무 것도 염려하지 말고, 오직 모든 일에 기도와 간구로, 너희 구할 것을 감사함으로 하나님께 아뢰라. 그리하면 모든 지각에 뛰어난 하나님의 평강이 그리스도 예수 안에서 너희 마음과 생각을 지키시리라" (빌 4:4-7). 그의 죽음에 직면해서 바울은 우리가 기쁨으로 충만할 수 있다고 말한다. 왜냐하면 고통 때문이 아니라, 하나님이 가까이 계시고, 그리고 바로 그의 임재는 우리의 삶 속에 기쁨을 가져올 것이기 때문이다.

당신이 고통에 직면할 때 하나님을 구하라. 기도하는 시간, 말씀을 읽는 시간, 앉아 있는 시간, 그의 음성에 귀 기울이는 시간에 헌신하라. 당신이 어려움에 직면할 때 느끼는 기쁨은 영생을 통치하시는 분께 가까워질수록 더 커질 것이다.

## 희망을 찾아라

희망은 어떤 것을 학수고대하거나 우리에게 기쁨을 줄 수 있는 사람을 찾는 것이다. 희망은 우리가 미래로부터 기쁨을 빌려서 지금 사용할 수 있게 한다. 희망은 계획된 사건들이나 우리가 이미 언급했던 계획된 만남에서 발견할 수 있다. 그러나 희망은 또한 죽음 후의 사건들에서 찾을 수 있다. 매튜(Matthew)는 장암이 간으로 퍼진 72세 된 내가 치료한 환자이다. 그는 근래에 그의 상태를 위해 진행된 모든 기본적인 치료에 실패하고, 실험적 치료도 하지 않고 그의 삶을 살기로 했다. 조용한 미소를 지으면서 그는 나에게 말했다, "나는 죽음을 두려워하지 않습니다. 죽음이 천국으로 가는 문이라는 것을 내가 압니다. 그 곳에는 어머니, 아버지 그리고 네 형제들이 나를 반기려고 기다리고 있습니다." 그의 죽음 뒤에 있는 재회의 기쁨은 그가 무덤을 향해 걸어갈 때 그에게 기쁨을 가져다 준다. 바울은 데살로니가 교회로 보낸 그의 편지에서 재회에 대해 썼다: "주께서 호령과 천사장의 소리와 하나님의 나팔로 친히 하늘로 좇아 강림하시리니, 그리스도 안에서 죽은 자들이 먼저 일어나고, 그 후에 우리 살아남은 자도 저희와 함께 구름 속으로 끌어올려 공중에서 주를 영접하게 하시리니, 그리하여 우리가 항상 주와 함께 있으리라"(살전 4:16-17).

인생은 기쁨 없이 살기는 어렵다. 그리고 건강의 비극은 그 기쁨을 우리의 삶에서 빼앗아 간다. 그리고 우리가 숨을 거두기 전에 오랫동안 우리를 속에서 죽게 한다. 당신은 특별한 일을 계획하고 당신의 삶을 기쁨으로 채움으로 이것을 대항할 수 있다. 당신이 당신의 슬픔보다 다른 사람들의 행복에 초점을 맞출 의사가 있다면 다른 사람들의 행복을 빌릴 수 있다. 당신은 그들의 행복을 증가시키기 위해 행동할 수 있고, 그것은 당신의 행복을 증가시킬 것이다. 당신은 희망할 수 있다. 그것은 희망 사항이 아니라 견고한 기대로, 좋은 사람들과 앞으로 있을 일들을 위해서, 이 세상에서 뿐만 아니라 우리의 영원한 하나님 아버지의 발 밑에서 희망할 수 있다.

## 좋은 것을 구하라

폴리아나(Pollyanna)는 나쁜 평판을 가졌다. 그녀는 나쁜 일이 있을 때마다 밝은 희망을 찾는 소녀이다. 심지어는 그녀가 허리를 다쳤을 때에도 좋은 것을 찾으려고 했다. 그녀의 이름은 실제로 그녀 자신이나 다른 사람의 불행에 대해 구역질나게 기분 좋아하는 사람을 묘사하는 비난에서 발전되었다. 그러나 폴리아나는 옳았다. 일이 일어나는 모든 것 속에는 무언가 좋은 것이 있다. 죽음이나 심각한 병을 포함해서 그 일이 얼마나 심각하든지 상관없이 말이다. 우리가 어려운 상황을 어떻게 견디느냐는 그 속에서 좋은 것을 발견하는지의 여부에 달려 있다.

지난 번 가족의 점심 식사 때, 레타 리(Letta Ree) 이모가 어린 손녀 알렉스(Alex)에 대해 이야기했다. 레타 리는 어린 아이들에게 예의 범절을 가르쳐 주려고 했다. 그래서 알렉스가 친구들을 초대하고, 옷을 입고, 마시는 것을 시중드는 파티를 계획했다. 알렉스는 그 아이디어를 좋아했고, 할머니의 지시를 정확히 잘 따라서 아주 잘 해냈다. 차를 시중든 후, 알렉스는 앉아서 대화를 이끌며 다음과 같은 이야기를 했다:

"낙천주의자와 염세주의자의 차이를 말해 줄게. 만일 너희가 그들을 두 방에 각기 두면 너희는 그 차이를 말할 수 있을 거야. 염세주의자를 좋은 장난감으로 가득한 방에 넣고, 낙천주의자를 거름더미가 있는 방에 넣어봐. 그리고 나서 2시간 후에 돌아와서 염세주의자에게 물어보았어, '어떻게 지냈어?' 그 사람은 얼굴에 우거지상을 하고 앉아서, 아무 것도 갖고 놀지 않고 대답하기를, '끔찍해. 아무 것도 내가 가지고 놀고 싶은 것이 없어.' 그런 다음 낙천주의자의 방으로 가라. 거기서 그는 손과 얼굴과 온 방에 거름으로 범벅이 되어 있을 거야. 그는 거름더미에 손을 넣고 파고 있을 거야. 네가 어떤지 물으면, 그는 '아주 좋아요! 이 거름더미 속 어딘가에 작은 말이 있을 거야!'라고 대답할 것이다."

당신이 끔찍한 건강 소식에 대하여 생각할 때, 특별히 죽음이 곧 다가온다면, 당신은 거름더미가 있는 방에 갇혔다고 느낄 수 있다. 그러나 그 방 속에서, 당신의 태도는 당신이 선택하기에 달려 있다. "그들이 나의 모든 장난감을 다 빼앗아 갔어"라며 당신의 여생을 우울하게 보내든지, 아니면 또는 작은 말을 찾아보기로 선택할 수 있다. 그리스도인의 진실은 작은 말이 거기에 있다는 것이다. 하나님은 "하나님을 사랑하는 자들에게는 모든 것이 합력하여 선을 이루신다"(롬 8:28)고 약속하셨다. "모든 것"은 거름더미가 있는 방을 의미하며, 병에 직면하는 것을 의미한다.

어떻게 하나님은 당신을 고통에서 건져 내시는가? 대답은 우리 각 사람이 다를 것이다. 어떤 사람들은 한 번도 고통을 직면하지 않고 하나님과 새로운 관계를 발견할 것이다. 어떤 사람들은 오래된 계산을 해결한 후에, 그 전에는 불가능했던 관계를 형성할 수도 있다. 어떤 사람들은 사회의 기대로부터 자유로워지고, 결국 자기들이 항상 하기 원하던 것을 할 수 있을 것이다. 어떤 사람들은 삶이 오랫동안 너무 심하게 그들을 압박한 후에 안식할 수 있을 것이다. 어떤 사람들은 병에 걸려, 할아버지의 미소가 흐리게 지나가기 전에 그 미소에 감사하는 것을 배울 것이다. 좋은 것은 각기 다를 것이다. 육체적인 병과 그리고 그것과 함께 가는 모든 것은 거름더미가 있는 방이다. 그러나 그 곳에는 작은 말이 있다. 그리고 당신이 그것을 계속 찾는다면 당신은 그것을 찾을 것이다. 당신의 의사가 전해 준 나쁜 소식을 직면할 때 좋은 것을 구하라. 하나님을 추구하라. 그리고 당신 옆에 계신 하나님으로 인해 당신은 좋은 것을 발견할 것이다.

## 장미처럼 심각한 병

비극적인 건강 소식의 아픔 속에서 좋은 것을 찾는 방법은 장미 속에 감추어진 가시와 같이 우리의 고통을 생각하는 것이다. 몇 년 전 게리 모리스(Gary Morris)는 "그녀가 내 안에서 발견한 사랑"(The Love She Found in Me)이라는 제목으로 사랑에 관한 노래를 불렀다. 그는 한 남자가 자신의 인생이 가시 외에는 아무 것도 없는 것으로 느끼다가 한 여자가 나타남으로 숨겨져 있는 장미를 발견한 것에 대하여 노래했다.

장미와 같이 심각한 병은 아름다운 꽃을 가진 그리고 끔찍한 가시를 가진 나무이다. 우리는 이런 가시에 때때로 너무 두려움을 느껴서 그들이 방어하는 꽃을 절대로 뽑지 않는다. 그러나 어떤 사람들은, 노래 속에 있는 여자 같이, 가시 속에서 장미를, 모래 옆에 바다를, 그리고 차가운 빗속에서 아름다운 무지개를 발견하는 능력을 가지고 있다. 나는 그와 같은 친구가 있다. 그녀는 결혼하지 않은 딸이 임신한 것에 정신적인 충격을 받았다. 그러나 그녀는 그 딸이 그녀의 삶에 가져다 준 기쁨에 중심을 두었다. 후에 그녀는 부를 잃어 파산했고, 1년 동안 언니와 부모를 모두 잃었다. 그녀의 아픔에도 불구하고, 그녀는 가끔 그녀와 남편이 이런 비극을 통해 어떻게 하나님을 발견했는지에 대해 이야기했다. 그녀는 무엇이든지 좋게 보는 사람의 좋은 본보기이다. 우리 모두는 어느 정도 인생에서 좋은 것에 우리의 초점을 둘 수 있고, 심지어 우리의 질병 가운데서도 그렇게 할 수 있다. 만일 우리가 우리의 고통 속에 장미가 없다고 말한다면, 우리는 가시의 고통에 빠진 것이다. 가시들 속에 많은 장미가 있다. 당신의 질병에 적용할 수 있는 몇 가지를 나열하겠다.

## 금지되지 않은 관계의 장미

메어리 페이스(Mary Faith)는 동생 신디(Cindy)가 병의 말기에 있어서 슬픔으로 침울해 하면서 동생의 아파트 문을 두드렸다. 그녀는 동생의 명랑한 반응에 매우 놀랐다. 문을 통해 걸어가면서 그녀가 예상했던 우울함 대신 웃는 얼굴을 보고 다시 놀랐다.

"어떻게 지내니?" 메어리가 물었다.

"아주 좋아." 신디가 대답했다.

"무슨 일이야? 왜 그렇게 행복해?" 조금은 의심하면서 메어리가 물었다.

"내 상사 알지? 엄마, 아빠가 이혼할 때 내 옆에 앉아서 나에게 이야기 해 주었던 그 상사 말이야." 그녀가 물었다.

"그래." 메어리가 대답했다.

"이제 나는 내 직장에 대해서 걱정하지 않아. 오늘 나는 그에게 그가 얼마나 인간으로서 나에게 의미가 있는지를 이야기할 수 있었어. 내가 월급 인상을 원한다고 생각할지 모른다는 걱정 없이 말이야. 아주 기분이 좋았어."

우리의 관계 주변에 있는 많은 사회적 금지들이 아무런 문제가
되지 않는다는 것을 깨달을 때 자유가 있다. 이것은 당신이 가까운
미래에 죽음을 볼 때 확실하게 분명해진다. 마침내 당신의 상사와
정직해질 수 있을 뿐 아니라, 당신에게 중요한 사람들에게 정말로
관계되는 일들을 말하기 시작할 수 있다. 당신은 진정으로 당신이
그들을 얼마나 사랑하는지 그리고 당신이 그들과의 관계가 얼마나
가치가 있는지와 같은 것들을 그들에게 말할 수 있다. 폐암을 앓고
있는 환자가 어느 날 나에게 말했다. "사람들은 내 아내가 고통 없이
갑자기 죽은 것이 행운이라고 말했어요. 나는 암 때문에 행복한 사
람이죠. 왜냐하면 나는 사람들에게 그들이 얼마나 나에게 중요한지
를 말할 기회를 가졌기 때문이죠."

## 투명의 장미

우리가 인생을 갈등하며 살아갈 때, 정상에 오르기를 추구하면
서, 가끔 무거운 짐을 가볍게 할 수 없어 압도되는 것처럼 느낄 너
무나 많은 압박과 정보가 우리에게 온다. 가끔 앞에 놓여 있는 삶을
바꾸는 병이 그런 정보의 90%와 사회적인 압박의 대부분을 녹이는
것을 도와 준다. 그런 다음 모든 잡음이 없어진 후, 우리는 무엇이
진짜 문제―우리의 시간과 관심이 필요한 십대 또는 우리의 위로가
필요한 배우자 또는 아무도 돌보아 주지 않는 친구―인지에 중점을
두기 시작한다.

미리암(Miriam)은 유방암 환자였다. "내가 암에 걸리기 전에는

하늘을 쳐다본 적이 없었어요. 나는 새 소리를 들어 본 적이 없었어요. 나는 내 남편을 사랑하기 위해 한 번도 시간을 내 본 적이 없었어요. 우리의 삶에 너무 많은 것들이 빽빽하게 들어 차 있었기 때문이죠. 그와 함께 하는 나의 삶이 훨씬 더 좋아요.”

## 자유로운 사명의 장미

예수님은 말씀하셨다, “너희가 하나님과 재물을 겸하여 섬기지 못하느니라” (마 6:24). 그러나 아직도 우리는 두 가지를 다 섬기기 위해 노력하며 우리의 삶을 보내고 있다. 그러나 우리가 앞으로 올 죽음을 볼 때, 지나간 것은 좋은 인상을 주기 위해 필요한 것이며, 보트를 사기 위해 저축할 필요가 있는 것이고, 사무실에서 상사를 즐겁게 해 줄 추가의 시간을 보내기 위해 필요한 것이다.



우리에게 남겨진 시간은 얼마가 되든 결국 하나님이 우리를 위해 창조하신 사명을 위해 쓰여질 수 있다. 우리는 사람들이 우리가 이상하다고 생각하는 것을 걱정하지 않고 그들에게 하나님의 사랑과 신실하심에 대해 이야기할 수 있다. 우리는 우리의 안전 보장을 잃어버릴 것을 걱정하지 않고 가난한 사람들에게 돈을 줄 수 있다. 우리는 결국 하나님이 뜻하시는 것과 우리를 이 세상에 보내셔서 이루시려는 사명을 성취할 수 있다. 그분을 위해 인생을 바꾸는 사람은 영생의 모든 축복을 누릴 가치가 있다. 이제 우리는 하나님이 변화되기 원하는 사람들의 삶을 추구할 수 있다.

———————— ·ᕗᔕ ᔒᕒ· ————————

뇌암을 가진 젊은 남자는 그의 암으로 인해 자기 여동생에게 어떻게 전도하게 되었는지를 말했다. "이 암으로 인해 좋은 일은 나의 여동생이 예수님을 영접한 것이었어요. 그녀는 그리스도인이 아니었어요. 근래에 그녀는 유방암에 걸렸었어요. 내 생각에 그녀가 괜찮을 것 같았는데, 어느 날 나에게 이야기할 때, 내가 그녀에게 질문할 수 있었어요, '만일 네가 죽으면, 천국에서 영생을 누린다고 확신하니?' 그녀는 전에는 그런 질문을 받아들이지 않았어요. 그리고 나도 물어보지 않았었어요. 그러나 내가 암을 통해 겪은 고통 때문에, 나는 그것을 물어볼 수 있었고, 그녀는 그것을 기꺼이 들을 수 있었어요. 그녀는 영접하는 기도를 했고, 예수님을 구세주로 영접했어요."

## 발견되지 않은 기쁨의 장미

아마 당신은 전에 꽃 향기를 맡을 시간이 전혀 없었지만 지금은 많은 꽃들의 향기를 맡을 수 있을 것이다. 아마도 당신은 전혀 음악회에 가서 음악이 당신의 긴장을 풀어 주는 일에 잠겨본 적이 없었을 것이다; 지금이 좋은 시간이다. 아마도 당신은 마운트 러시모어(Mount Rushmore)나 그랜드 캐년(Grand Canyon)을 언제나 보고 싶었을 것이다. 지금 가 보면 어떤가?

존(John)은 그에게 중요한 특이한 꿈을 가지고 있었다. 그는 폐암에 걸려 고통받고 있었고, 살 날이 얼마 남지 않았다. 그는 언제나 천정이 열리는 컨버터블 자동차를 원했고, 그것을 가지기 전에는 절대 죽지 않겠다고 맹세했다. 그는 크라이슬러 르바론(Chrysler LeBaron) 컨버터블을 사서 그것을 타게 되었다. 존은 현재의 기쁨을 얻기 위해 미래에 차 값을 좀 내야 하는 책임지는 일을 기꺼이 선택했다. 심각한 병이 생겼을 때, 우리는 내세에서의 놀라운 일들을 맞이하기 전에 이생에서 몇몇 좋은 일들을 발견하기 위한 좋은 구실을 가지고 있다.



하나님은 바울을 통해 말씀하신다, "우리가 알거니와 하나님을 사랑하는 자, 곧 그 뜻대로 부르심을 입은 자들에게는 모든 것이 합력하여 선을 이루느니라" (롬 8:28). 그는 가시 속으로 손을 뻗쳐서 장미를 뽑아내시는 하나님의 능력에 대해 이야기하고 있다. 우리가 말했던 몇몇 예보다 육체적인 고통의 가시 중에 더 많은 장미가 있다. 그러나 당신이 장미의 향기를 맡기 위해서 그것이 당신을 찾아다니지 않는다는 것을 이해해야 한다. 나쁜 소식의 우울한 감정이 당신에게 찾아왔을 때, 장미를 찾는 것은 감정을 결정하는 문제이다. 당신은, "나는 비록 그렇게 느끼지 않더라도 여기에서 장미를 발견하게 된다. 나는 그 새로운 관계를 추구할 것이다. 나는 정말 중요한 것에 나의 삶과 행동의 초점을 둘 것이다. 나는 비록 우울함 속에서도 그의 사명을 추구할 것이다"라고 말해야 한다. 그렇지 않으면 당신의 여생은 단지 가시 가운데서 보내며 낭비될 것이다.

## 감사하는 마음을 키워라

우리의 삶 속에 기쁨을 가져다 주는 가장 좋은 방법 중 하나는 감사하는 마음을 키우는 것이다. 나는 이것을 15년 전 아프리카 마을에서 처음 배웠다.

그 날은 나이지리아 사누비의 매우 더운 날이었다. 그 이전에 우리는 찌는 듯한 더운 교회 속에서 미풍을 느꼈다; 우리는 그것이 하나님으로부터 온 것이라는 것을 알았다. 그러나 교인들은 춥게 느껴서 창문을 닫았다. 베키와 나는 예배가 끝날 때쯤에는 둘 다 땀으로 젖어 있었다. 그러나 예배는 사실상 끝나지 않았다. 우리가 알지 못했던 후속 예배가 시작되었다. 더위로 인한 우리의 극도의 피로는 곧 우리 앞에 놓여진 축제에서 사라져 버렸다. 그것은 사누비의 연중 추수감사절 예배였다. 나는 교회 뒤에 서 있는 그룹들을 보며 매료되었다: 여자 그룹, 어린 아이 그룹, 남자 그룹, 섞인 그룹. 어떤 교인들은 예배가 끝나기 전에 여러 그룹에 합류했다. 각 그룹들은 찬양이나 추수감사에 대한 노래를 골라 교회 앞으로 나올 때 기쁘게 박수를 치며 노래했다. 그들은 많은 노래들을 우르호보어(Urho-bo)로 불렀다. 영어로도 몇 개 불었다. 나는 특별히 기억한다:

내가 무엇을 나의 하나님께 바치오리이까?

내가 무엇을 나의 구원자에게 바치오리이까?
나의 모든 삶을 주님께 드리리.
나의 모든 삶을 주님께 드리리.

그리고

나의 오른쪽을 보고 사탄이 쓰러지는 것을 보노라.
나의 왼쪽을 보고 사탄이 쓰러지는 것을 보노라.
나의 앞을 보고 사탄이 쓰러지는 것을 보노라.
나의 뒤를 보고 사탄이 쓰러지는 것을 보노라.
나는 보았고, 사탄의 몰락을 보았노라.
하나님께 영광을, 아멘!


그들이 콘크리트로 된 성소 앞에 기쁨으로 도착했을 때, 교인들은 지난 해 그들에게 베풀어 주신 하나님의 은혜에 대한 선물로 헌금을 제단에 바쳤다. 농부들은 그들의 농산물을 위해, 엄마들은 그들의 자녀들을 위해, 자녀들은 부모들을 위해, 나도 역시 기쁨과 감사를 올렸다. 예배가 끝났을 때, 500 *나이라*(naira)가 강단에 드려졌다. 미국의 연봉의 퍼센트로 따진다면 150명의 교인이 5만 불을 헌금통에 넣은 것과 같았다. 이 사람들은 내가 본 중에서 가장 가난한 사람들이었다. 세상에서 내가 만나 본 사람들 중 누구보다도 아프고, 그들의 삶에서 잃은 것이 많은 사람들이었다. 그럼에도 추수 감사절 예배의 기쁨은 그들의 고통을 초월하여 올려졌고, 고통받는 사람들에서 섬기는 자들로 바뀌었다.

감사한 마음을 갖는 것보다 더 평안함을 갖는 방법은 없다. 나는 상처난 삶을 기쁨으로, 그들의 삶과 투병 중에도 받은 것에 감사하는 것으로 대면하는 환자들을 알고 있다. 나는 또한 그들의 삶이 생의 마지막 날까지 씁쓸함과 분노로 가득 찬 사람들도 알고 있다. 왜냐하면 그들은 감사하게 느낄 수 있는 어떤 것도 본 적이 없기 때문이다. 이 두 종류의 사람들은 사회적 그리고 육체적으로 다른 것이 없다. 단지 다른 것은 인생을 향한 그들의 태도이다.

※ ❧ ❧

베티(Betty)는 그녀의 삶을 앗아갈 난소암이 진행 중이었다. 그녀는 화학요법으로 과감하게 치료받았고, 10년 후 암이 치유되어 나에게 돌아왔다. 그러나 그녀는 치료가 원인이 된 혈액병에 걸렸는데, 그것은 몇 년 안에 그녀를 죽음으로 이끌었다. 나는 비슷한 상황에서 화내고 모진 사람들을 보아왔다. 베티는 단순하게 말했다, "나는 나에게 주어 진 10년에 감사한다."

켈시 제링(Kelsey Zehling)은 일곱 살 난 초등학교 2학년생으로, 수학을 좋아하고 발레를 잘하는 아이였다. 그녀의 부모는 그리스도인들이다. 어느 날 방과 후 그녀는 머리가 아팠는데, 12시간 후에 죽었다. 만일 그런 일이 내 아이에게 일어났다면 나는 화가 났을 것이다. 그러나 멤피스의 『커머셜 어필』(Commercial Appeal)에서 켈시의 아버지는, "우리는 놀라운 삶을 살았다. 그녀는 7년의 아름다운 삶을 살았다"고 말했다. 그는 그의 슬픔을 견제하고 살아남기 위해서 켈시와 같이 보낸 아름다운 시간을 허락한 것에 대해 감사하는 마음을 가진 사람이었다.

당신은 큰 비극 중에서도 감사한 마음을 가질 수 있다. 바울은 그것을 알았다. 그는 "범사에 감사하라. 이는 그리스도 예수 안에서 너희를 향한 하나님의 뜻이니라"(살전 5:18)고 우리에게 말했다. 바울은 모든 상황을 감사하라고 말하지는 않지만, 우리가 감사할 수 있는 것이나 감사할 수 있는 사람을 발견할 수 있는 모든 상황에서 감사하라고 말한다. 윌리엄 바클레이는 그의 자서전에서 말하기를, "우리가 태양을 보고 있으면, 그림자가 우리 뒤에 있을 것이다. 그러나 우리의 등을 태양 쪽으로 돌리면, 모든 그림자는 우리 앞에 있을 것이다"라고 말한다.

의사가 우리에게 또는 우리가 사랑하는 사람들에게 끔찍한 소식을 전할 때 우리가 진정으로 감사할 것은 무엇인가?

**우리는 우리의 인생에 있었던 좋은 일들을 인해 감사할 수 있다.** 무어(Moore) 부인은 난소암을 가진 나이 든 여자였다. 우리는 그녀의 진행된 암을 2년 넘게 치료했다. 그녀는 암과 심한 관절염으로 인해 만성적 통증을 겪고 있었다. 어느 날 내 사무실에서 그녀의 증상에 대해 의논한 후, 그녀는 미소 지으며 말했다, "의사 선생님, 하나님은 너무나 많은 것으로 저를 축복해 주셨어요. 저는 하나님이 왜 그렇게 저에게 잘해 주시는지 몰라요."

데렐(Therell) 부인은 그녀의 암이 진행 중이고 그녀가 아마 오래 살지 못할 것이라는 것을 안 후, 아들에게 말했다, "이것에 대해서 안달하지 마라. 나는 이렇게 아름다운 손자들과 놀 시간을 가지리라고 기대하지 못했던 아름다운 1년 반을 보냈어. 나는 나의 소유를 정리하고 처분할 수 있는 시간을 가졌지. 나는 너와 좋은 시간을 보냈잖아. 지난 1년 반은 너무 좋았고, 나는 우울해 하지 않을 거야. 너 또한 그러지 않기를 바란다.”

이 두 여인들은 다른 사람들보다 고통을 덜 받아서 감사했던 것이 아니었다. 그러나 그들이 감사했기 때문에 삶을 즐겼다.

우리는 우리 인생에 남아 있는 좋은 일들을 인하여 감사할 수 있다. 나의 장모인 나나는 암에도 불구하고 마지막 해를 충만하게 살았다. 그녀의 삶의 큰 기쁨 중 하나는 폐암으로 이미 숨이 차 있을 때 생겼다. 그녀는 베키와 나, 손주들과 함께 콜로라도의 목장으로 1주일 간 가족 여행을 갔다. 그 곳에서 그녀는 사랑하는 딸과 손자들 그리고 창조주요 우리의 생명을 유지시켜 주시는 분이 하나님이신 것을 깨닫게 해 주시는 하나님의 영광스러운 산의 풍경에 둘러싸여 휴식을 취했다. 그녀는 많은 사람들이 살 가치가 없다고 느낄 때 정말 아름다운 시간을 즐겼다.

우리는 하나님의 임재하심을 인하여 감사할 수 있다. 나는 이 책에서 큰 시련을 겪었지만 그 시련 속에서 하나님의 임재를 발견한 일련의 사람들을 목록으로 작성했다. 그들과 다른 많은 사람들이 나에게, “나는 시련에 감사합니다. 왜냐하면 내가 하나님을 발견했기 때문입니다”라고 말했다. 바울은 “모든 것을 해로 여김은 내 주 그리스도 예수를 아는 지식이 가장 고상하기 때문이라. 내가 그를 위하여 모든 것을 잃어버리고 배설물로 여김은 그리스도를 얻고”(빌

3:8)라고 말했다.

그리고 마침내, 우리는 승리를 인하여 감사할 수 있다. 좋은 대학교에서 인문학을 가르치는 그리스도인 교수인 마가렛 새서(Margarette Sather) 박사는 죽어가고 있을 때 결단코 절망적인 말을 하지 않았다. 사실 『커머셜 어필』에 기록된 것에 의하면, 그녀는 죽음을 축제로 계획했다. 그녀는 심지어 그녀의 마지막 생각까지도 계획했다, "그녀가 잠자는 동안 죽음을 맞이할 것을 희망하며. 그녀는 그리스도의 팔에 안기어 요람에 눕게 될 것이다. 그리고 옮겨질 것이다. 그녀는 '나는 그의 임재 가운데로 들어가게 되기를 원하다'라고 말한다."[4]

심지어 죽음은 패배가 아니다; 그것은 죽음이 영원히 완전한 삶 속으로 용해되는 승리이다. 바울은 다음과 같이 말한다:

> "사망이 이김의 삼킨 바 되리라"
> "사망아, 너희 이기는 것이 어디 있느냐?
> 사망아, 너의 쏘는 것이 어디 있느냐?"
> 사망의 쏘는 것은 죄요, 죄의 권능은 율법이라. 우리 주 예수
> 그리스도로 말미암아 우리에게 이김을 주시는 하나님께 감사
> 하노니.
>
> 고린도전서 15:54-57

당신은 심각한 병이 왔을 때 감사의 마음을 지킬 수 있다. 이것은 당신의 행복을 생동력 있게 지키는 하나의 확실한 방법이다.

# 제12장

# 감정 관리를 선택하라

예수님은 마지막 만찬을 하시며 유다가 그를 배신하려고 나가는 것을 보셨다. 예수님은 그의 절박한 죽음을 제자들에게 선언하셨고 베드로의 부인을 경고하셨다. 유다를 제외한 모두는 다락방을 함께 떠나서, 개인의 감람원에 갔다. 그 곳에서 그들은 멈추었고, 예수님 혼자 걸으셨다. 예수님은 무릎을 꿇고 그의 고통과 죽음을 거두어 달라고 간청했다. 그의 마음은 슬픔과 혼란으로 가득 찼었다. 그럼에도 불구하고 그는 아버지의 뜻이 커다란 슬픔의 길을 통과하는 것임을 이해하고, 그 뜻을 받아들이고 일어나서, 슬픔 가운데서 그의 삶을 계속 사셨다 (마 26:36-46).

내가 살아오는 동안 나는 사람들이 그들이 느끼는 평안과 기쁨 때문에 하나님의 뜻 가운데 있는 것을 확신한다고 말하는 것을 들어왔다. 나도 내가 경험하는 평안과 기쁨의 정도에 의해 내가 얼마나 하나님의 계획에 가까이 있었다는 것을 발견할 수 있다고 믿었다. 그러던 중 하나님이 베키와 나에게 나이지리아로 가족을 데리고 가라고 부르셨을 때, 나는 곤경에 빠졌었다. 나는 솔직히 그 곳에 가는 것에 대해 기쁨이 없었다. 하나님은 분명히 우리에게 가라고 말씀하셨다. 그러나 나는 그것에 대해 평안이 없었다. 나는 아픔을 치료하기 위한 욕구와 하나님의 말씀을 내가 사랑하는 사람들에게 전하기 위해 해외 선교를 하고 싶었다. 그러나 나이지리아 사람에 대해서 아는 바는 없었다. 나의 마음과 하나님의 지시는 매우 분명했으나, 나의 마음은 멀리 떠나 있었다. 하나님은 나의 감정이 다른 곳으로 가는 동안 나를 나이지리아로 미셨다. 내가 나이지리아에 도착한 후 그리고 그 곳에서 일하면서 나이지리아 사람들을 좋아하게 되었다.

나는 2년 간 나이지리아의 에쿠에서 일한 만큼 만족을 줄 수 있는 일은 없을 것이라고 생각했다. 내가 일을 시작한 후 기쁨과 평안이 찾아왔다. 어느 날 아침, 이른 시간에 부엌의 식탁에 앉아 병원 회진 전에 하나님과의 조용한 시간을 보내고 있었던 것을 기억한다. 그 당시 나는 감정적으로 의기소침하여, 이른 아침 주님과의 시간에 만족하지 못했고, 나의 삶의 환경에 불만족했고, 아내의 외로움에 슬펐고, 다시 멤피스로 돌아가기를 희망했었다. 해가 야자수 너머로 떠오르기 전, 그 식탁에서 하나님은 나에게 내가 있기를 하나님이 원하는 곳에 내가 있다는 것을 확실히 가르쳐 주셨다. 명백한 확신으로, 나의 가슴에 가득 찼던 우울한 감정들은 더 이상 문제가 되지 않았다. 하나님의 계획과 임재는 행복하게 느끼는 것보다 중요했고, 나는 잠시 기쁨과 평안이 없이도 그의 뜻 가운데서 동행할 수 있었다. 그것은 내 생애에 해방의 순간이었다. 나는 나의 거친 감정의 동요로부터 자유로워졌다. 나는 나의 감정이 말하는 것을 더 이상 하지 않아도 되었다.

마태복음 26장 36-44절은 예수님이 죽음 전에 겟세마네 동산에서 혼자이셨고 너무 슬프셨다는 것을 상기시킨다; 그는 두려웠다. 그는 하나님의 마음을 바꾸어 달라고 소리치셨다. 그러나 예수님은 하나님의 뜻을 계속해서 따랐다.

심각한 병을 앓고 있다는 깨달음과 함께 오는 우울함과 슬픔을 흔들어 놓는 것은 매우 어려운 일일 수 있다. 우리는 감정적인 우울증 때문에 우리가 하나님과 분리되었다고 느끼는 잘못을 저지를 수 있다. 우리는 다른 사람들이 그들의 고통 중에 보여 준 평안함과 기쁨을 느낄 수 없을 때 죄의식마저 느낀다. 내가 나이지리아를 떠났을 때, 나의 감정은 마치 내가 전에 멤피스에 있었을 때 나를 멤피스에 남도록 마음이 쏠렸던 것처럼 나를 그 곳에 머물게 했다. 두 상황 다 하나님의 임재와 하나님의 뜻은 나의 감정보다 컸다. 기쁨과 평안함을 느끼는 것은 좋은 것이다. 나는 하나님과 함께 하는 사람들은 하나님을 따르지 않는 사람들보다 그들의 삶에서 더 많은 기쁨과 평안을 느낀다고 믿는다. 그러나 이런 감정의 출현이 하나님의 임재, 계획 또는 우리를 향한 사랑의 보장은 아니다; 마치

그런 것이 없는 것이 하나님의 부재나 불만족의 표시가 아닌 것과
마찬가지로 말이다. 우리가 이 세상에 사는
한, 우리는 주님의 손에 매달려서 슬픔을 경
험할 필요가 있다. 우리는 하나님의 발자취
를 따라가는 동안 우리의 눈물을 받아들여
야 할 필요가 있다. 결과적으로 우리가 경험
하는 기쁨과 평안은 우리가 알고 있는 것 이
상일 것이고, 그것은 계속적이며 끝이 없을
것이다. 그러나 우리가 이 세상에 있는 동안, 우리의 감정이 우리의
삶을 다스리지 못하도록 우리의 감정을 견디고 표현하자.



## 분노

심각한 건강 문제에 직면할 때 자연적으로 오는 감정 중 하나는
분노이다. 분노는 정상적인 것이다. 그러나 분노는 우리 여생에서
즐거움을 없앨 수 있다.

마서(Martha)의 가족은 아들이 있는 멤피스에서 그녀의 생을 마치
게 하려고 그녀를 펜사콜라(Pensacola)에서 비행기로 데려 왔다. 그
녀는 겨우 47세였는데, 허공을 뚫어지게 보며 말을 못했다. 그녀는
뇌암으로 진단받았다. 3주 전 그녀는 걷고 말하며 정상이었다. 내가
보기에 그녀의 진단은 뭔지 이상했다. 그녀의 상태가 너무 빨리 나빠
졌다. 비록 그녀가 죽기 위해서 왔지만, 나는 그녀의 병리에 대해 확
실히 알아야 한다고 제의했고 펜사콜라에서 슬라이드를 보내왔다.

그러나 다음 날 신경과적 징후는 파괴적이었다. 동공은 열렸고 그녀의 자세로 보아 뇌가 회복될 수 없다는 것을 알 수 있었다. 나는 그녀의 아들과 복도에서 진단명이 무엇이든지 회복될 수 없다고 말했다. 가족들이 결정해야 할 일이지만, 만일 내 어머니라면 나는 호흡기를 꽂거나 힘든 검사를 하지 않고 편안히 가시게 하겠다고 말했다. 나는 그가 이해했다고 생각했고, 어떤 이상한 감정적인 것도 눈치 채지 못했다. 그러나 내가 사무실에 도착했을 때, 그녀의 아들과 딸 모두 전화해서 매우 화를 냈다. 그들은 내가 자기 어머니가 그냥 돌아가시는 것을 원한다고 비난했다. 그들은 다른 의사를 원했고, 두 개의 다른 의견도 원했다. 그들의 분노는 격렬했다.

분노는 우리 자신의 병이든 우리가 사랑하는 사람의 병이든 심각한 병에 직면하는 한 부분이다. 이것은 우리 속에서 끓어오른다. 우리는 그것이 우리 속에 있기를  원하지 않거나 그것이 무엇인지도 모를 수 있다. 그러나 그것을 방치할 수는 없다. 의사가 나쁜 소식을 전할 때 우리를 잡는 분노를 어떻게 하겠는가?

## 분노의 원인

심리학자들이 더 많이 열거할 수 있지만, 나는 분노의 네 가지 원인을 안다.

1. 분노는 아픔에 대한 반응이다. 보웬이 롤러스케이트로 내 손 위를 지나갔을 때, 나의 즉각적인 반응은 분노였다. 나는 그를 아직도 사랑한다. 그러나 나의 손의 아픔은 나를 분노하게 만들었다. 의사의 나쁜 소식은 공포와 육체적 고통과 정신적 고통 모두의 현실을 동반한다. 그래서 가끔 분노가 따른다.

2. 분노는 개인의 권리를 잃어버렸을 때의 반응이다. 베시(Bessie)는 치유될 수 없는 암을 발견한 내가 알고 있는 많은 젊은 부모의 혼합이다. "이건 정당하지 않아요!" 그녀는 말했다. "내 딸은 여덟 살 밖에 안 됐어요. 그 아이가 축구하는 것도 보아야 하고, 첫 데이트에 나가는 것도 보아야 하는데. 그 아이는 내가 필요해요. 나는 그 아이의 엄마예요." 병이 우리가 시작한 삶을 계속할 수 있는 권리를 빼앗아 가려고 위협할 때 분노하는 것은 정상이다.

3. 분노는 개인의 통제를 잃어버렸을 때의 반응이다. 매튜는 최고 경영자였다. 이제 그는 암에 걸려 척추를 다쳤다. 그의 동업자는 그의 입원실에서 그의 책임 분야를 다른 법인 직원에게 인계하고 있었다. 그는 고통 중에 있었지만 나타내지는 않았다. 그는 소름끼치게 느꼈지만 깨끗이 면도하고 머리도 정리했다. 그는 아픔이나 약함을 보이지 않기로 작정했다. 그는 아직도 대표였다.

그의 동업자가 어떤 계약의 특별한 부분을 살피려고 그의 침대에 기댔을 때, 끔찍한 냄새가 났다. 매튜는 아무런 예고 없이 변이 배설된 것을 느꼈다. 그의 얼굴은 붉어졌으나 침착했다. 겨우 움직이는 입을 통해 그는 명령했다, "모두 다 방에서 나가세요!" 모두 방에서 나갔을 때, 그의 분노는 눈물로 변했다.

심각한 병이 우리를 점령할 때, 가끔 우리 삶의 통제를 육체적으로, 정신적으로, 경제적으로 빼앗아 간다. 우리가 멈출 수 없는 일이 일어나고 우리는 그로 인하여 분노하게 된다.

**4. 분노는 꿈이 깨어질 때 나타나는 반응이다.** 나는 우리 가족의 건강 문제 때문에 선교지에서 돌아왔다. 우리는 단기 선교 외에는 결코 되돌아가지 않았다. 결국 아프리카로 돌아가는 꿈을 포기하는 데 7년이 걸렸다. 나는 그 날 아침을 생생하게 기억한다. 나의 꿈이 깨어진 것을 알면서 나는 뛰기 시작했다. 분노의 에너지를 가지고, 나는 11킬로미터를 뛰며, 육체적 영적으로 지쳐서 쓰러질 때까지 멈추지 않았다. 파괴적인 건강 문제가 왔을 때, 우리의 미래의 꿈은 깨어져 버릴 수 있고, 꿈이 깨어졌을 때 분노의 상태로 우리를 남겨 놓는다.

분노는 심각한 병에 직면하는 피할 수 없는 부분이다. 그리고 많은 문제들은 분노와 함께 온다. 분노는 우리가 직면하는 병을 전혀 상하게 하지 않는다; 대신 분노는 표적을 빗나가서 순진한 방관자들을 친다. 우리는 죽음을 통해 삶을 주신 우리의 희망인 하나님에게까지 분노를 조준하게 될지도 모른다. 우리의 분노는 사랑으로 쏟아 붓는 우리 가족들을 때릴지 모른다. 분노는 가끔 부메랑이 되어 죄의식, 우울 그리고 분개의 억압된 감정이 밖으로 나타나서 우리를 치기 위해 돌아온다. 우리의 새로운 어려움을 도와 주기보다는 더 크고 아픈 짐을 주고, 하나님과 우리를 사랑하는 사람들로부터 분리시킨다.

## 분노의 제거

만일 분노가 당신의 적이라면, 당신은 그것을 어떻게 제거하여 그 아픔을 느끼지 않겠는가? 나는 똑똑하고 정이 많은 기독교 심리학자인 데이빗 알렌(David Allen) 박사로부터 나의 생애에서 나에게 가장 필요했던 그리스도인 의사들의 수양회에서 다섯 가지 원칙을 배웠다.

1. **분노를 인식하라.** 심각한 병을 향해 앞을 내다볼 때, 당신은 정신적으로 소름끼치게 느끼고 왜 그런지 모를 수 있다. 당신의 감정을 조사해 볼 필요가 있고, 당신의 삶 속에서 분노가 있는지 알아 볼 수 있다. 당신은 이것을 기도하면서 하나님의 도움으로 해야 한다. 시편 139편에서는 이것의 필요성을 말하고 있다:

> 하나님이여, 나를 살피사 나를 아시며,
> 나를 시험하사 내 뜻을 아옵소서.
> 내게 무슨 악한 행위가 있나 보시고,
> 나를 영원한 길로 인도하소서.

시편 139:23-24

**2. 분노를 합리화하라.**  당신이 분노를 알아냈으나 그것이 왜 있는지 또는 왜 그러한 분노가 생겼는지 이해하지 못할 수 있다. 가끔 우리의 분노의 표현과 방향은 이해가 안 된다.

나는 내가 아주 많이 존경하는 간호사인 수(Sue)와 가깝게 일했다. 그녀의 엄마는 암에 걸려 죽었다. 그녀의 엄마가 죽은 후 수는 내 사무실에 있는 간호사에게 자기 엄마의 의사를 증오한다고 말했다. 그녀는 엄마가 고통 가운데서 죽었고, 그리고 의사가 엄마를 도와 주기를 거절했기 때문에 그 의사를 증오했다. 나는 수와 함께 앉아서 모든 이야기를 정리했다. 엄마가 죽은 주말에 그 의사는 당직이 아니었다. 수의 엄마는 아팠고, 당직 의사에게 연락해서 진통제를 처방받았다. 엄마와 가족들은 의사에게 약이 듣지 않는다고 다시 전화하지 않았고, 엄마는 고통 속에서 죽었다. 의사는 그녀의 고통을 몰랐고, 그녀의 고통은 제공된 정보에 의해 적절하게 관리되었었다. 수가 진상을 규명했을 때, 그녀의 분노는 점차적으로 줄어들었다.

당신의 분노를 합리화하고, 매우 중요하다, 진정한 원인을 알고, 누구에게 진정으로 알려야 하는 것을 알고, 그 분노의 결과에 대해 가장 적절한 행동을 아는 것은 중요하다. 가끔 분노의 초점은 사람에서 병 그 자체로 다시 지시될 필요가 있으며, 그 적절한 행동은 하나님의 품속에서 슬픔을 표현하는 것이다.

**3. 권리를 포기하라.**  여러 번 환자들이 나에게 말한다, "하나님이 원하시는 것을 다 했어요. 나는 이런 취급을 받지 않아도 되요. 나

는 선하게 살았으니, 살아야 하는 것은 나의 권리에요." 또는 "어떻게 하나님이 내 자녀들에게 이렇게 할 수 있어요? 자녀들은 죄가 없어요. 그 아이들은 엄마와 함께 살 권리가 있어요." 분노의 많은 부분은 이런 개인적인 권리를 빼앗기는 것에서 온다.

충실한 측근인 리비아 사람이 랄프 베티아(Ralph Bethea)에게 선교사의 머리에 칼을 들이대며 소리쳤다, "당신네 그리스도인은 죽을 준비가 되어 있습니까?" 랄프는 대답했다. "나는 죽을 수 없다. 나는 이미 죽었다." 이 젊은 선교사는 바울의 말을 이해했다. "이는 너희가 죽었고, 너희 생명이 그리스도와 함께 하나님 앞에 감취었음이니라" (골 3:3). 랄프는 그의 삶의 권리를 포기했고 그것을 하나님께 드렸다.

제이미 볼터(Jamie Boelter)는 남편 릭(Rick)의 병을 받아들이면서 겪었던 호된 시련을 이야기했다, "나는 하나님께 그의 뜻을 원한다고 말했어요. 그러나 나는 남편을 줄 수는 없었어요. 어느 날 성경을 읽고 있었는데, 성경 구절이 두 눈 사이에서 나를 치고 가슴을 찢었을 때 나는 릭을 위해 기도했어요. 나는 내가 무엇을 해야 하는지 알았어요. 나는 얼굴을 땅에 대고, 하나님의 뜻이 무엇이든지 나의 남편을 하나님께 드렸어요." 그런 다음 하나님은 릭과 제이미의 삶 속에서 위대한 일을 하실 수 있었다. 우리의 삶은 우리가 그들을 우리 자신의 손에서 하나님의 손으로 옮길 때에만 안전해진다. 만일 우리가 하나님의 뜻대로 하기 위해서 우리의 삶을 이미 드렸다면 우리의 삶을 거두어 가셔도 화를 낼 수 없다. 이것은 우리 자녀들에게도 마찬가지이며 더 힘들 수 있다. 어떤 시점에서 우리는 자녀들을 하나님께로 내놓아야만 한다. 왜냐하면 그들은 처음부터 하나님의 것이었기 때문이다. 비록 죽음으로 잠시 억지로 헤어지게 되더라도, 우리는 이미 그들을 잘 돌보아 주실 것을 믿는 우리의 아버지에게 그들을 주었다. 우리의 권리를 포기하고 하나님께 맡길 때, 병이나 죽음은 그들을 우리로부터 빼앗아 갈 수 없다.

**4. 분노를 표현하라.** 아마 당신의 병을 직면하는 것에서 오는 분노를 이해하기 전에, 그 분노는 이미 시작되었고 당신이 사랑하는 사람을 다치게 했다. 분노를 발견했을 때, 그것을 합리화시키고, 고통으로 이끄는 권리를 포기하고, 분노의 감정을 하나님과 당신이 사랑하는 사람들, 특별히 그 분노에 의해 상처입은 사람과 나누어야 한다.

나는 이미 매주 화학요법을 받기 위해 한 주에 한 번씩 오는 분노의 기색이 역력한 유방암 환자의 이야기를 했다. 간호사는 그녀의 분노의 원인을 발견하기 위하여 매주 조용히 동정을 살피기 시작했다. 우리는 그녀의 병 때문이라고 짐작했다. 그러나 어느 날 그 환자는 그녀의 언니와 지나간 몇 년 간 쌓인 분노의 원한으로 발전된 깨어진 관계에 대해 간호사에게 이야기했다. 간호사는 그녀에게 언니와 연락하도록 격려하고 보상하려고 시도했다. 그녀의 다음 방문 때, 환자는 처음으로 눈에 띄게 행복해 보였다. 그녀는 그 주에 언니를 방문했고 분노를 내려놓았다. 그녀는 암에 걸렸는데도 불구하고 몇 년 만에 더 행복했다. 당신의 분노를 내려놓았을 때, 치유는 당신과 하나님 그리고 당신이 사랑하는 사람들 사이에서 일어날 수 있다. 그렇게 하면 당신의 여생은 벽을 쌓고 원한과 상처의 장벽에 의해 격리되지 않고 오히려 진정한 친밀함에 노출될 수 있다.

**5. 분노를 풀어라.** 내가 치료한 환자 중 하나님을 사랑하는 젊은 환자는 그의 뇌 주위에 임파선암을 치료하기 위해 끔찍한 치료를 받았다. 그는 진단받기 몇 달 전에 비정상인 것을 알았지만, 임파선암을 발견한 후에 적절한 치료를 하지 않은 안과 의사를 소송했다. 소송은 돈 때문이 아니라 젊은 사나이의 고통에 대한 분노에서 온 것이었다. "그가 나에게 한 대가를 지불해야 해. 이런 일이 다른 사람에게 일어나게 놓아둘 순 없어." 진리는 분노가 많은 돈을 필요로 할 수 있지만, 또한 좌절과 염려를 더해 주고 더 나아가서 평안을 가장 필요로 하는 삶에 분노를 줄 수 있다는 것이다.

하나님은 우리가 가슴 속에 분노를 쌓아 두기를 선택한다면 그것을 제거해 주지 않으신다. 그러나 우리의 분노를 풀고 그의 발 아래 내려 놓으면 그는 우리를 받아 주시고, 대신 우리에게 새로운 마음을 주시고, 앞에 놓인 시련을 직면할 수 있는 확고부동한 정신을 주신다.

## 울어도 괜찮다

주의 사항: 분노를 터뜨리고 우리의 감정을 다루라는 것은 모든 감정을 버리라는 것을 의미하는 것이 아니다. 분노를 푸는 것은 우

리 삶에 감정적인 만족을 떨어뜨리고 인위적인 행복을 가지고 사는 것을 뜻하는 것이 아니다. 우리의 감정은 하나님이 주신 것인데, 고통을 피하기 위해서 남은 삶을 무감각하게 살려고 하면 안 된다.

멤피스에 있는 어린이 병원에서 꼭두각시 인형을 사용하는 놀이 치료사인 젊은 그리스도인은 다음의 이야기를 의대와 치대 그리스도인 학생 모임에서 했다:

제이슨(Jason)과 에리카(Erica)는 환자였고 같은 병동에 입원했다. 임상병리사가 검사를 위해 피를 뽑으러 왔을 때, 둘 다 두려워했다. 그러나 그들은 다르게 반응했다. 제이슨은 아홉 살이었고, 그 나이의 소년으로 그의 용기를 증명하는 것은 그의 모든 것이었다. 임상병리사가 팔을 내밀라고 했을 때, 그는 팔을 굳게 내밀고, 고개를 구석으로 돌려 응시하며, 아픔을 어른처럼 받아들였다. 방혈이 그의 강인함을 증명이라도 하듯, 그는 그의 가슴을 앞으로 내민 것을 볼 수 있었다.

에리카는 여섯 살이었고 두려움이 많았다. 그녀는 자발적으로 팔을 내밀 수 없었다. 그리고 다른 사람들이 팔을 잡았을 때에도 그녀는 소리를 지르며 큰 소리로 울었다. 그녀가 끝난 후, 제이슨은 그녀를 자만의 눈으로 쳐다보았다.

간호사는 제이슨에게 아이스캔디를 주었다, "이 아이스캔디는 네 것이야, 제이슨. 네가 용감하고 협조적이고 울지 않았기 때문에 주는 거야." 제이슨은 씩 웃으며 아이스캔디를 받았다. 그런 후 창피해서 머리를 뒤집어 쓴 에리카를 향해 그의 눈을 돌렸다. 간호사는 다른 아이스캔디를 건네며, "에리카, 너도 아이스캔디를 받아. 너무 아팠으니까." 에리카가 머리를 들고 아이스캔디를 받았을 때 그녀는 밝게 미소 지었다.

이 때 임상병리사는 옆방으로 갔다. 그러자 어린 아이가 소리지르는 것이 병원 복도에 퍼졌다. 제이슨은 잡음에도 불구하고 계속해서 아이스캔디를 즐기고 있었다. 그러나 에리카는 침대에서 내려와서 애가 울고 있는 방으로 걸어갔다. 에리카는 임상병리사가 떠날 때까지 문에 서 있다가 울고 있는 소녀에게 가서 그녀가 받은 아이스캔디를 건네 주면서 말했다, "울어도 괜찮아, 나도 울었어."

고난과 죽음 앞에서는 울어도 괜찮다. 다윗은 밧세바와의 사이에 어린 아이가 있었다. 어느 날 아이가 아프게 되었고 죽어가는 것처럼 보였다. "다윗이 그 아이를 위하여 하나님께 간구하되, 금식하고 안에 들어가서 밤새도록 땅에 엎드렸으니, 그 집의 늙은 자들이 곁에 이르러 다윗을 일으키려 하되, 왕이 듣지 않고 저희로 더불어 먹지도 아니하더라" (삼하 12:16-17). 7일 동안 다윗은 그가 사랑하던 아이를 위해 울었다. 7일째 되던 날,

다윗이 그 신복들이 서로 수군거리는 것을 보고, 그 아이가 죽은 줄 깨닫고, 그 신복들에게 묻되, "아이가 죽었느냐?" 대답하되, "죽었나이다."
다윗이 땅에서 일어나 몸을 씻고, 기름을 바르고, 의복을 갈

아 입고, 여호와의 전에 들어가서 경배하고, 궁으로 돌아와서, 명하여 음식을 그 앞에 베풀게 하고 먹은지라.

신복들이 왕께 묻되, "아이가 살았을 때는 위하여 금식하고 우시더니, 죽은 후에는 일어나서 잡수시니, 어찜이니이까!"

가로되, "아이가 살았을 때에 내가 금식하고 운 것은 혹시 여호와께서 나를 불쌍히 여기사 아이를 살려 주실는지 누가 알까 생각함이어니와, 시방은 죽었으니 어찌 금식하랴? 내가 다시 돌아오게 할 수 있느냐? 나는 저에게로 가려니와 저는 내게 돌아오지 아니하리라."

사무엘하 12:19-23

다윗은 울고 간청했다. 그러나 그의 소망이 이루어지지 않는 것을 깨달았을 때, 그는 믿음으로 하나님께 향했고 그를 경배했다.

다윗처럼 예수님은 앞에 닥칠 고통 때문에 우셨다. 십자가의 죽음을 직면했을 때, 그는 울었고 분노의 땀이 피처럼 떨어졌다. 우리가 고통이나 죽음을 생각할 때, 예수님은 우리에게 말씀하신다, "괜찮아, 나도 울었어." 우리의 고통 속에서 우는 것은 현실이다. 이것은 인간적이고 정직하고 하나님께 축복받은 것이다. 그러나 예수님이 우시고 기도하신 후, "내 아버지여, 만일 내가 마시지 않고는 이 잔이 내게서 지나갈 수 없거든, 아버지의 원대로 되기를 원하나이다"라고 말씀하셨다 (마 26:42). 그런 후 그는 눈물을 거두시고 기도를 마친 후 일어나셔서, 제자들을 모으셨으며, 하나님 아버지를 신뢰하시면서 죽음을 맞이하셨다.

당신은 같이 따라오는 인간의 분노 없이 고통을 직면할 수 없다.

그리고 하나님은 울어도 좋다고 하셨다. 다윗은 울었다. 그리고 예수님도 우셨다. 어린 에리카가 울었을 때, 아이스캔디를 가졌다. 그리고 우리가 울 때, 하나님은 그의 사랑의 팔로 우리를 감싸신다. 하나님은 당신이 고통을 보여 주었기 때문에 그 팔을 끌어내지 않으실 것이다. 그 팔은 당신을 이끌기 위해 있다. 그러나 잠시 후에 아픔이 적어서가 아니라, 당신의 믿음이 더 하기 때문에 눈물을 덜 흘려야만 한다.

# 제13장

# 평안의 추구를 선택하라

다윗이 위대한 사람이었으나 온전한 사람이 아니었던 것처럼, 우리 모두도 그와 같다. 그는 밧세바에 대한 그의 욕망을 절제할 수 없었고, 아버지로서 가끔 실패했다. 압살롬은 다윗이 가장 사랑하던 아들이었다. 그러나 압살롬은 다윗을 사랑하지 않았다. 압살롬이 그를 사랑했던 아버지를 대항하여 성공적으로 반란을 일으킬 때가 왔다. 다윗은 예루살렘으로부터 도망했고, 압살롬은 다윗의 아내들과 동침하기 위하여 성으로 들어갔다 (삼하 15-16장 참조). 여기에서 우리는 왕인 다윗이 포로가 되는 것을 볼 수 있다. 어느 누구라도 인생에서 바라는 모든 것을 가졌던 사람이 모든 것을 잃어버리고 예상되는 죽음에 직면했다. 우리는 손실이나 죽음에 직면한 사람들에게서 원인이 무엇이었든지 강한 교훈을 배울 수 있다.

　사무엘하 15-16장의 깊이는 내가 앞에서 언급했던 그 수양회에서, 내 삶에서 잃는 시간을 경험하고 있을 때 데이빗 알렌에 의해서 나는 처음으로 깨닫게 되었다. 지금 나와 다윗 왕과 함께 잠시 동안 같이 걸어보라. 그리고 평화로 가는 그의 발자국이 당신 자신의 것이 될 수 있는지 보라.

## 문제에 직면하라

다윗이 아들의 반란 소식과 그가 성으로 들어갔다는 소식을 들었을 때 다윗의 처음 반응은 문제를 직면하는 것이었다: "사자(使者)가 다윗에게 와서 고하되, '이스라엘의 인심이 다 압살롬에게로 돌아갔나이다' 한지라. 다윗이 예루살렘에 함께 있는 모든 신복에게 이르되, '일어나 도망하자. 그렇지 아니하면 우리 한 사람도 압살롬에게서 피하지 못하리라. 빨리 가자. 두렵건대 저가 우리를 급히 따라와서 해하고 칼로 성을 칠까 하노라'" (삼하 15:13-14).

비극으로부터 정신적으로 피하는 가장 쉬운 방법 중 하나는 존재 가치를 부인하는 것이다. 나는 50대 남자로 폐에 큰 덩어리와 목에 만져지는 덩어리를 가진 진행된 폐암 환자를 기억한다. 조직검사, 기관지 내시경, 엑스레이 사진에도 불구하고 그는 암을 부인했다. 그는 병을 부인하며 죽었다. 많은 다른 환자들은 그들의 진단을 받아들인다. 그러나 그들의 문제가 고쳐질 수 없다는 것을 믿기 거부할 때 그들은 부인한다. 그들은 남은 시간을 가치 있게 살 수 있는 시간을 잃어버리면서 가능하지 않을 치료에서 또 다른 치료로 옮기면서 여생을 보낸다. 내가 아는 다른 환자들은 그들의 믿음을 부인하기 위한 기교로 사용한다. "나는 하나님이 나를 치유하셨다는 믿음이 있습니다." 때때로 하나님은 치유하신다. 그러나 실제로, 대부분 하나님의 치유를 주장하는 자들은 *하나님이 그들을 치유하신다는 믿음이 아니라 믿음이 그들을 치유한다는 희망을 가지고 있다.* 믿음을 가진 모든 그리스도인들은 어느 날 하나님의 팔에 안기기 위해 죽음의 문을 통과한다. 그리고 대부분 과학자들이 예측했던 시간에 가까이 지나간다. 대부분의 경우, 건강 문제에서 과학의 진리는 또한 하나님의 진리이다.

어떤 환자들은 그들이 부인할 때 철저히 부인하지 않는다. 치유된다고 주장하는 대신 그들은 진단이 내려진 후 병에 대해 의논하려고 하지 않는다. 그런 다음 그들은 모든 의논을, 특별히 그들의 남은 생에 대한 심의에 대하여 집안 식구들에게 위탁한다. 가끔 자녀들은 부모를 위해 부인하는 역할을 한다. 60-70대의 새로운 암 환자들 방으로 들어갈 때 그리고 그의 장성한 자녀들이 방을 닫았을 때 나는 자주 화가 난다. 그들은 암에 대해서 또는 남은 생에 대해서 부모에게 말하지 말아 달라고 요청한다. 그리고 나는 방에 들어가서 남은 삶의 계획을 세우기 위해 그리고 치료에 대한 결정을 내리기 위해 병에 대해 이해할 필요가 있는 적합한 환자를 발견한다.

나는 또한 내가 이미 언급했고, 『커머셜 어필』 신문에 실렸던 마가렛 새서 같은 훌륭한 사람들을 알고 있다. 그녀는 동료들에게 "나는 암에 걸렸고, 곧 죽을 거예요. 그것에 대해 나에게 말해 주세요. 나는 그리스도인이고, 두렵지 않아요"[1]라고 말했다. 부인하는 것은 일시적으로 그리고 인위적으로 고통이나 죽음에 다가갈 때 공포를 가라앉히는 도구이다. 그러나 이것은 남은 생을 위해 적절한 의사 결정을 하는 것을 방해하고 이전 어느 때보다도 더 중요한 환자와 가족 간에 친밀함과 대화가 필요할 때 침묵의 벽을 쌓게 한다.

다윗 왕은 압살롬의 위협을 부인하고 말했다, "그것은 사실이 아니야. 당신은 내 아들에 대해서 말하고 있어. 그 아이는 아버지를 죽이지 않아. 그것이 사실이라도, 그가 나를 보면, 마음이 변할 거야"라고 말했다. 만일 다윗이 그랬다면, 폐암 환자처럼 그는 부인하면서 죽었을 것이다. 심각한 병이 가까이 있을 때, 우리는 문제를 직면해야 하고 진실에 근거하여 정확한 결정을 내려야 한다.

## 고통을 느껴라

다윗은 그의 비극을 냉철하게 또는 무감정적으로 대면하지 않았다. 그는 그의 손실과 예상되는 사망을 현실로 받아들였다. 그리고 그는 고통을 느꼈다. "다윗은 감람산 길로 올라갈 때에, 머리를 가리우고, 맨발로 울며 행하고, 저와 함께 가는 백성들도 각각 그 머리를 가리우고, 울며 올라가니라" (삼하 15:30). 잠시 동안 우는 것은 괜찮다. 고통을 느끼는 것도 괜찮다. 하나님은 우리로 삶을 오랫동안 견딜 수 있는 피조물로 만드셨다. 그래서 아프게 놓아두신다.

우리가 먼저 말했듯이, 우리의 주님도 고통을 느끼셨다. "저희가 겟세마네라 하는 곳에 이르매, 예수께서 제자들에게 이르시되, '나의 기도할 동안에 너희는 여기 앉았으라' 하시고, 베드로와 야고보와 요한을 데리고 가실새, 심히 놀라시며 슬퍼하사 말씀하시되, '내 마음이 심히 고민하여 죽게 되었으니, 너희는 여기 머물러 깨어 있으라' 하시고" (막 14:32-34). 예수님처럼 당신의 병과 함께 오는 슬픔을 깊이 느낀다는 것은 당연하다. 당신은 고통을 느끼고 잠시 울어야 한다. 그러나 당신은 그것을 길들여야 한다. 절제되지 못한 슬픔은 당신의 여생의 행복을 깨는 괴물로 자랄 수 있다. 무절제한 슬픔은 당신이 평안을 발견하기 위하여 방출되어야만 하는 분노를 유발시킨다.

> 고통을 느끼고,
> 잠시 울라.
> 그러나 그것을
> 길들이라.
> 슬픔은 당신의 여생의
> 행복을 깨는 괴물로
> 자랄 수 있다.

## 하나님의 계획을 인식하라

다윗은 문제에 직면했고, 고통을 느꼈고, 하나님의 계획을 인식했다. 우리는 다윗 왕이 예루살렘 밖의 언덕을 오를 때를 말해 주는 구절을 읽었다. 왕이 사독에게 이르되, "하나님의 궤를 성으로 도로 메어가라. 만일 내가 여호와 앞에서 은혜를 얻으면 도로 나를 인도하사 내게 그 궤와 그 계신 데를 보이시리라....그러나 저가 말씀하시기를, '내가 너를 기뻐하지 아니한다' 하시면 '종이 여기 있사오니, 선히 여기시는 대로 내게 행하시옵소서' 하리라" (삼하 15:25-26). 다윗이 있기 몇 백 년 전, 하나님의 사람 욥은 그의 모든 절망을 이렇게 표현했다: "그가 나를 죽이시더라도 내가 그를 믿노라" (욥 13:15).

리차드(Richard)는 내가 좋아하던 환자 중 하나였다. 그는 80세가 넘었는데, 심한 빈혈과 심장병과 간경변을 가진 환자였다. 그는 이 땅에서 오래 살지 못할 것이라는 것을 알았다. 그는 늙고 말쑥한 남자였고, 60세에 마침내 대학 학위를 받았고, 여가 시간에 무보수로 축구 선수들을 가르쳤다. 어떻게 지내느냐고 내가 물었다. 그는 미소를 지으며 대답했다, "나는 하나님의 손 안에 있습니다. 나는 세상 어디를 가도 좋은 의사를 만납니다. 만일 잘 안 되면, 나는 어디로 가는지 압니다. 그러니 어떻게 내가 기분이 나쁠 수 있습니까?" 리차드는 그의 남은 생을 하나님의 사랑 안에서 보냈고 죽을 때까지 평화롭게 살았다.

하나님의 섭리를 부인하는 한 방법은 영원의 이면에서 답이 없을 것 같은 질문에 대해 답을 요구하는 것이다. 좀처럼 답이 dqjt는 그런 질문들 가운데 하나는 "왜?"라는 질문이다. 이 세상의 모든 신학자들도 이 질문에 만족할 만한 대답을 할 수 없다. 그럼에도 불구하고 우리 앞에 놓인 고통을 보면, 우리는 본능적으로 묻는다.

그리스도인이며 재능 있는 편집자인 내 친구는 몇 년 전 "왜?"라는 질문을 포기하고 사순절을 지키기로 결정했다. 그녀는 경험을 이야기했다, "나는 아직까지 그것을 물어볼 연습을 하지 않았고, 그것은 내가 지금까지 해본 적이 없는 가장 자유로운 일이며, 가장 작은 일이야!"

나는 교회에서 예수님이 그렇게 강렬한 슬픔을 느끼셨던 겟세마

네 동산이 있는 지점을 가려 놓고, 침묵을 요하는 표시가 있다는 이야기를 들었다. "제발, 교회에서는 설명하지 마세요." 예수님은 동산에서 우실 때 왜 그가 죽어야 하는지에 대한 설명을 듣지 못하셨다. 그러나 그는 죽음을 하나님의 손에 맡겼다. 우리는 우리 자신의 고통이나 우리가 사랑하는 사람들의 죽음에 대한 고통에 대해 만족할 만한 설명을 들을 수 없다. 그러므로 그 질문을 한 번 해보자. 왜냐하면 그것은 우리에게서 나오는 것을 요구하기 때문이다. 그런 다음 그것을 그냥 놓아두자. 그리고 하나님의 안락한 손 안에서 안정하자.

## 행동으로 돌아가라

다윗은 문제에 직면하고, 고통을 느꼈다. 그리고 하나님의 계획을 인식했다. 그런 다음 그의 도피 생활이 끝났을 때, 그는 행동으로 돌아갔다. 다윗의 통솔력 하에 사람들이 지방 전체에서 모였다. 그는 이제 그에게 대적하는 아들을 포기할 수 있었고, 삶의 투쟁 가운데 돌아올 수 있었고, 이 세상에서 그에게 향하신 하나님의 뜻을 위해 살 수 있었다. "다윗이 그 함께 한 백성을 계수하고, 천부장과 백부장을 그 위에 세우고, 그 백성을 내어 보낼새" (삼하 18:1-2). 마음의 고통과 손실과 앞에 놓인 예상되는 죽음에도 불구하고 다윗은 슬픔을 통과하였고 다시 삶으로 들어갔다.

1년 전 그녀의 몸 여러 곳에 암이 나타나서 우리가 만난 날부터 불치의 암을 가진 젊은 여자 환자가 있었다. 일하는 것을 멈추거나,

신체장애 보험금을 타거나, 삶에서 낙오되지 않고, 그녀는 가발을 샀고, 계속해서 적극적으로 만났고, 암이나 암 치료나 죽음의 공포에도 불구하고 삶의 어떠한 단계도 놓치지 않았다. 내가 치료한 환자 중 다른 중년 환자는 아직도 규칙적으로 일하고, 유방암과 만성허리통증 그리고 숨쉬기 위해 휴대용 산소를 가지고 다녀야 함에도 불구하고 불평하지 않았다. 나는 그들이 한 결단 때문에 그들이 오래 사는지 잘 모른다. 그러나 나는 그들이 삶을 즐길 수 있고, 삶에서 좋은 것을 만들어 낼 수 있는 능력이 그들의 태도에 따라 현저하게 향상되는 것을 안다.

---

당신의 진단 앞에는 물론 많은 어려움이 있지만, 진단과 죽음 사이에 생명이 있다. 당신은 구석에 앉아서 죽음을 기다리든지 아니면 주어진 삶을 살며 우리가 이 땅에 태어난 목적을 충분히 성취할 수도 있다. 문제를 직시하고, 잠시 동안 고통을 느끼고, 하나님의 섭리를 인식하고, 삶의 현장으로 돌아가라. 이러한 행동들은 하나님께서 당신의 마음으로부터 오는 분노를 없애 주시고 평안을 주시기 위해 당신 손에 쥐어 주신 가위이다.

나는 암이 그를 하나님께로 아주 가까이 가게 했고, 그 관계를 잃어버리는 것보다는 그냥 암을 지니고 살겠다는 머레이 알렉산더의 이야기를 이미 했다. 그는 하나님의 임재를 찾는 것이 그의 고통 중 가장 위대한 필요라는 것을 알았다. 그는 그의 암 증세가 일시적으로 완화된 것을 알자마자 가족들에게 편지를 썼다.

사랑하는 가족들에게,

　나의 가족들은 삶을 더 오래 살수록, 인생이 언제나 공평하지 않다는 것을 더욱 더 깨달을 것입니다. 나쁜 일들이 좋은 사람들에게도 일어나는 것을 배우게 될 것입니다. 실제 있었던 이야기를 해 주겠습니다. 이런 어려운 시기에 도움이 되기를 희망합니다.

　1993년 1월, 나는 예순여섯 살이었습니다. 40년 동안 고향에서 농사를 지은 후 퇴직했습니다. 그리고 잠시 퇴직이 나에게 준 자유를 즐기는 동안은 좋았습니다.

　그럴 즈음, 내 나이 또래 친구들에게 육체적으로 나쁜 일들이 생기기 시작하는 것을 보게 되었고, 나에게도 같은 일이 일어날 수 있었습니다. 내가 가장 두려워하는 것은 암에 걸리는 것이었습니다. 죽는 것은 두렵지 않았습니다—그것은 하나님과 오래 전에 해결되었습니다. 그러나 죽음의 과정에 대해서는 두려웠습니다. 나는 그렇게 고통받기 싫었습니다. 그래서 나는 경건의 시간에 그것에 대해 기도하기 시작했습니다. 점차적으로 나의 기도는 이렇게 바뀌었습니다. 만일 그런 일이 생긴다면, 내가 그것을 올바로 다룰 수 있도록 도와 주셔서 내가 반응하는 방법으로 인하여 제가 하나님께 당황한 존재가 되지 않게 되고, 일이 힘들어질 때 일이 내 방법대로 된 것을 내가 고백할 수 있는 사람이 되도록 도와 달라는 간구로 바뀌었습니다.

　6개월 후에 나는 신장에 덩어리가 있는 것을 발견했는데, 내 인생에서 가장 좋은 일들이 일어나기 시작했습니다. 이것이 내가 모두에게 전하고 싶은 것입니다. 왜냐하면 언젠가 여러분들이 필사적으로 그것이 필요할 때가 올 것이기 때문입니다.

나는 의사가 할머니에게 "문제가 생겼어요. 그에게 덩어리가 있습니다"라고 말하는 것을 들었을 때, 마치 어두운 방에 환한 빛이 갑자기 생긴 것 같았습니다. 나는 생각했습니다, "하나님이 나를 위해 이것을 이 시간까지 준비해 오신 것이지―하나님의 손에 달렸고 하나님께서 어떻게든 해결하실 거야." 그 순간 예수님이 제자들에게 요한복음 14장 27절에서 말씀하신 것이 스쳐지나갔습니다, "평안을 너희에게 끼치노니…너희는 마음에 근심도 말고 두려워하지도 말라." 그런 후, 그의 가장 깊은 평안이 담요처럼 나를 덮었고, 나는 두렵지 않았습니다. 내가 공포를 조종했거나 공포를 정복했다는 말이 아닙니다. 공포가 없어졌다는 뜻입니다. 내가 한 것은 아무 것도 없었습니다. 용기를 보이는 것도 아니었습니다―그것은 선물이었습니다.

글쎄요, 가끔 일들이 그렇듯이, 상황은 더 나빠졌습니다. 4개월 후 신장암은 간으로 퍼졌고, 나에게는 석 달에서 1년의 생존 기간이 주어졌습니다. 또한 가장 좋은 치료에 반응하는 가능성은 10% 미만이라고 했고, 의사의 두 번째 소견이 이를 확인했습니다. 미래는 냉혹해 보였습니다. 그러나 하나님의 평안함은 남아 있었습니다. 나는 마치 사건에 참여하는 사람이 아니라 사건의 방관자처럼 느껴졌습니다. 매일 매일은 새로운 삶이었습니다. 그리고 감사했습니다.

나는 멤피스에 있는 아주 좋은 암 전문의에게 치료를 받기 시작했습니다. 오직 도움이 되는 약은 새로 나온 약인 인터루킨 2였는데, 보통 화학약품과는 아주 반대의 약이었습니다. 이 약은 좋은 세포나 나쁜 세포를 다 죽이는 대신 우리 모두가 만들어 내는 병에 대항해 싸우는 항체의 속도를 빠르게 합니다. 이

약은 약간 도움이 되는 듯 하더니, 알레르기가 생겨 약을 다 끊었습니다. 그런 다음에는 기도 밖에 없었고, 모든 사람들로부터 기도의 손길이 이어졌습니다. 이상한 것은 나의 치유를 위해 기도하는 것이 불편했습니다. 그것은 하나님이 치유하시거나 치유해 주실 것을 의심해서가 아니라, 오히려 나는 가장 좋은 것을 원했고, 결국 나는 가장 좋은 것인가를 알 수 있는 지혜나 선견지명이 없었다는 것입니다. 만일 일이 정말 나쁘게 되면, 하나님이 나의 손을 잡아 주실 것을 간구했습니다.

나의 가족들에게 그 후 몇 달 동안 내가 어떻게 느꼈는지 설명할 수 있는 단어가 있었으면 좋겠습니다. 나는 정말 의학적으로나 수학적으로 오래 살 수 없다는 것을 알았지만, 포기하거나 절망하는 마음은 없었습니다. 날마다 놀라운 날이었고, 또한 새로운 선물이었습니다. 나의 가족들, 친구들, 교회는 더욱 소중했습니다. 늘 좋았던 나의 결혼 생활은 더욱 더 좋아졌습니다. 우리는 많이 웃었습니다—서로 많이 껴안았습니다. 가정에서 생기는 정상적인 노여움조차 웃음으로 대신하였습니다. 0에서 10으로 치면 0이하였습니다. 우리 할머니는 반석이었습니다. 할머니는 나를 돌보셨지만, 한편으로 내가 숨 막히지 않도록 살게 해 주셨습니다. 할머니가 두려워서 때로 우셨을 것을 내가 알지만, 내 앞에서는 그렇게 하지 않으셨습니다. 그 기간은 내 생애의 가장 멋진 시간이었고, 요한복음의 말씀은 밤낮으로 내 마음에서 1,000번 이상 스쳐갔습니다—그리고 평안은 단지 책에 있는 말이 아니라 현실이고 살아 있었습니다.

신장세포암 환자에게 수술하는 것이 정상은 아니지만, 의사는 결국 종양을 얼리는 실험적인 방법으로 시간을 벌어 보기로 결정했습니다. 이런 수술을 발명한 의사가 테네시대학교병원

(U. T. Medical)에서 수업에 시술을 하기 위해 뉴저지(New Jersey)에서 맴피스까지 왔습니다.

수술하는 날 아침, 할머니가 방으로 급히 오셔서 말씀하기를 "오늘 경건의 시간에 본 성경 구절을 믿지 못할 거야—요한복음 14장 27절." 내가 대수술을 받는 바로 그 날 성경 한 구절이 주어질 수학적인 확률을 상상할 수 있습니까? 나는 하나님의 음성을 들어본 적이 없었습니다. 그러나 그 순간 하나님의 임재하심을 확실히 느낄 수 있었습니다. 만일 편지로 도착했다면 얼마나 현실성이 있었을까 하지만요. 나는 살지 죽을지 몰랐습니다. 그러나 어떻게 되든지, 괜찮을 것임을 알았습니다. 그 날 나만큼 긴장을 풀고 수술을 받으러 그 방에 들어온 환자가 있었는지 의심스러웠습니다.

의사들은 세 가지 놀랄 소식을 가지고 있었습니다. 그들이 생각했던 것보다 더 많은 종양이 있었습니다; 그것들은 영상 촬영에서 알려진 것보다 훨씬 컸습니다 (하나는 내 주먹만 했습니다); 그리고 외과의사는, "그것들은 내가 지금까지 본 적이 없는 죽은 종양들처럼 보입니다"라고 말했습니다. 검사해 본 결과 맞았습니다. 할머니가 의사에게 감사해 하자, 의사는 재빨리 말했습니다, "나에게 감사하지 마세요. 하나님이 치유하신 겁니다." 의사가 정확했다고 생각합니다. 내 생각에는 적어도 당분간은 치유되었습니다. 그리고 매우 감사하게 생각합니다. 살기를 원했지만, 오래는 아니었습니다. 이것을 통하여 나에게 일어난 가장 좋은 일을 가족들과 나누고 싶습니다. 하나님이 우리에게 그의 평안을 주실 때에는 말씀만 하지 않으십니다. 이런 평안은 현실이고 우리가 받아들이면 우리에게 유효합니다. 우리가 이런 평안을 발견할 수 있다면, 다른 것은 아무런 문제도 되지 않습니다. 그러나 우리가 평안을 발견할 수 없다면, 어떤 일도 우리를 충분히 만족시킬 수 없다는 것을 배웠습니다.

머레이 알렉산더[2]

우리는 하나님을 믿어야 할 뿐 아니라, 고통 중에 하나님을 필사적으로 찾아야 한다. 우리가 그의 임재 속에 있을 때, 그가 모든 것을 하실 수 있고 그분이 하시는 모든 일은 우리를 위한 그분의 사랑이 동기가 되어 하신다. 뿐만 아니라, 우리는 그의 품속에서 우리는 안전함을 느낀다. 그리고 모든 것이 평안함을 안다.

# 제14장

# 다른 사람들의
# 도움을 선택하라

사도 바울은 헬라 이방인들에게 그리스도가 이 세상에 오신 의미를 설명하려고 노력하면서 아덴에 갔었다. 몇몇 사람들은 설득했으나, 많은 사람들이 그를 비웃었다. 바울은 거기를 떠나 아프로디테(Aphrodite)가 여왕이었고 대부분의 사람들이 삶에 만족하고 있는 고린도로 향했다. 그는 아덴의 중요성을 좀 고려한 후 그 도시로 걸어 들어갔다. 그리고 다시 시도했다. 그는 회당에서 가르치는 것으로 시작했다. 그러나 유대인들은 그것을 따르지 않았다; 그들은 욕설을 퍼붓게 되었다.

유대인들이 그에게 한 것에 화가 났고, 스스로의 동정과 피곤함, 그리고 분노로 가득 찬 바울은 "내가 참을 수 있는 모든 것을 다 했고 나는 당신들과 끝났습니다. 나는 이방인에게만 가겠습니다"라고 선언했다. 그는 회당 옆으로 옮겨 몇몇 이방인들을 그리스도에게 인도할 수 있었지만, 여전히 실망하였다.

유대인 중에 유대인인 바울은 그가 가장 사랑했던 사람들에게 더 이상 증인이 될 수 없었다. 이제 그는 그가 자라면서 증오했었던 이방인들에게 증인이 되었다. 바울은 그가 하나님께 할 수 있는 모든 것을 드렸고, 너무 지쳐 성공할 희망이 거의 보이지 않았다. 바울이 실망하고 있는 중에, 하나님은 바울에게 환상으로 나타나셔서 위로와 비전의 말씀을 주셨다: "두려워하지 말며, 잠잠하지 말고 말하라. 내가 너와 함께 있으매, 아무 사람도 너를 대적하여 해롭게 할 자가 없을 것이니, 이는 이 성 중에 내 백성이 많음이라" (행 18:9-10).

의사가 우리에게 나쁜 소식을 전해 줄 때, 우리는 가끔 혼자라는 생각이 들고, 그 속에서 바울처럼 실망한다. 나는 바울에게 주신 말씀을 우리의 것으로 받아들이고, 그 힘을 가지고 사는 것을 배울 수 있다고 믿는다. 여기에 하나님이 말씀하신 것이 있다:

## "두려워하지 말라"

하나님은 말씀 속에서 우리에게 두려워하지 말라고 몇 번이나 말씀하시는가? 우리는 이 구절들을 읽고 기억할 필요가 있다. 우리는 두려움이 우리의 삶에서 기쁨을 밀어낼 때 말씀으로 돌아가야 할 필요가 있다:

배에 오르시매 제자들이 좇았더니, 바다에 큰 놀이 일어나 물결이 배에 덮이게 되었으되, 예수는 주무시는지라. 그 제자

들이 나아와 깨우며 가로되, "주여, 구원하소서! 우리가 죽겠
나이다!" 예수께서 이르시되, "어찌하여 무서워하느냐, 믿음이
적은 자들아?" 하시고, 곧 일어나사 바람과 바다를 꾸짖으신대
아주 잔잔하게 되거늘, 그 사람들이 기이히 여겨 가로되, "이
어떠한 사람이기에 바람과 바다도 순종하는고!" 하더라.

마태복음 8:23-24

참새 두 마리가 한 앗사리온에 팔리는 것이 아니냐? 그러나
너희 아버지께서 허락지 아니하시면 그 하나라도 땅에 떨어지
지 아니하리라. 너희에게는 머리털까지 다 세신 바 되었나니
두려워하지 말라. 너희는 많은 참새보다 귀하니라.

마태복음 10:29-31

아직 말씀하실 때에, 회당장의 집에서 사람들이 와서 가로되,
"당신의 딸이 죽었나이다. 어찌하여 선생을 더 괴롭게 하나이
까?" 예수께서 그 하는 말을 곁에서 들으시고, 회당장에게 이
르시되, "두려워 말고 믿기만 하라" 하시고.

마가복음 5:35-36

평안을 너희에게 끼치노니, 곧 나의 평안을 너희에게 주노라.
내가 너희에 주는 것은 세상이 주는 것 같지 아니하니라. 너희
는 마음에 근심도 말고 두려워하지도 말라.

요한복음 14:27

내가 사망의 음침한 골짜기로 다닐지라도 해를 두려워하지 않
을 것은 주께서 나와 함께 하심이라.

시편 23:4

여호와는 나의 빛이요 나의 구원이시니, 내가 누구를 두려워
하리요? 여호와는 내 생명의 능력이시니, 내가 누구를 무서워

하리요?

시편 27:1

지존자의 은밀한 곳에 거하는 자는 전능하신 자의 그늘 아래
거하리로다. 내가 여호와를 가리켜 말하기를, "저는 나의 피난
처요, 나의 요새요, 나의 의뢰하는 하나님이라" 하리니....저가
너를 그 깃으로 덮으시리니, 네가 그 날개 아래 피하리로다....
너는 밤에 놀램과...두려워 아니하리로다.

시편 91:1-2, 4-6

미래는 항상 우리가 두려워할 수 있는 것들을 많이 지니고 있다.
인생의 폭풍은 우리의 배를 침몰시킬 수 있고, 그래서 우리는 통제
되지 않은 채 던져진다; 우리는 물 밑으로 가라앉으려고 한다. 우리
는 마치 참새가 하늘로부터 떨어질 때 아무도 잡아 주지 않는 것
같이 무력하게 느낄 것이다. 우리의 육체는 더 이상 우리의 꿈과
함께 갈 수 없을 것이다. 이런 두려움 속에서 우리의 하나님 아버지
는 그의 말씀을 통해 우리에게 큰 소리로 말씀하신다, "나는 바다를
잠잠케 할 수 있다. 나는 네가 떨어지는 것을 안다. 두려워 말라.
단지 믿어라. 나는 너와 함께 하고, 나의 평안을 너에게 주겠다. 나
는 너의 빛이요, 나는 너의 구원이다. 너의 힘이다. 내가 너를 나의
날개로 감싸고, 밤이 너를 위협하지 않을 것이다." 하나님은 낙심한
바울에게 말씀하셨다, "두려워하지 말라." 그는 당신에게도 거듭해
서 같은 말씀을 하신다. 그리고 그는 당신 혼자 두려움을 직면할
필요가 없다고 말씀하신다.

## "내가 너와 함께 한다"

제자들은 예수께서 그들을 떠나실 때 이 말을 들었다. 이제 바울은 그가 혼자라고 느끼고 낙심될 때 이 말을 들어야 할 필요가 있었다. 당신은 당신 앞에 놓인 삶의 어려움에 직면할 때 이것을 들어야 할 필요가 있다. 당신이 계속해서 일하고 살고 어려운 길을 걸을 때, 하나님은 당신과 함께 하신다. 그의 능력은 당신과 함께 하신다; 그의 평안함은 당신과 함께 하신다. 그의 사람은 당신과 함께 한다. 당신은 혼자 걸어가지 않는다.

## "아무도 너를 해롭게 할 자가 없을 것이다"

어느 날 바울도 역시 죽을 것이다. 그러나 하나님이 이 세상에서 바울의 일을 끝나게 하실 때까지 누구도 그를 해하지 못할 것이다. 바울은 이것에 대해 확신했다, "너희 속에 착한 일을 시작하신 이가 그리스도 예수의 날까지 이루실 줄을 우리가 확신하노라" (빌 1:6). 우리는 하나님이 우리를 집으로 데리고 가시기 위해 준비될 때까지 하나님의 보호를 받는다. 우리의 과제가 끝나지 않는 한 누구도 우리를 해하지 못하고, 우리가 계속해서 하나님과 동행하며 나아갈 때 죽음일지라도 우리를 어느 날 가볍게 스칠 것이다.

르네(Renee)라는 젊은 여자가 이러한 신뢰를 나에게 가르쳐 주었다. 그녀는 유방암에 걸렸고 오래 살지 못할 상태였다. 어느 날 그녀를 방문한 후, 나는 떠나려고 일어나면서 그녀에게 회복을 빌었다. 르네는 미소 지으며 대답했다, "나는 괜찮을 거예요. 약이 듣고 하나님이 치유해 주시든지 아니면 약이 듣지 않고 하나님이 나를 하늘에서 치유해 주시든지 말이에요." 그런 이해와 하나님이 그녀 옆에 있는 한, 어느 것도 우리를 해하지 못하는 것처럼, 아무것도 르네를 해하지 못했다.

## "이 성 중에 내 백성이 많다"

당신에게 문제가 생겼을 때 당신을 위한 하나님의 지원은 오레오 과자와 같다. 가운데 있는 크림은 "아무도 너를 해롭게 할 자가 없을 것이다." 중심의 윗부분은 "내가 너와 함께 한다"고 말씀하시는 하나님 자신이다. 그리고 하나님은 오레오 과자의 다른 면과 함께 그 밑에서 당신을 더 많이 지원하신다: "이 성 중에 내 백성이 많다."

바울이 실의에 차고 혼자라고 느꼈을 때, 하나님은 그에게 말씀하셨다, "너는 혼자가 아니다. 내가 너와 함께 있다. 그리고 다른 사람들도 너와 함께 있다. 주위를 둘러보아라. 이 도시에 있는 많은 사람들이 너를 도와 줄 준비가 되어 있다. 여기에는 나에게로 올 많은 사람들이 있다. 너는 혼자가 아니다."

당신이 의사의 나쁜 소식에 의해 미래의 꿈이 깨어지는 것을 볼 때, 당신은 위기와 두려움 그리고 낙심에 초점을 둘 수도 있고, 아니면 하나님이나 사람들에게 초점을 둘 수도 있다. 당신 주위에는 당신을 도와 줄 사람들, 즉 하나님의 능력이 흐르는 사람들이 있다. 당신 주위에는 당신이 섬길 수 있는 사람들이 있다. 당신 주위에는 당신이 위로해 줄 수 있는 사람들이 있다. 하나님이 필요한 사람들이 있고, 당신이 그들을 하나님께로 소개할 필요가 있다. 하나님은 우리에게 우리 자신에게 거하는 것을 멈추라고 말씀하신다. 도움이 필요하면, 하나님은 그것을 주시기 위해 사람을 보내신다. 당신이 쓸모가 없다고 느낀다면 잘못된 것이다; 당신이 돌보아야 할 사람들이 아직도 있다.



예언자 엘리야는 이세벨을 피해 도망해서 호렙산에서 울었다. 오랜 시간이 흐른 후 바울이 느낀 것처럼 그리고 아마 오늘날 당신이 느끼는 것처럼, 그는 실의에 차서 외로움을 느꼈다. 엘리야는 말했다, "나만이 혼자 남았구나." 그러나 하나님은 말씀하셨다, "'그러나 내가 이스라엘 가운데 칠천 인을 남기리니, 다 무릎을 바알에게 꿇지 아니하고, 다 그 입을 바알에게 맞추지 아니한 자니라.' 엘리야가 거기서 떠나 사밧의 아들 엘리사를 만나니, 저가 열두 겨리 소를 앞세우고 밭을 가는데, 자기는 열둘째 겨리와 함께 있더라. 엘리야가 그리로 건너가서 겉옷을 그의 위에 던졌더니" (왕상 19:18-19).

엘리야는 그가 혼자라고 생각했고, 누구의 손도 잡을 수 없이 그의 문제와 절망을 직면해야 했다. 그러나 하나님은 말씀하셨다, "너는 눈이 멀었다. 나는 이스라엘에 나를 믿고 너를 위해 너와 같은 칠천의 다른 사람들을 남겼다." 엘리야는 엘리사를 발견했고, 엘리야가 하늘로 승천할 때까지 그들은 함께 있었다.

제이드(Jade)의 남편은 그녀와 두 명의 십대 자녀를 남기고 갔다. 그리고 1년 안에 그녀의 삶을 빼앗아 갈 유방암에 걸렸다. 누구도 제이드만큼 외로움을 느낄 수 없었다. 그녀의 가족, 교회, 친구들이 그녀의 곁으로 모였다. 어떤 사람은 그녀의 십대 딸을 위해 상담비를 댔다. 그녀의 병원 약속을 위한 차량과 식사가 마련되었다. 친구들이 그녀와 이야기하기 위해 그녀 옆에 있었다.

당신은 가끔 실의에 차 있을 때 바울이나 엘리야처럼 혼자라고 느낄 것이다. 아무도 모르거나 이해할 수 없거나 진정으로 도와 줄 수 없다. 그러나 하나님은 아시고, 하나님은 이해하시며, 그리고 하나님은 우리를 개개인이 아니라 믿음의 공동체로 창조하셨다. 주님이 이 세상을 떠나셨을 때 그는 교회를 떠나셨다ㅡ그리스도인들은 서로를 잡고 일이 성사될 때까지 그리고 주님의 나라가 올 때까지 그의 이름으로 함께 싸워야 한다. 만일 당신이 삶을 혼자 직면한다면, 당신은 실패할 것이다. 만일 당신이 병을 홀로 대면한다면, 당신은 실패할 것이다. 당신은 기도해 줄 사람, 싸워 줄 사람, 휴식을 함께 취할 사람이 필요하다. 친구를 발견하라. 신앙의 공동체를 발견하라. 마음을 열고 하나님이 그들을 부르신 대로 그들이 할 수 있도록 허락하라. 이 세상을 절대로 다시는 홀로 걸어가지 말라.



공동체에 대한 개념은 아주 중요하다. 우리는 우리의 삶의 많은 것을 이 세상에서 가질 수 있을 것처럼 느낀다. 그리고 어떤 때는 우리 자신 만으로는 충분치 않다는 것을 깨닫는다.

재미있는 내 기억 중 하나는 중학교 2학년 때 보이스카우트 캠프이다. 나는 폭스 소년단(Fox Patrol)의 리더였다. 그리고 남부 지역 스카우트 분대 사이에서 경쟁 관계에 있는 큰 잼보리의 일원이었다. 우리는 불 지피는 것이나 우리 팀의 점수를 높일 수 있는 나침반 조정을 할 수 있는 숙련된 전문 기술을 가지고 있었다. 잭 르블랑(Jack Leblanc)과 나는 부싯돌과 솜 거즈로 불 지피는 것으로 잼보리의 기록을 올린 것을 기억한다. 나는 자랑스러운 십대였다.

나는 특별히 전문가보다 더한 것을 요구하는 한 사건을 기억한다. 나는 아직도 우리 전체 소년단원이 넘어야 했던 세워진 나무벽 —3미터 높이로 똑바르게 세워진 나무벽—을 상상할 수 있다. 뚱뚱한 아이, 마른 아이, 큰 아이, 작은 아이, 강한 아이, 약한 아이 모두 그 벽을 넘어야 했다. 우리는 다른 아이들을 밀어 올리기 위하여 가장 강한 아이를 가장 밑에 두기로 했다. 나는 아니었다. 어떤 사람이 시간 기록계를 시작했고, 우리는 벽으로 돌진했다. 가장 강한 아이는 그의 손을 대서 다른 아이들이 디딜 수 있도록 그리고 꼭대기의 바위 턱을 잡을 때까지 자신을 늘려서 그들을 밀어 올렸다. 우리의 강한 아이는 남은 우리 모두를 올리느라 매우 지쳐 있었다. 그러나 그것이 우리 소년단의 가장 어려운 점은 아니었다. 강한 아이가 남아 있는 마지막 사람을 위로 올렸을 때, 그는 올라가기에는 너무 높은 벽이 있는 진흙 속에 홀로 남아 있었다. 우리가 마지막 사람을 끌어올릴 수 있는 단 한 가지 방법은 마지막 두 명이 그가 뛰어오를 때, 그의 팔을 잡아서 끌어올리는 것이었다.

아마 당신은 인생의 높은 벽을 넘기 위해 다른 사람들을 후원해 온 사람일지 모른다. 아마도 지금 의사의 나쁜 소식으로 인해, 벽이 당신이 오르기에 너무 높아서 진흙 속에 당신 혼자 서 있는 자신을 발견할 수 있을 것이다. 당신의 팔을 잡아 주고, 기다리고, 뻗친 손이 있다는 것을 빨리 이해할수록 당신은 더 빨리 벽의 장벽을 없앨 것이고, 인생의 나머지 경주를 달릴 것이다. 의사로부터 심각한 진단을 받고 그것을 당신 가슴에만 두고 혼자서 끌어안고 있는 것은 현명하지 못하다. 왜냐하면 아무도 볼 수 없고 아무도 도와 줄 수 없기 때문이다.

질병이나 사고에 의해 타격을 받은 환자들이나 친구들의 어려움을 보면서 내가 생각하기에 공동체는 선택이 아니라 필수라고 느껴진다. 어떤 환자들은 의사에게 가거나 시장에 갈 때 교통 수단이 필요하다. 어떤 환자들은 식사를 준비해 줄 사람이 필요하다. 어떤 환자들은 그들의 진단이 그들을 정상적인 삶에서 격리시킬 때, 이야기 상태가 되어 줄 사람이나 웃어 줄 사람이 필요하다. 어떤 환자들은 무기력하게 된 사랑하는 사람과 함께 앉아서 휴식을 취할 수 있고, 머리를 손질할 수 있는 친구가 필요하다. 어떤 사람들은 새로운 진단과 함께 다른 육체적인 능력을 적응시킬 수 있는 훈련이 필요하다. 어떤 사람들은 기운을 돋우고 상처난 육체의 부분들이 더 역할을 잘할 수 있게 실제적인 도움이 필요하다. 어떤 사람들은 삶의 목적을 새로운 방향으로 돌리고 미래에 새로운 희망을 찾기 위한 지침이 필요하다.

이런 종류의 도움은 의사가 나쁜 소식을 전한 다음 날 아침 자동적으로 문 앞에 오는 것이 아니다. 그러나 그것들은 가능하다. 이런 도움들을 요청하려면, 나의 아내 베키가 밖에서 다른 일들에 집중하고 있는 네 마리의 래브라도(Labrador) 사냥개를 부르는 것처럼 용기를 내서 환기시켜야 한다.

어떤 도움들은 전문가들에게 받는다. 최근에 췌장을 제거한 50대 여성을 기억한다. 그러나 암은 간의 일부로 퍼졌다. 나는 적절한 화학요법으로 그녀를 치료했고, 암은 아주 진정되었다. 그러나 그녀는 계속해서 내가 처음부터 이해하지 못한 원인으로 체중이 줄었다. 마침내 내가 무엇이 잘못되었는지 깨달았을 때, 간호사에게 그녀의 통제되지 않은 당뇨병에 대해 교육하라고 부탁했고, 그 후에 그녀는 극적으로 좋아졌다. 그녀는 합병증을 어떻게 관리하는지를 가르쳐 줄 전문적인 도움이 필요했다. 전문가에게 받는 올바른 교육은 많은 사람들이 새로운 진단을 관리하는 데 매우 도움이 된다. 어떤 사람들은 잠자코 있으면서 자신들을 이해해 주는 것을 더 좋아하고 한정된 삶의 질에 안착한다. 다른 부류의 사람들은 폐를 끼치기 싫어하여 조용히 지내기 원하여 그들이 필요로 하는 도움을 받지 못한다.

환자들이 접근할 수 있는 여러 종류의 전문적인 도움이 있다. 내가 돌보는 환자들 중에는 방사선 치료를 받을 방법이 없는 환자들이 있다. 그러나 미국 암 환자 단체에서는 그들을 이송해 주는 무료 차량을 제공한다. 나의 딸은 하나님과 외과의사들뿐만 아니라 하나님과 물리치료사가 적절한 운동을 통해 그녀의 근육을 다시 만들었기 때문에 다친 척추를 회복할 수 있었다. 어떤 환자들은 걱정이나 우울증 때문에 상담이 필요하다. 어떤 사람들은 똑같은 증상을 가진 사람들이 그들의 투병과 그것을 극복할 수 있는 방법을 나눌 수 있는 후원 그룹이 필요하다. 이런 도움과 또 다른 도움은 전문적으로 가능하고, 당신은 그런 것들을 어떻게 찾을 수 있을지 의사에게 물어보아야 한다.

어떤 도움은 전문가로부터 받을 수 있다; 어떤 도움은 가족으로부터 받을 수 있다. 하지만 가끔은 우리가 사랑하는 사람들로부터 도움을 받는 것은 매우 어려운 일이다. 조아나(Joanna)는 내가 돌보는 환자였는데, 척추 사고 후에 다리의 힘을 되찾기 위해 매일 걷는데, 그녀를 도와 줄 사람이 필요했다. "그러나 내 딸들에게 도움을 구할 수는 없었어요." 그녀는 말했다, "그들은 자기 가족이 있어요. 나는 자녀들에게 짐이 되기 싫습니다."

"당신의 삶 속에서 가장 큰 기쁨을 어디에서 찾습니까, 조아나?" 내가 물었다. "당신이 무엇을 가질 때입니까 아니면 당신을 진정으로 필요로 하는 누군가를 도울 때입니까?"

"나를 필요로 하는 사람들을 도와 줄 때입니다." 그녀가 대답했다.



"그렇다면 왜 자녀들에게 그런 기쁨을 느끼도록 기회를 주지 않으세요? 자녀들이 어느 날 자신들의 삶을 회상할 때, 그들이 가장 만족스럽게 느낄 수 있었다고 기억되는 것은 그들이 당신을 도와 주었을 때일 것입니다. 어려움들도 추억의 기쁨을 확대시킬 거예요. 그들에게 그런 기회를 주세요."

만일 그들이 할 수 있다면 가족들을 부르라. 그들은 교통, 음식, 교제, 용기 그리고 당신이 생각할 수 없는 수많은 실제적인 도움을 줄 수 있다.

가족들이 가능하지 않을 때는 친구들이 보조 후원자가 되거나 모든 것을 제공할 수 있다. 대부분의 친구들은 난데 없이 나타난다. 문제가 생겼을 때 마치 트렘펫이 그들을 부른 것처럼 나타난다. 텔마(Thelma)는 나를 위해서 환자를 이 방에서 저 방으로 옮기는 일을 했다. 에밀리(Emily)는 여덟 살인데, 돈도 없고, 교통 수단도 없고, 가족도 몇 없는 만성백혈병 환자였다. 텔마는 거의 매일 그녀에게 용기를 주기 위해 전화했다. 그녀는 에밀리의 집으로 음식을 날랐고, 에밀리가 아플 때 방문했다. 텔마는 우정을 행동으로 보이는 친구이다.

때때로 친구들은 여러 가지 이유 때문에, 나서지 않고 도움이 필요할 때 도움을 제공하지 못한다. 이런 일은 그들이 필요성을 잘 모르거나 당신이 당신 개인의 어려움을 알리기를 원하지 않아서 간혹 생기기도 한다. 이런 상황 가운데서, 당신은 그들이 자기들의 문제가 있다는 것을 알고 있기 때문에 친구에게 도움을 요청하기가 어렵더라도, 나는 당신이 친구들에게 전화하여 만일 그들이 당신의 상황에 있다면 당신이 그들을 위해 기꺼이 할 수 있는 그런 일을 당신을 위해 부탁하기를 제안한다. 만일 그들이 진정한 친구라면, 당신의 필요의 대부분을 아마 해결할 수 있을 것이다. 만일 당신이 많은 친구들이 있다면, 그들에게 당신의 새로 생긴 문제를 알리고 그들이 그룹으로 어떻게 당신을 도와 줄 수 있을지 생각해 달라고 요청하는 것도 좋은 방법이다. 당신의 친구들이 당신에게 무엇을 요구할 때 당신이 비슷한 모임에 기꺼이 참석해 줄 수 있는 그런 친구들로 제한하라고 하겠다. 다른 방법은 당신의 특별한 친구 한 명에게 전화하여 당신의 새로운 필요를 도와 줄 수 있는 사람들을 모아서 그 중 책임자가 될 수 있는지 물어보는 것이다. 이것은 자급 자족하는 미국 사람들에게는 뻔뻔스러운 접근처럼 보이나, 이것은 초대 교회에서 나타난 더 나은 공동체의 기준을 우리 문화가 우리에게서 빼앗아 간 하나의 예이다. "믿는 무리가 한 마음과 한 뜻이 되어, 모든 물건을 서로 통용하고, 제 재물을 조금이라도 제 것이라 하는 이가 하나도 없더라....그 중에 핍절한 사람이 없으니, 이는 밭과 집 있는 자는 팔아 그 판 것의 값을 가져다가 사도들의 발 앞에 두매, 저희가 각 사람의 필요를 따라 나눠 줌이러라" (행 4:32-35).

우리는 우리의 공동체를 이 기준으로 돌려놓을 필요가 있고, 만일 우리가 친구들에게 요청할 용기가 없으면, 우리는 교회에게 도움을 청해야 한다. 나는 이미 앞에서 케이틀린에 대한 이야기를 언급했다. 그녀는 백혈병에 걸렸을 때 여덟 살이었다. 그녀는 1년 정도 치료하던 중 의학적으로는 가망이 거의 없는 척수에 감염이 되어 혼수 상태에 빠지게 되었다. 우리 교회는 그 어린 아이와 가족들을 위해 기도했고, 그 아이 부모에게 직접적인 도움을 주었다. 부모들에게 그녀가 회복된다고 하더라도, 정상이 될 수 없으며, 다시는 걸을 수도 말을 할 수도 없다는 것을 전했다. 한 달 전, 교인들은 케이틀린이 교회 앞에 있는 복도를 건너 천천히 걸어오는 것을 보았다. 그리고 교인들은 우리 모두에게 하나님께 대한 감사와 그녀를 살린 교회에 대한 감사를 이야기했다.

우리의 교회들은 우리를 위해 있어야 한다. 교회들은 기도로 함께 해야 한다. 그들은 의사가 우리에게 건네 준 나쁜 소식에 대해 실제적인 도움이 무엇이든지 제공하고 체계화해야 한다. 만일 당신이 위기를 지나는 동안 음식이 필요하면 친교 그룹은 그것을 제공해야 한다. 만일 당신이 사랑하는 환자를 돌보아야 한다면, 교회가 이것을 제공해야 한다. 만일 당신이 격리되고 희망이 없다면, 당신의 교인들과 목사들은 당신에게 희망을 주고 당신이 사랑받고 있다는 것을 알려 주기 위해 규칙적으로 당신 옆에 있어 주어야 한다. 만일 당신이 첫 번째 충격과 진단의 위기를 극복했다면, 교회는 당신이 삶의 의미를 다시 찾을 수 있도록 참여할 수 있는 새로운 봉사의 방법을 제공해야 한다.

의사가 나쁜 소식을 전할 때, 당신이 올라야 할 벽의 시발점인 진흙 속에 당신 혼자 서 있지 말아야 한다. 당신은 공동체를 찾아야 한다. 당신은 당신의 필요를 모르지만, 기꺼이 도우려는 사람들에게 연락을 취해야 한다. 우리 모두는 삶의 벽을 올라가야만 한다. 하나님은 우리 중 누구에게도 혼자서 그것을 하라고 하지 않으셨다. 당신은 오늘 누구에게 도움을 달라고 요청하겠는가?

# 제15장

# 임무를 선택하라

몇 년 전 ABC 스포츠에서는 한 줄의 자막을 규칙적으로 사용했다: "승리의 전율로부터 패배의 고통까지." 이것은 운동 선수들에게만 사실이 아니라 인생에 있어서도 사실이다. 우리는 이기기도 하고 지기도 한다. 우리들 대부분에게 인생에서 승리의 전율은 개인적인 성취, 휴양의 즐거움, 감동의 아름다움, 건강, 좋은 친구들, 행복한 가족들로부터 온다. 진정한 패배의 고통은 개인적인 실패, 좋지 않은 주위 환경, 기쁨의 부재, 외로움, 불행한 가족, 건강을 잃는 것으로 우리에게 다가온다. 우리가 소위 말하는 패배의 고통을 어떻게 직면하며 그 속에서 평안을 찾을 수 있는가? 성경 속에 많은 영웅들은 그렇게 했다. 엘리야를 기억하는가?

엘리야는 관절염에도 불구하고 어린 소년처럼 느꼈다. 그는 마음속에 새로운 원기를 주신 것을 인해 하나님께 감사할 때 실제로 공중으로 뛰어 그의 발뒤꿈치를 맞추었다. 그가 갈멜산에서 이스라엘 백성들에게 도전하기 전 날을 기억할 때 그는 씩 웃었다, "너희가 어느 때까지 두 사이에서 머뭇머뭇 하려느냐? 여호와가 만일 하나님이면 그를 좇고, 바알이 만일 하나님이면 그를 좇을지니라" (왕상 18:21). 그런 다음 그는 그의 신을 대항하는 그들의 신과 바알 선지자들에게 도전했다. 그리고 하나님은 모습을 나타내셨다! 불이 하늘로부터 내려 바알 선지자들이 멸망했다. 모든 백성이 보고 엎드려 말하되, "여호와 그는 하나님이시로다. 여호와 그는 하나님이시로다" (왕상 18:39). 얼마나 놀라운 승리인가.

그런 후 엘리야는 이세벨로부터 소식을 듣고, 기쁨은 사라지고 사지가 떨렸다. 이세벨의 메시지는 엘리야가 내일이 되기 전에 죽는다는 것이었다. 기쁨과 생명에서 두려움과 죽음으로 한 순간에 일어났다.

우리 중 몇 사람이나 우편이나 전화 또는 의사의 긴장된 얼굴을 마주 대하여 쇠약해지는 병에 대한 소식을 듣는가? 사람들은 어떻게 대처하는가? 무엇을 해야 하는가? "저가 이 형편을 보고 일어나, 그 생명을 위하여 도망하여" (왕상 19:3). 그러나 엘리야는 그의 두려움에서 회복되어 일상으로 돌아왔다. 그는 자기 도취에서 나왔을 뿐만 아니라 그를 기다리고 있는 임무가 있다는 것을 발견했다. 그 자신의 문제들 가운데서 전적으로 몰두하는 것과 가치를 되찾는 삶

사이에서 그의 변화의 단계는 무엇이었는가?

며칠 도망 다닌 후, 엘리야는 사막에 있게 되었다. 그는 죽음으로부터 도망쳤지만, 또한 포기해야만 했다. "한 로뎀나무 아래 앉아서 죽기를 구하여 가로되, '여호와여, 넉넉하오니, 지금 내 생명을 취하소서. 나는 내 열조보다 낫지 못하니이다'"(왕상 19:4). 그런 후 주님은 한 번에 하나씩 역사하기 시작하셨다.

## 1단계: 하나님 안에서 안식하라

> 로뎀나무 아래 누워 자더니, 천사가 어루만지며 이르되, "일어나서 먹으라" 하는지라. 본즉 머리맡에 숯불에 구운 떡과 한 병 물이 있더라. 이에 먹고 마시고 다시 누웠더니, 여호와의 사자가 또 다시 와서 어루만지며 이르되, "일어나서 먹으라. 네가 길을 이기지 못할까 하노라" 하는지라. 이에 일어나 먹고 마시고, …
>
> 열왕기상 19:5-8

도망 다니는 여행은 엘리야에게 힘에 겨웠다. 우리가 미래에 우리의 고통에 직면할 때 그 여행은 너무 힘겹다. 가끔 우리는 모든 것을 멈추고 쉬어야 한다. 한 교구에서 열여섯 명의 어린이가 사살된 비극이 있은 후, 주일에 스코틀랜드의 던블레인성당(Dunblane Cathedral)의 성직자는 (내가 쉽게 바꿔 쓰면 이렇게) 말했다, "우리는 충분히 주의를 받았습니다. 우리는 충분한 질문을 받았습니다. 지금 우리에게 필요한 것은 슬퍼할 시간과 장소와 침묵입니다.”

당신은 무엇을 너무 간절히 가지고 싶어 하는 아이를 일찍이 가져본 적이 있는가? 그렇지 않다면, 당신에게 와서 우는 상한 마음의 아이는? 어린 아이들이 정말로 무너지면, 타이르는 것, 분석하는 것, 그리고 계획하는 것도 할 때가 아니다; 그 때는 그들이 당신 무릎으로 와서 당신 팔에 안겨야 할 때이다. 그들은 “시간과 장소와 침묵”이 필요하다.

나는 유방암이 치유되었다고 생각했던 50대 여인 쉐리(Sherry)의 눈물을 기억한다. 나는 그녀의 간이 딱딱하고 커져 있던 날을 기억한다. 그것이 암이라는 것을 확신했지만, 그녀에게 처음에는 말하지 않았다. 그 다음 날 그녀가 컴퓨터단층촬영 보고서 때문에 다시 왔을 때, 나는 그녀에게 암이라고 말했다. 그 순간부터 그녀는 죽을 것을 알았다. 그녀는 내 팔에 안겨서 아무 말 없이 울었다.

삶의 변화를 가져올 병을 처음 발견한 후 슬퍼하고 다른 사람의 품에 안겨서 단지 쉴 필요가 있다.

우리가 휴식을 취할 때, 우리를 잘 안아 줄 팔을 선택하는 것은 중요하다. 우리를 사랑하는 사람들의 품에서 안식해야 하며, 그들은 가끔 그냥 안아만 주면 된다는 것을 이해해야 한다. 그러나 우리를 사랑하는 사람들의 팔은 우리를 안아 주는 것에 한계가 있다. 그래서 어떤 상황에서도 우리를 안아 주기에 강한 품으로 들어가야 한다. 그리고 한 가지 약속이 있다, “내가 너를 떠나지 아니하며 버리지 아니하리니” (수 1:5).

## 2단계: 당신의 영적 근원으로 돌아가라

> 그 식물의 힘을 의지하여, 사십 주 사십 야를 행하여 하나님의
> 산 호렙에 이르니라.
>
> 열왕기상 19:8

때때로 우리는 하나님을 떠난다. 우리는 갑자기 필사적으로 하나님이 필요한데, 어디서 그를 발견해야 할지 모른다. 엘리야도 똑같이 느껴서 하나님을 찾았다. 그는 이스라엘이 하나님을 만났던 떨기나무가 있는 곳, 하나님이 계명을 주신 곳인 호렙산으로 돌아갔다. 우리의 고통 속에서 만일 우리가 하나님을 필요로 하는 것을 알지만 발견할 수 없으면, 우리가 전에 하나님을 알았던 곳—우리 기억 속의 시간 또는 우리가 하나님을 알게 되었던 실제 장소—으로 돌아가야 한다. 그러면 그 기억 속에서 하나님은 변하지 않으셨다는 것을 깨닫게 된다. 그 기억 속에서 휴식하고, 기도하고, 그의 말씀을 읽으면, 우리가 발견할 수 없었던 하나님은 우리를 만나셔서 인도해 주시는 것을 발견하게 될 것이다.

나치에 의해 죽임을 당하기 전 감옥에서, 디트리히 본회퍼는 "나는 누구인가?"(Who Am I?)라는 시를 썼다. 그 시는 그가 죽음을 기다리는 동안 감옥에서 그의 마음에 스쳐갔던 생각들을 묘사하고 있다. 그는 그의 마음속에 꼬여 있던 모든 혼동에 대해 기술하고 있다. 그는 다음과 같은 시행으로 고통스런 질문들을 해결했다, "나는 누구인가? 그들은 나를 조롱하고, 이러한 외로운 질문들을 조롱

한다. 내가 누구이든지 하나님은 아시며, 오 하나님, 나는 당신의 것입니다."

우리는 모든 것이 우리에게 너무 힘에 겨운 개인적인 비극을 대할 때가 있다. 그 때 우리는 엘리야와 본회퍼처럼, 하나님을 찾아야 한다. 그런 다음 그의 품속에 안겨 휴식을 취해야 한다.

## 3단계: 당신의 마음을 주님께 내 보여라

> 여호와의 말씀이 저에게 임하여 이르시되, "엘리야야, 네가 어찌하여 여기 있느냐?" 저가 대답하되, "내가 만군의 여호와를 위하여 열심히 특심하오니, 이는 이스라엘 자손이 주의 언약을 버리고, 주의 단을 헐며, 칼로 주의 선지자들을 죽였음이오며, 오직 나만 남았거늘, 저희가 내 생명을 찾아 취하려 하나이다."
>
> 열왕기상 19:9-10

자녀들이 십대가 되면, 그들은 대화하기를 원하지 않는 것처럼 보인다. 부모들은 그들이 상처 입는 걸 알지만, 그들이 억지로 말하게 강요해서 그들을 도와 줄 수는 없다. 심각한 병에 직면할 때, 우리는 그러한 십대와 같다. 우리는 절망 가운데서 입을 다물고 그것을 해결해 주실 수 있는 유일한 분에게 모든 것을 이야기하지 못한다. 우리의 몸이 상했을 때, 하나님은 우리에게서 듣기 원하신다. 우리가 찬양과 신뢰를 늘낄 때 하나님은 우리의 찬양을 받으시고 신뢰를 받기 원하신다. 그러나 또한 우리의 낙심과 실망도 듣기 원하신다. 하나님은 무엇을 해야 할지 알기 위해 우리의 문제를 들으실 필요가 없다. 그러나 당신은 그런 것들을 말로 표현할 필요가 있다. 그렇지 아니하면 당신의 귀는 당신 자신의 숨 막히는 울음으로 막혀서 4단계로 결코 들어갈 수 없을 것이다.

## 4단계: 속삭임에 귀를 기울이라

여호와께서 가라사대, "너는 나가서 여호와의 앞에서 산에 섰으라" 하시더니, 여호와께서 지나가시는데, "여호와의 앞에 크고 강한 바람이 산을 가르고 바위를 부수나 바람 가운데 계시지 아니하며, 바람 후에 지진이 있으나 지진 가운데도 여호와께서 계시지 아니하며, 또 지진 후에 불이 있으나 불 가운데도 여호와께서 계시지 아니하더니, 불 후에 세미한 소리가 있는지라. 엘리야가 듣고 겉옷으로 얼굴을 가리우고 나가 굴 어귀에 서매.

열왕기상 19:11-13

당신은 하나님의 속삭임을 들어본 적이 있는가? 나는 나이지리아에서 선교 사역과 관계된 하나님의 속삭임을 두 번 들었던 것을 기억한다. 그리고 그것이 세상의 모든 것을 바꾸어 놓았다. 첫 번째는 내 마음속에 큰 갈등이 있었던 나이지리아로 떠나기 며칠 전이었다. 나는 하나님이 그 곳으로 나를 부르신 것은 알았지만, 집을 떠나 아내와 아이들을 아무 보호도 없는 삶으로 생활을 바꾸어야 한다는 생각을 떨칠 수 없었다. 어느 날 야영지에서 가족 소풍이 있었다. 나는 마침내 나 자신에게 말했다, "나는 그것을 할 수 없어!" 당장에 소리는 나지 않았지만 명확한 말이 있었다, "너는 그것을 할 것이다." 그리고 나는 그것이 하나님의 속삭임인 것을 안 다음에 나의 모든 불안은 없어졌고, 나는 선교지로 떠났다.

두 번째 하나님의 속삭임을 들은 것은 정 반대로 아프리카에서 보낸 마지막 시간에서였다. 우리는 아프리카를 직업으로, 에쿠를 우리의 집으로 계획했다. 그러나 아내의 건강이 나빠져서 우리는 아내를 위해 집으로 가야 했다. 나는 괴로웠다. 왜냐하면 하나님의 사역이 나에게 너무 확실했던 장소를 떠나기 싫었기 때문이다. 날은 컴컴했고, 나는 우리의 벨레보나무 아래 싸구려 잔디 의자에 앉아 있었다. 나는 나의 실패를 인해 울고 있었다. 그 때 머리 위로 나무 사이에 (적어도 내 마음속에) 희미한 존재가 나타나 소리 없는 목소리가 확실하게 말하기를, "괜찮다, 알. 네 아내를 집으로 데리고 가라." 그리고 나는 그렇게 했다. 그것은 하나님의 속삭임이었고, 하나님의 뜻이었다.

사건들이나 시간은 그것들이 망상이나 정신분열증 초기가 아니라 하나님이 나에게 진정으로 말씀하시는 것이라고 나를 확신시켰다. 하나님은 그의 사람들을 사랑하신다. 하나님은 우리들의 삶 속에서 말씀하시기를 원하신다. 그러나 우리는 경청해야 한다.

이것들은 나의 삶 속에 나타난 하나님의 확고한 예들이다. 그러나 내 삶의 대부분의 시간에서 하나님의 속삭임은 들리는 말로 오는 것이 아니라, 성경의 말씀으로 오거나 사랑하는 사람의 입을 통한 말로, 또는 하나님이 가까이 있다는 것을 우리에게 보여 주는 사건으로 온다. 문제는 때때로 우리가 속삭임을 들을 수 있으나 그것이 하나님의 속삭임인 줄 인식하지 못하는 것이다—우리가 그가 말씀하시는 것을 듣지 않는다면 말이다.

창세기 22장에 보면, 아브라함은 하나님의 제단에 그의 아들을 희생 제물로 드리기 위해서 그의 아들 이삭과 함께 언덕을 올랐다. 하나님은 정확히 말씀하셨고, 아브라함은 순종했다. 그러나 가는 도중 내내 그는 듣고 있었는데, 아마 "하나님이 다시 말씀하실 거야"라고 생각했을 것이다. 단계별로 그는 들었다; 그가 사랑하는 아들을 제단에 바치기 위해 제단에 묶었을 때, 그는 들었다; 그가 세상에서 가장 사랑하는 아들을 죽이려고 칼을 들었을 때, 그는 들었다; 그리고 그가 들었기 때문에, 그는 하나님이 말씀하시는 것을 들었고, 이삭은 살았다.

비록 당신이 새로운 진단의 문을 통하여 들어갔다고 해도, 당신은 하나님의 말씀을 들어야만 한다. 당신의 가족에 대하여, 당신의 고통 그리고 앞에 놓인 일시적 암흑의 두려움에 관해 당신을 괴롭히는 질문에 대한 답이 없을지도 모른다. 그러나 만일 당신이 듣는다면, 그는 말씀하실 것이다—어떤 방법으로, 누군가를 통해서, 어떤 책에서, 아니면 어떤 사건에서 말씀하실 것이다. 그리고 만일 당신이 하나님의 말씀을 듣는다면, 당신은 그것이 하나님이 말씀하신 것을 알 것이고, 당신은 삶을 계속해 나갈 수 있다.

## 5단계: 일상으로 돌아가라

여호와께서 저에게 이르시되, "너는 네 길을 돌이켜 광야로 말

미암아 다메섹에 가서 이르거든, 하사엘에게 기름을 부어 너를
대신하여 선지자가 되게 하라. 하사엘의 칼을 피하는 자를 예후
가 죽일 것이요, 예후의 칼을 피하는 자를 엘리사가 죽이리라."

열왕기상 19:15-17

엘리야는 하나님이 그를 쓰다듬으시고 동정하실 것을 기대했는
지 모른다. 그러나 하나님은 이미 엘리야를 위로하시고 먹이셨다.
하나님이 말씀하시기를, "너는 다시 일상으로 돌아가라. 내가 모든
것을 돌보아 주겠다." 우리의 삶 속에 나쁜 소식의 충격 후에는 우
리의 일상으로 돌아가야 하는 시간이 온다. 우리는 하나님의 마음
속 가운데 목적을 가지고 이 세상에 왔고, 그것을 완성하기 위하여
일정한 날수가 주어졌다. "우리는 그의 만드신 바라. 그리스도 예
수 안에서 선한 일을 위하여 지으심을 받은 자니, 이 일은 하나님
이 전에 예비하사 우리로 그 가운데서 행하게 하려 하심이니라"
(엡 2:10).

우리는 삶을 포기할 수 있고, 우리의 일을 그만 두고, 우리가 어
려움을 직면하자마자 우리의 직장을 정리하지 않은 채 떠날 수 있
다. 아니면 우리 자신을 추스리고, 먼지를 털고, 쟁기에 손을 대고,
일이 끝날 때까지 할 수 있다. 눈물 후에 우리는 다시 한 번 하나님
이 우리를 이 곳에 무엇을 하기 위하여 보내셨는지에 초점을 두어
야 한다.

우리는 마이라 맥스(Myra Max)가 임파선암에 걸린 것을 발견했
을 때 매우 적극적으로 치료했다. 그러나 그녀가 치유될 수 없는

것은 명백해졌다. 우리는 치료를 중단하고 그녀를 하나님의 손에
맡겼다. 하나님은 임파선암을 없애 주셨다. 마이라는 암으로 죽은
댄 리차드슨(Dan Richardson)이란 그리스도인의 추도식에서 나누
어 준 시를 1,000장이나 복사해서 나의 사무실로 가지고 왔다. 나는
그것을 여기에서 나누려고 한다:

암은 너무 제한적이다…
이것은 사랑을 불구가 되게 할 수 없다.
이것은 소망을 깰 수 없다.
이것은 믿음을 좀먹을 수 없다.
이것은 평안을 없애버릴 수 없다.
이것은 신뢰를 파괴할 수 없다.
이것은 우정을 죽일 수 없다.
이것은 우리의 기억들을 없앨 수 없다.
이것은 용기를 억누를 수 없다.
이것은 영혼을 침범할 수 없다.
이것은 영생을 감소시킬 수 없다.
이것은 영을 소멸시킬 수 없다.
이것은 부활의 능력을 작게 할 수 없다.

작자 미상

암으로 나에게 온 많은 사람들은 내가 말해 준 어떤 위로의 말보
다 마이라가 인쇄한 시로 축복받았다.

마티(Marti)는 직장암이 그녀의 간에 서서히 진행되고 있었다.
그녀의 인생의 마지막 해에 그녀가 너무 약해서 일어날 수 없게 되

었을 때, 그녀는 아름다운 꽃으로 된 작은 카드를 그리기 시작해서, 하나님의 말씀으로 희망의 구절과 위로가 필요한 사람들에게 주었다. 머레이 알렉산더는 전이된 신장암을 가지고 있었는데, 그의 간암이 언제 재발될지 알 수 없었다. 그러나 그는 그냥 앉아 있지 않았다. 그는 방금 스페인 선교 여행에서 돌아왔다. 이런 환자들은 그들의 병과 절망 가운데서 일어나 창 밖을 보며 말하기를, "아직도 해가 남아 있어. 해가 지기 전에 더 일할 수 있어." 당신은 남은 생을 죽는 데에 시간을 낭비하든지 아니면 당신의 임무를 완성할 수 있는 하나님이 주신 시간으로 사용할 수 있다. 하나님은 엘리야에게 말씀하셨다, "일상으로 돌아가라. 내가 돌보아 주겠다."



---

어느 날 직장에서 집으로 운전하고 오던 중 라디오 방송에서 어떤 방송 해설자가 빙하의 얼음에서 네안데르탈인을 발견한 것에 대해서 토론하고 있었다. 해설자가 말하기를, "5000년 동안 얼어붙어 있던 사체인데, 매우 평온해 보였습니다." 죽음은 우리가 가는 길에 뱀이 나타나는 것 같을 수 있다. 물리지 않아도 보는 것만으로도 네안데르탈인처럼 우리를 얼어붙게 할 수 있다. 그리고 삶을 계속할 수 없게 만들 수 있다. 하나님은 우리에게 우리의 두려움 가운데

두려움에서 우리에게 공포에서 일어나 계속해서 살라고 말씀하신다. 심각한 병은 우리가 움직이지 않고 누워 있는 동안 썰물이 일어나서 우리를 손에 넣는 바다가 아니라 인생길을 걷는 동안 지나야만 하는 것이다. 래리 샌더스는 이것을 이해했다.

나의 병원에서 일하는 젊은 그리스도인 간호사는 어느 날 간호사실에서 나를 멈추게 하고, "그녀의 아버지인 래리 샌더스에 대한 훌륭한 선교사 이야기"를 나에게 해 주었다.

나의 아버지는 몇 년 전에 돌아가셨습니다. 그는 육종 환자였습니다. 암이 생기기 전에, 선교 여행 가기를 좋아했고, 가이아나(Guyana)로 몇 차례나 되돌아갔습니다. 암으로 그의 삶을 마칠 즈음, 49세 나이에 그의 다리 한 쪽이 절단되었고, 치료 때문에 항상 아팠습니다. 그러나 그는 가이아나로 가기를 원했습니다. 우리는 모두 두려웠고, 가지 말라고 말렸으나 그는 갔습니다. 그것은 그에게 매우 어려운 일이었습니다. 그러나 그는 갔다가 돌아왔습니다. 그 후 암으로 죽었습니다.

지난 성탄절에, 내 친구 한 명이 전화했습니다. 그녀는 멤피스에서 아칸소의 벤튼(Benton)으로 이사했습니다. 그녀는 그곳에 있는 여자들과 성경 공부를 시작했습니다. 어느 날 모두가 개인의 간증을 하고 있었습니다. 사투리를 쓰는 어느 젊은 여자가 자신에 대해 이야기했습니다.

"나는 몇 년 전 가이아나에 살 때, 하나님에 대해 알게 되었습니다. 그 곳에 계속해서 와서 우리에게 예수님에 대해 이야기하는 선교사가 있었습니다. 우리 부모님들은 예수님을 구세주로 받아들였고, 예수님에 대해 항상 이야기했고, 성경을 읽었습니다. 그러나 나는 믿을 수가 없었습니다. 나는 그들이 말하는 것을 그 선교사가 돌아온 날까지 믿을 수 없었습니다. 나는 그가 아픈 한 쪽 다리로 산을 오르는 것을 보았습니다. 그리고 만일 그 선교사가 그렇게 아픈데도 우리에게 올 만큼 그것이 중요하다면, 나도 예수님을 나의 구세주로 받아들일 필요가 있다는 것을 알았습니다."

이 가이아나의 젊은 여자는 래리 샌더스가 포기하지 않았기 때문에 하나님과 함께 영원히 살 것이다. 하나님은 바울이 낙심하고 있을 때 말씀하셨다, "일어나 계속 증거하라." 래리 샌더스가 암으로 죽음을 맞이했을 때, 그도 하나님으로부터 같은 소식을 들었다. 한 다리로 서서 그리고 영원히 의미심장한 일들을 성취했다. 당신의 미래를 생각할 때, 어려움이 어떻든 간에 당신도 같은 것을 하도록 선택하겠는가?

# 제16장

# 붙잡아라

때로 우리의 기도와 신뢰에도 불구하고, 의사의 나쁜 소식은 우리가 대면할 수 있는 것보다 더 한 것이다. 그럴 때, 붙잡는 것은 괜찮다.

1996년 9월에 풍자 만화가인 존 하트(John Hart)는 그의 만화 캐릭터를 사용하여 우리에게 좋은 충고의 말을 주었다. 그의 지혜의 말은 이러하다: "꽉 차서 떠난 후 반은 비어서 돌아오는 롤러코스터는 절대 타지 말라."

좋은 충고이다. 우리들 중 많은 사람들은 롤러코스터처럼 인생을 산다: 천천히, 지루하게, 오르는 길; 우리가 레일 정상에 다 다를 때 하늘 외에는 아무 것도 보이지 않기에 느끼는 확실치 않은 것에 대한 두려움; 내려갈 때의 난폭함. 당신이 지난 번에 마지막으로 롤러코스터를 탔을 때 무엇을 했는지 기억하는가? 열 살 난 나의 아들은 손을 높이 들고 웃었지만, 당신이나 나는 떨어질까봐 두려워서 *꽉 붙잡을* 것이다.

심각한 병을 대하는 것은 롤러코스터를 타는 것과 같다: 어떤 것을 성취하기 위하여 에너지나 욕구 없이 단조롭고 고된 일의 끝없는 날들, 레일의 정상에 올라갔을 때 끝없는 밤하늘 밖에는 볼 수 없는 불확실함에 대한 큰 두려움과 험준한 회전을 할 때마다 차의 벽에 부딪쳐서 충돌될 때 아픈 것 같은 내리막 길.

히브리서 저자는 롤러코스터를 본 적이 없지만, 인생이란 롤러코스터를 타야 했고 우리들처럼 죽음에 직면했다. 그는 붙잡는 것의 필요성을 알았다:

그리스도는 그의 집 맡은 아들로 충성하였으니, 우리가 소망의 담대함과 자랑을 끝까지 *견고히 잡으면* 그의 집이라.

히브리서 3:6 (이탤릭체, 저자)

우리가 시작할 때에 확실한 것을 끝까지 *견고히 잡으면* 그리스도와 함께 참예한 자가 되리라.

히브리서 3:14 (이탤릭체, 저자)

의사의 나쁜 소식을 숙고할 때, 견고히 붙잡아라. 잡는 것은 행동이며 에너지를 요구한다. 이것은 당신이 *해야 하는* 것이다. 당신을 안전하게 해 주기에는 충분치 않더라도, 하나님은 당신에게 그렇게 하라고 말씀하신다. 이것은 당신을 부른 삶의 목적을 함께 이룰 때 하나님과의 동반자 관계에서 당신의 책임이다. 이것이 사실이라고 가정한다면, 그리스도인들이 직면할 미래의 어려운 시간에 무엇을 잡을 수 있는가?

## 우리 삶 속에서 주님의 임재와 역사의 기억들을 붙잡아라

나는 캐서린 엑하토르(Catherine Ekhator)가 나이지리아의 베닌(Benin)에서 계란 한 판을 나에게 준 순간을 잊을 수 없다. 1984년 8월이었다. 매튜라는 환자가 에쿠병원(Eku Hospital)의 내과 병동에서 죽어가고 있었다. 그는 수혈이 필요했으나 피를 구할 수 없었다. 선교사이자 간호사인 재키 레그(Jackie Legg)는 그의 혈액형과 동일해서 그에게 헌혈했다; 그러나 매튜가 살기 위해서는 피가 더 필요했다. 젊은 나이지리아 간호 학생이 기꺼이 수혈을 해 주겠다고 했다. 피를 뽑은 후 원기를 회복하기 위해서 열두 개의 계란을 준다는 조건으로 말이다. 나는 아내 베키에게 문제점을 이야기하고, 우리가 가진 마지막 계란을 주었다. 우리는 가게에서도 살 수 없었기 때문에 그 계란들이 매우 필요했다. 그리고 우리는 두 아이들이 있었다. 말할 것도 없이 베키는 그 환자를 위해 계란을 포기할 의향이 있었다. 매튜는 수혈을 받아 후에 회복되었다. 그리고 예수님을 그의 구세주로 영접했다. 우리 아이들은 먹을 계란이 없었다.

수혈 후 주일에 나는 베닌의 교회에서 설교해 달라는 요청이 왔다. 예배 후 사택을 방문했다. 집을 나와 차로 걸어갈 때, 캐서린 사모가 나에게 기다리라고 말했다. 그녀는 집에 들어가서 내 아내에게 선물을 주었다—계란 한 판이었다. 캐서린은 우리의 필요와 희생을 몰랐지만, 하나님은 두 가지 다 아셨다. 그분은 그 날 그 곳에 계셨다. 그리고 나는 앞으로 필요와 희생에 직면할 때마다 하나님의 임재의 기억과 역사를 붙잡을 것이다. 기억을 거슬러 올라가라. 그리고 당신의 삶 속에서 하나님이 역사하시는 것을 보았을 때 그것들을 견고히 붙잡아라.

## 하나님의 말씀을 붙잡아라

나는 필요할 때마다 내가 돌아갈 수 있는 성경 구절을 내 마음속에 얼마나 가지고 있는가? 나는 청소년 시절에 하나님의 말씀의 많은 부분을 암송했던 적이 있다. 그 당시에는 어렵게 암송했지만, 그것들은 요사이 내가 삶의 폭풍우를 만날 때 내가 돌아갈 수 있는 구절들이다. 히브리서 저자가 알았듯이, 하나님의 말씀은 살아서 우리의 존재 바로 중심을 쪼갠다 (히 4:12-13).

나는 어느 날 아침 브로시에티(Brocietti) 씨의 방에 일찍 들어갔을 때 그가 성경을 읽고 있는 것을 보았다. 그는 췌장암 말기였고, 통증을 완화하기 위해 신경 절단을 하려고 병원에 입원했다. 그는 읽고 있던 요한계시록 21장을 나에게 보여 주었다. 그것은 미래의 예루살렘에 대해 설명하고 있었다. "참 아름다운 곳이에요, 그렇지 않습니까?" 그는 웃으며 그가 죽을 것이라고 말한 의사에게 말했다. 하나님의 말씀은 다른 어느 누구도 할 수 없을 때 우리의 삶에 희망을 줄 수 있다.

## 나는 죄인이며 구원받았다는 사실을 붙잡아라

나의 제부는 여동생과 결혼하고 오레곤으로 이사한 직후 우울증에 빠져 어려운 시간을 보냈다. 그 어려운 기간 내내 그는 그의 귀속에서 계속해서 울리는 팝송 가사에 대해 말했다: "너는 쓸모없어; 너는 쓸모없어; 너는 쓸모없어; 너는 쓸모없어." 그는 작가가 그에게 노래하는 것처럼 느꼈다.

우리 중 누구도 계속해서 우리의 실패를 우울증으로 끌어가는 것은 건강하지 못한 일이다. 그러나 우리가 그리스도인으로서 어디서 왔는가를 결코 잊어버려서는 안 된다. 이것은 우리가 부당한 어려움을 인식할 때 오는 분노와 원한의 껍질을 제거하는 데 가장 큰 도움을 주는 것은 우리 죄에 대한 이해이다. 우리의 죽음은 당연한 것이다. 그리고 영생을 주는 것은 단지 하나님의 은혜이다.

## 하나님이 임재하신다는 사실을 붙잡아라

이스라엘 백성들은 그들의 지도자인 모세를 잃었다. 이제 그들은 새롭고 낯선 땅, 알지 못하는 위험과 그들을 멸망시킬 수 있는 적들로 가득 찬 땅을 요단강 너머로 바라보았다. 모세는 그의 손을 이 새롭고 위험한 땅으로 이스라엘 백성들을 인도하라고 여호수아에게 안수했다. 여호수아는 두려웠을 것이나, 그는 혼자가 아니라는 것을 알았다. 하나님은 강을 건너기 3일 전에 그에게 오셨다, "내가 모세와 함께 있던 것 같이 너와 함께 있을 것임이라" (수 1:5).

다윗은 이것을 알았다:

내가 주의 신을 떠나 어디로 가며,
주의 앞에서 어디로 피하리이까?
내가 하늘에 올라갈지라도 거기 계시며,
음부에 내 자리를 펼지라도 거기 계시나이다.
내가 새벽 날개를 치며 바다 끝에 가서 거할지라도,
곧 거기서도 주의 손이 나를 인도하시며,
주의 오른손이 나를 붙드시리이다.
내가 혹시 말하기를, "흑암이 정녕 나를 덮고,
나를 두른 빛은 밤이 되리라" 할지라도,
주에게서는 흑암이 숨기지 못하며,
밤이 낮과 같이 비취나니,
주에게는 흑암과 빛이 일반이니이다.

시편 139:7-12


바울은 이것을 알았다: "내가 확신 하노니, 사망이나 생명이나, 천사들이나 권세자들이나, 현재 일이나 장래 일이나, 능력이나, 높음이나 깊음이나, 다른 아무 피조물이라도 우리를 우리 주 그리스도 예수 안에 있는 하나님의 사랑 안에서 끊을 수 없느니라" (롬 8: 38-39).

레플린(Leflin) 씨는 그것을 알았다: 발병 초기에 그가 암으로 죽을 것을 안 후, 그는 매우 실망했고 우울했다. 그는 우울한 상태에서 어느 날 밤 혼자 깨어 있었다. 그의 어깨에 손길을 느꼈을 때, 그는 주위를 둘러보았으나 아무도 없었다. 그러나 하나님이 그 곳에 계시다는 것을 알았다. 그 순간 그의 삶 속에 하나님의 평안함을 느낄 수 있었고, 하나님이 그의 절망을 씻어 주셨다. 그는 두려움이 없어졌다. 그의 우울증이 없어졌다. 그의 가족들은 그가 다른 사람이 되었다고 말했다. 그는 누워서 죽기만을 기다리지 않고, 침대에서 일어나 가족의 일원의 역할을 하였다. 그는 그의 삶이 끝나는 것에 준비가 되어 있다고 이야기했으나, 하나님의 평안이 그의 마음에 남아 있는 한 살고 싶다고 했다.

예수님은 말씀하셨다: "내가 세상 끝 날까지 너희와 함께 있으리라" (마 28:20).

당신은 혼자서 미래를 직면하지 않는다. 당신을 위해 돌아가시고 영생을 위해 당신을 구원하신 능력이 당신 옆을 절대로 떠나지 않을 것이다. 결코.

## 하나님이 당신을 무사하게 해 주실 것이라는 사실을 붙잡아라

베키와 재니스는 워르(Warre)에서 장보기를 끝내고 돌아오고 있었다. 고속도로를 떠날 때 *주주 축제*를 몰랐고, 우리 집으로 오기 위해 에쿠 뒤쪽으로 통하는 홈이 파인 진흙 길을 운전했다. 세 자녀는 나이지리아에서 만든 스테이션 웨곤의 뒷자석에서 놀고 있었는데, 그들은 길 옆에서 몸을 구부리고 있는 사람들을 염두에 두지 않았다. 차가 회전할 때 머리를 땋은 동네 사람들이 반은 벗은 채로 얼굴에 칠을 하고 차를 습격했다. 어떤 사람들은 차를 때리고, 어떤 사람들은 큰 칼을 휘둘렀다. 그들은 베키, 재니스 그리고 아이들이 지나가기 위해서는 돈을 내라고 요구했다. 베키가 술 취한 사람에게 자기는 에쿠병원에서 일한다고 말할 때, 그녀의 마음속에는 두려움이 있었다. 그녀가 병원에 대해서 말했을 때, 지도자가 앞으로 다가와서 베키를 보내라고 말했다. 그녀는 더 이상의 두려움 없이 안전하게 집으로 돌아왔다.

베키는 병원과 연결되어 있었기 때문에 술 취한 폭도들을 무사히 통과했다. 우리도 마찬가지로 연결되어 있다. 우리도 이 우주를 그의 손에 잡고 계시는 분, 그리고 병과 사고 그리고 우리 앞에 있는 죽음의 공포를 우리가 잘 통과할 수 있도록 약속하신 분과 잘 연결되어 있다.

나를 보내신 이의 뜻을 행하려 함이니라. 나를 보내신 이의 뜻은 내게 주신 자 중에 내가 하나도 잃어버리지 아니하고 마지막 날에 다시 살리는 이것이니라. 내 아버지의 뜻은 아들을 보고 믿는 자마다 영생을 얻는 이것이니, 마지막 날에 내가 이를 다시 살리리라.

요한복음 6:39-40

이것을 너희에게 이름은 너희로 내 안에서 평안을 누리게 하려 함이라. 세상에서는 너희가 환난을 당하나 담대하라. 내가 세상을 이기었노라.

요한복음 16:33

베키가 에쿠에서 술 취한 폭도들을 통과하여 집에 무사히 온 것 같이, 당신도 병의 두려운 존재를 통과하고 집으로 갈 것이다. 왜냐하면 예수님은 그의 일과 능력으로 아무 것도 당신의 길을 막아설 수 없다는 것을 약속하셨기 때문이다.

## 서로 붙잡아라

우리가 먼저 말했듯이, 하나님은 우리가 사탄의 세계에서 생명과 죽음을 놓고 우리의 힘으로 싸우는 홀로 된 그리스도인이 되기를 원하지 않으신다. 하나님은 우리에게 교회를 주셨고, 바울은 우리에게 파도가 칠 때 교회가 우리를 잡아 주기 위해 있다고 말했다:

> 평안의 매는 줄로 성령의 하나 되게 하신 것을 힘써 지키라. 몸이 하나이요, 성령이 하나이니, 이와 같이 너희가 부르심의 한 소망 안에서 부르심을 입었느니라. 주도 하나이요, 믿음도 하나이요, 세례도 하나이요, 하나님도 하나이시니, 곧 만유의 아버지시라. 만유 위에 계시고, 만유를 통일하시고, 만유 가운데 계시도다....이는 우리가 이제부터 어린 아이가 되지 아니하여, 사람의 궤술과 간사한 유혹에 빠져, 모든 교훈의 풍조에 밀려 요동치 않게 함이라. 오직 사랑 안에서 참된 것을 하여 범사에 그에게까지 자랄지라. 그는 머리니, 곧 그리스도라. 그에게서 온 몸이 각 마디를 통하여 도움을 입음으로 연락하고 상합하여, 각 지체의 분량대로 역사하여 그 몸을 자라게 하며, 사랑 안에서 스스로 세우느니라.
>
> 에베소서 4:3-6, 14-16

우리는 이러한 인생을 살면서 폭풍의 바다의 배에서 각자 죽음을 맞이한다. 우리 각자는 우리 각자의 시간에 배 밖으로 던져진다. 그리고 우리 자신이 파도와 바람 속에서 버둥거리는 것을 발견한다. 내가 바다에 빠져 있을 때 나는 당신이 나에게 생명줄을 던져 주는 것이 필요하고, 당신이 거기 있을 때 나는 당신에게 줄을 던져 줄 필요가 있다. 이것이 하나님이 계획하신 교회가 할 일이다. 우리는 심각한 병이나 죽음을 직면하기를 꺼린다. 개인적으로 하나님이 원하시는 것보다 훨씬 더 많이 고통을 받기 전에는 우리에게 던져진 생명줄 잡기를 거절한다.

그래서 히브리서 작가는 우리에게 붙잡으라고 격려한다. 우리가 깨어짐에 직면할 때 우리는 잡아야 한다. 그러나 우리는 인간이어서 나약하고 피곤하여 가끔씩 그냥 흘려보낸다. 그런 다음은? 만일 하나님이 당신을 위해 제공하시는 보호하심을 붙잡지 않는다면 무슨 일이 일어날까?

롤러코스터를 타다가 그냥 놓아 버리면 무슨 일이 생길까? 떨어질까? 아니다. 당신은 미끄러지고 회전할 때 옆에 부딪쳐서 다치고, 울고, 어쩌면 토할 수 있다. 그러나 당신은 떨어지지 않을 것이다. 왜냐하면 탈 때 안내자가 당신 무릎 위의 빗장을 잠갔고, 그 빗장이 당신을 잡고 있기 때문에 당신은 떨어지지 않을 것이다. 그와 같이 당신은 당신의 표를 인생의 안내자에게 주었을 때, 그리스도인으로의 삶은 시작되었다. 당신은 예수님을 구세주로 받아 들였고 차에 올라탔다. 당신이 그렇게 했을 때, 차가 떠나기 전에 안내자는 십자가를 안전벨트로 당신의 무릎 위로 묶어 놓았다. 만일 당신이 그냥 놓아버리면 당신은 심하게 다치고, 당신이 왜 탔는지 잊고 그것을 탄 기쁨을 잊어버릴 것이지만, 당신은 결코 떨어지지는 않는다.

붙잡고 비록 아픔이 있을지라도 타는 것의 기쁨을 느껴라. 잡는 것이 기쁨을 극대화시키고 아픔을 극소화시킨다는 것을 깨달아라. 그러나 그것은 당신이 붙잡았기 때문이 아니라 탈 때 마지막까지 안전하게 해 줄 십자가 때문임을 깨달아라.

# 제17장

# 극복을 선택하라

베드로는 방금 들은 것을 믿을 수가 없었다. 예수님은 제자들에게 그가 떠난다는 말을 하시고는 유월절 축제를 갖자고 했다. 베드로는 그의 선생님이 강인해지고 있다는 것을 알고 있었지만, 그가 모든 것을 포기하고 떠날 것이라는 생각은 해본 적이 없었다. 베드로는 그의 눈을 쳐다보았다. 전보다 더 슬퍼 보였다. 그리고 물었다, "'주여, 어디로 가시나이까?' 예수께서 대답하시되, '나의 가는 곳에 네가 지금은 따라 올 수 없으나 후에는 따라 오리라.' 베드로가 가로되, '주여, 내가 지금은 어찌하여 따를 수 없나이까? 주를 위하여 내 목숨을 버리겠나이다.' 예수께서 대답하시되, '네가 나를 위하여 네 목숨을 버리겠느냐? 내가 진실로 진실로 네게 이르노니, 닭 울기 전에 네가 세 번 나를 부인하리라!'"(요 13:36-38).

베드로는 예수님이 기도하시던 동산에서 자신을 입증했다. 사람들이 예수님을 잡으러 왔을 때, 자기 자신의 삶에 대해 아무런 생각 없이, 베드로는 그의 검을 빼어 공격했다. 예수님이 베드로에게 말씀하셨다, "검을 집에 꽂으라. 아버지께서 주신 잔을 내가 마시지 아니하겠느냐?" (요 18:11)

그 때 그들이 예수님을 죄수처럼 끌고 갔다. 베드로는 간격을 두고 따라갔다. 그는 그가 하겠다고 말한 대로 했다. 그는 그의 목숨을 예수님을 위해 바치려 했으나, 예수님이 그의 행동을 저지시키셨다. 그가 그 이상 더 무엇을 하겠는가?

> 문 지키는 여종이 베드로에게 말하되, "너도 이 사람의 제자 중 하나가 아니냐?" 하니, 그가 말하되, "나는 아니라" 하고, 그 때가 추운 고로.... 시몬 베드로가 서서 불을 쬐더니, 사람들이 문되, "너도 그 제자 중 하나가 아니냐?" 베드로가 부인하여 가로되, "나는 아니라" 하니, 대제사장의 종 하나는 베드로에게 귀를 베어 버리운 사람의 일가라. 가로되, "네가 그 사람과 함께 동산에 있던 것을 내가 보지 아니하였느냐?" 이에 베드로가 또 부인하니, 곧 닭이 울더라.
>
> 요한복음 18:17-18, 25-27

그리스도인들에게는 예수님을 부인하는 많은 방법들이 있다. 베드로처럼 예수님을 가장 사랑하고 그를 위해 죽을 수 있다고 느끼는 사람들까지도 때로는 그들이 결단한 것이 끝까지 내려간 지점까지 그들을 쓰러뜨리는 삶의 환경에 부딪친다. 사람들 앞에서 물었을 때, 베드로는 그가 예수님을 안다는 것을 부인했다. 우리들 중 몇몇도 오늘날 자유로운 사회 속에서 그렇게 할 것이다. 그러나 그를 부인하는 다른 방법들이 있다. 심각한 건강 문제들에 직면할 때, 좋은 시간을 보내며 믿음이 평온했던 사람들은 절망 속에서 하나님을 부인한다. 그들은 말로만 부인하는 것이 아니라, 그가 정말 누구인지를 거절하며 부인한다: 구원자, 위로자, 왕 중의 왕, 창조주, 알파와 오메가, 모든 것의 처음과 끝. 그들은 그들의 유일한 희망인 세상이 제공하는 모든 것들을 미친 듯이 부여잡고 주님을 가게 하며 하나님을 부인한다. 결과적으로 그들은 이런 것들이 가능하지 않다는 것을 깨닫고, 그들을 안전하게 이끌 수 있는 한 분을 그냥 가시게 하며, 철저하게 혼자서 죽음을 맞이한다.

## 우리가 하나님을 부인할 수 있는 이유

왜 그런 일이 일어나는가? 하나님에 대해 이야기하고 교회에 참석하는 사람들이 때로는 삶을 위협하는 병에 직면할 때 왜 그의 존재를 무시해 버리는가? 내 경험에 의하면 치명적인 병을 위해 엉터리 치료법을 미친 듯이 찾는 사람들 가운데는 죽어서 잃을 것도 별로 없는 성경을 믿는 그리스도인들이 있다. 그들이 하나님의 주권을 부인하는가? 위로 받기를 거절하고 죽음이 다가올수록 공포와 분노에 의지하는 이런 그리스도인들이 우리 마음속에 하나님이 요구하시는 자리를 부인하는가? 하나님께 헌신했던 사람들이 의사의 나쁜 소식을 들었을 때, 이런 방법으로 하나님을 부인하는 데는 이유가 있다.

1. **두려움은 우리를 마비시킨다.**  내가 어렸을 때, 아버지는 아칸소에 있는 보이스카우트 캠프에서 캠프 의사로 봉사하셨다—나는 값싼 가족 여행. 강 옆에 나무가 우거진 오솔길을 걷던 키아키마캠프(Camp KiaKima)의 경험을 기억한다. 뱀이 갑자기 길 중간에서 나타났다. 머리를 위로 틀고, 몸은 감고, 공격할 준비가 되어 있었다. 나는 얼어서 뱀이 미끄러져 지나가고도 한참 후까지 조금도 움직일 수 없었다.

상한 건강의 두려움은 당신을 마비시킬 것이다. 심지어 당신이 정상적으로 하나님께 필사적으로 도달할 때에도, 당신은 언 상태에서 아무 것도 할 수 없을 것이다. 그리고 당신은 당신의 손에서 그의 손을 떨어뜨릴 것이다.


2. **자존심은 우리를 가로 막는다.**  우리는 자주 입으로만 말하며 인생을 살고, 우리 자신의 안전망에 만족하면서 하나님과 종교 의식의 게임을 한다. 건강 문제에 직면할 때 우리는 통제할 수 없다. 우리는 평상시의 방법으로 계속한다. 죽음으로부터 멀리 하기 위해 높은 벽을 쌓고, 그렇게 하여 우리 자신의 능력을 확고히 하며, 하나님을 벽의 바깥쪽으로 남겨 둔다.


3. **혼동은 우리를 왜곡되게 만든다.**  베드로는 그의 생애를 바쳐 예수님을 방어하기 위해 검으로 내리쳤을 때 그것이 최상이라고 생각했다. 그런 후 예수님은 그를 꾸짖으셨다! 베드로는 왜 그런지 몰랐다. 혼동이 따랐고 비난에 의해 압박당했을 때 계속해서 미끄러지므로 베드로는 아무런 분명한 기반 없이 남게 되었다. 우리는 가끔 하나님

을 알고 이해한다고 생각한다. 그리고 우리는 인생에서 필요한 것을 어떻게 얻는지 안다. 그런 후 밑바닥으로 떨어진다. 우리가 하나님의 단추를 어떻게 누르는지 이전에 이해했던 것이 이해가 안 된다. 우리는 하나님이 나에게 무엇이 유익한지 생각한다. 혼란스럽다.

4. **산만함은 우리를 눈 멀게 한다.** 안뜰에서, 베드로는 잡히신 예수님의 문제를 해결하는 데 초점을 두었다. 그 초점을 가지고 그를 안다고 인정하는 것은 말이 안 되었다. 그것은 그의 선생님을 돕는 일이 아니었다. 그전에도 한 번 베드로는 틀린 것에 초점을 둔 적이 있었다. 예수님은 베드로에게 물 위를 걸어오라고 하셨다. 베드로가 예수님께 초점을 두는 한 그의 발은 표면 위를 미끄러지듯 갔다. 그러나 그가 파도를 응시하고 예수님께로부터 시야를 잃었을 때, 그는 물에 빠지기 시작했다. 심각한 병에 대한 생각이 우리의 삶에 현실로 다가올 때, 우리도 마찬가지로 하나님으로부터 우리의 시선을 돌리고 어두운 파도 속으로 빠진다. 가끔 우리는 물에 빠질 때까지 다시 올려다 보지 않는다.

5. **타성은 우리를 이끈다.** 베드로의 첫 번째 부인은 그의 혼동 때문이었다. 그러나 두 번째와 세 번째 부인은 첫 번째 부인 때문에 쉽게 할 수 있었다. 한 번 거짓말을 시작하면, 거짓말은 더 쉬워지고 더 필요해졌다. 당신은 하나님이 아닌 세상에 의해 삶에서 휘말릴 수 있다. 상한 건강이 현실로 다가왔을 때, 세상에서 삶을 지속시키는 장치는 당신을 계속 움직이게 하고, 위기에서 당신이 어떻게 그

장치에서 내려 하나님께 가야할지 알 수 없다.

6. 고독은 우리를 약하게 만든다. 예수님이 옆에 계실 때 베드로는 사자였다. 혼자일 때 베드로의 용기는 사라졌다. 세상의 눈으로 볼 때 우리가 누구인지를 바꾸어 놓는 병에 직면하는 것은 우리가 하는 가장 외로운 일 중 하나이다. 만일 당신이 전에 하나님과 피상적인 관계만을 가지고 인생을 살았다면, 이 마지막 강렬한 개인의 경험에 하나님을 모셔 들이는 것은 불편해 보일지 모른다. 그래서 당신은 노력도 안 할 것이다.

　　위의 여섯 현상들은 당신의 병을 평안으로 이끌기 위해서 당신의 삶으로 접근하기 원하시는 하나님을 부정하는 것인지 모른다. 그러나 비록 이러한 장애물들일지라도, 하나님은 그런 것들을 극복할 수 있는 필요한 도구를 주셨고, 당신의 모든 시련 가운데서 가장 큰 이 시련에서 그가 원하는 대로 허락하실 필요한 도구를 주셨다. 당신은 하나님의 임재에 도달하기 위해 어떻게 이런 장애물들을 뛰어 넘는가?

**두려움을 극복하라**

　　만일 우리가 심각한 병의 충격을 피하려고 하면, 처음부터 병을 인생의 한 묶음으로 받아들여야만 한다. "천하에 범사가 기한이 있고, 모든 목적이 이룰 때가 있나니: 날 때가 있고, 죽을 때가 있으며" (전 3:1-2). 다가오는 열차를 기찻길에서 맞닥뜨릴 때까지, 대부분의 사람들이 질병과 죽음이 인생의 한 부분이라는 것을 받아들이지 않는다. 우리는 이런 인생의 사실을 빨리 이해할 필요가 있다. 그러면 놀라서 오는 두려움은 사라지게 된다.

두 번째, 우리는 어떤 손이 우리를 붙잡고 있는지 알아야 한다. 우리는 아무 것도 아닌 곳으로 또는 사고의 세상 속으로 빠져들 것을 두려워하기 때문에 두렵다. 우리는 약해졌을 때 우리를 붙잡아 줄 하나님에 대한 확신이 없다. 우리를 붙잡고 있는 손이 우리를 보내지 않을 하나님의 손이라는 것에 확신을 가지고 있어야 한다. "나를 보내신 이의 뜻은 내게 주신 자 중에 내가 하나도 잃어버리지 아니하고, 마지막 날에 다시 살리는 이것이니라" (요 6:39). "나의 의뢰한 자를 내가 알고, 또한 나의 의탁한 것을 그 날까지 저가 능히 지키실 줄을 확신함이라" (딤후 1:12). 우리는 하나님의 손에 있고 그 손은 꽉 붙잡은 것을 절대 놓지 않으신다는 것을 확신할 수 있다.

내가 좋아하는 정신과 의사 데이빗 알렌은 몇 년 전에 우리 교회에서 있었던 집사들의 저녁 모임에서 다음의 이야기를 했다:

무더운 어느 여름 날, 한 소년이 미시시피강을 따라 걸어가고 있었다. 그가 한 방랑자에게 다가갔을 때, 그는 그늘 아래 앉아 배가 지나가는 것을 보고 있었다. 그의 나이에 어울리게 소년은 방랑자 옆에 앉아 질문하기 시작했다. 친구가 생겨서 반가운 방랑자는 별

로 중요하지 않은 일들에 대해 그 소년과 이야기했다. 그들이 이야
기하는 동안 강의 배가 시야에 들어왔고, 강에서 그들을 지나갈 것
같이 보였다.

소년은 일어서서 그의 손을 미친 듯이 흔들기 시작했다, 위 아래
로 뛰며 배를 불렀다. 방랑자는 그런 것은 어리석은 행동이라고 생
각하고 아이를 비웃었다. "너 미쳤니?" 그는 말했다. "그 배는 너에
게 아무런 관심도 없어."

그러나 방랑자가 놀랍게도 마침내 배가 방향을 바꾸기 시작할 때
까지 소년은 계속 뛰면서 손을 흔들었다. 배는 둑을 향해 방향을
바꾸고, 진흙 속으로 멈추었다. 그리고 판자를 잡아내렸다. 방랑자
는 소년이 둑으로 걸어가서 배에 탈 때까지 멍하니 앉아 있었다.
그런 다음, 배가 해변에서 멀어질 때 소년은 그의 손을 입에 오목하
게 대고, 엔진 소리 너머로 외쳤다, "나는 배가 올지 알았어요. 선장
은 나의 아빠예요."

인생의 충만함은 당신이 상처받고 한쪽에 앉아 있는 채 표류하는
과거처럼 보일 수 있다. 당신은 좋은 것과 가치는 당신이 도달할
수 없게 움직이고 있는 것을 두려워할 수 있고 밤이 오면 당신은
강기슭에 혼자 있는 것을 발견하게 되는 것을 두려워할 수 있다.
그러나 그렇지 않다. 인생의 선장은 당신의 아버지이다. 하나님은
당신이 어디에 있든지 보고 계시고, 당신을 궁지에 몰리게 하면서
그냥 놓아 두지 않으실 것이다.

결과적으로 우리는 고통의 두려움을 극복하기 위하여 우리는 고통받을 때 고통은 낭비되지 않는다는 것을 알아야 한다. 바울은 죽기 전에 로마에서 집 안에 갇혀 격리되었었다. 그러나 그는 "형제들아, 나의 당한 일이 도리어 복음의 진보가 된 줄을 너희가 알기를 원하노라"(빌 1:12)고 썼다. 우리가 고통을 겪으면 좋은 것이 나온다는 것을 알면 두려움을 쉽게 이길 수 있다. 하나님은 좋은 것을 주시기 위해 우리에게 고통을 주지 않으신다. 그러나 좋은 것을 만드시기 위해 항상 우리의 고통을 이용하신다. 우리는 용감해질 수 있고, 우리가 심각한 병을 그와 함께 걸을 때 그 걸음은 좋은 것들을 위해 사용될 것이라는 것을 알아야 한다.

## 교만을 극복하라

멈추어서 주위를 살펴보라. 그리고 당신의 방법들이 불평등을 없애고 당신의 기술을 사용함으로 인생을 더 오래 살게 한다고 하더라도, 영생의 시간 속에서 겨우 몇 달 또는 몇 년에 대한 전쟁을 한다는 것을 깨달아라. 만일 당신의 기술로 작은 싸움에서 이겼다면, 그것은 진짜 전쟁에서는 거의 아무 것도 아니다. 오로지 하나님만이 영생의 시간 속에서 싸우실 수 있다. 우리 자신의 작은 싸움에서 우리의 장군으로부터 격리되지 말자. 영광 중에 싸우는 사람들도 마지막에는 죽는다. "모든 사람의 결국이 일반인 그것은 해 아래서 모든 일 중에 악한 것이니" (전 9:3).

## 혼동을 극복하라

당신이 이해할 필요가 없는 사실을 받아들이라. 다윗은 하나님의 이해에 대하여 말했다, "이 지식이 내게 너무 기이하니, 높아서 내가 능히 미치지 못하나이다" (시 139:6). 이사야서에서 하나님은 말씀하셨다: "여호와의 말씀에, '내 생각은 너희 생각과 다르며, 내 길은 너희 길과 달라서, 하늘이 땅보다 높음 같이 내 길은 너희 길보다 높으며, 내 생각은 너희 생각보다 높으니라'" (사 55:8-9). 고통의 합리화, 죽음 그리고 영생은 당신의 이해 이상이라는 것을 받아들이라. 자신이 전기를 이해할 수 없기 때문에 불을 끄고 살려고 억지로 노력하지 마라.

우리의 혼동은 가끔 질문을 불러일으킨다, "왜 하나님은 내가 요구할 때 들어 주지 않으시는가? 정말 나를 사랑하시는 건가?" 이런 질문들은 우리가 원하든 말든 표면에 떠오른다—그리고 그런 것들은 답변될 수 있다고 믿는다. 만일 하나님이 모든 것을 아시고 힘이 있으시다면, 그리고 우리를 정말 사랑하신다면, 우리는 이 세상에서 고통받지 않는다고 확신한다. *하나님은 우리의 고통 속에 우리의 아픔보다 더 큰 목적을 가지고 우리를 위해 계획하셨다.* 때로 우리는 천국에 가기 전에 그 목적을 발견할 수 있다.

제니퍼 행크스(Jennifer Hanks)는 두 자녀를 가진 내가 치료한 환자이다. 그녀는 지금은 괜찮지만 여름 내내 매우 힘든 6개월의 치료를 받았다. 그녀의 병 때문에 아이들은 여름의 즐거움을 잃었다. 학교가 시작하기 바로 전, 상태가 좋아져서 제니퍼는 픽윅호수

(Pickwick Lake)에서 휴일 주말을 보내려고 준비했다. 그녀의 여덟 살 난 아들은 삶에 즐거움이 다시 온 것에 황홀했다. 그는 지난 6개월 동안 너무도 많은 사건들이 취소된 것 같이 이번 여행이 취소되지 않기를 하나님께 매일 기도했다.

하나님이 그의 기도를 들어 주셔야 한다고 믿으면서, 아이는 엄마에게 말했다, "하나님께 우리가 갈수 있게 해 달라고 물었는데, 왜 대답이 없어요?"

제니퍼는 지혜롭게 대답했다, "하나님은 대답하셨어. 그분의 대답은 픽웍호수에 가는 것은 '아니'라고 대답하셨어. 그분은 언젠가 더 나은 것에 '좋다'라고 하실 거야."

제니퍼가 그의 아들을 위로하고 있을 때, 그녀는 친구들이 그녀의 이름과 아이들의 이름을 소망기원재단(Make a Wish Foundation)에 써 넣은 것을 몰랐다. 호수로 가는 여행을 가지 못하게 되자마자, 그녀와 아이들은 디즈니랜드로 전액 지불된 무료 여행을 갈 수 있는 상을 받았다.

"보았지?" 그녀는 아들에게 말했다, "하나님은 픽웍에 가는 것을 '아니'라고 하셨기에 디즈니랜드에 '좋다' 하실 수 있었단다."

하나님의 원리는 그렇다. 당신의 현재 변명에 대한 그의 대답에 혼동된다고 하더라도, 그의 '아니'라는 대답 속에 당신의 아픔보다 더 큰 목적이 항상 있다는 것에 확신을 가질 수 있고, 어느 날 그것보다 더 나은 것에 '좋다'라고 이야기하실 것이다.

만일 우리가 하나님이 말씀하시는 것을 전혀 듣지 않으면 하나님
에 의해 더 혼동되기 쉽다. 듣는 것은 기도와 그의 말씀을 공부하는
것으로부터 온다. 가끔 인생과 죽음에 대한 우리의 질문에 대한 대
답은 가능하다. 우리가 그것들을 찾지 않기 때문에 그것들을 모르는
것이다. 가끔 이런 무지는 두려움으로 이끈다. 지식이 두려움으로부
터 우리를 자유롭게 한다. "너희가 내 말에 거하면 참 내 제자가 되
고, 진리를 알지니 진리가 너희를 자유케 하리라" (요 8:31-32). 고
통의 두려움으로부터 우리를 자유롭게 하는 지식은 그의 말씀 속에
준비되어 있다. 그러나 우리는 공부하기보다는 혼동되고 두려워하
는 것을 선택한다.

## 방심을 극복하라

급박한 사건들이 우리의 주의를 요구할 때, 어떻게 주님의 얼굴
에 초점을 두고 이 세상을 살아갈 수 있는가? 당신의 의사가 전해
준 나쁜 소식에 대하여 걱정할 때 그리고 치료나 치유와 같은 탈출
구를 찾기 위해 걷는 매순간 주님의 말씀을 공부하고, 주기적으로
기도하고, 매일 그의 얼굴을 찾는 굉장한 훈련을 필요로 한다. 그러
나 우리에게는 "너희가 나를 찾고 찾으면 나를 만나리라"(렘 29:13)
고 말씀하신 훌륭한 하나님이 계신다. 그의 말씀을 붙잡아라. 당신
의 마음을 그에게 향하고, 그와 함께 시간을 보내라. 그리고 베드로
를 성난 파도 위로 걷게 하신 것처럼 당신을 들어올리시는 하나님
을 곧 보게 될 것이다.

**외로움을 극복하라**

혼자 있는 것에서 오는 두려움을 이기기 위하여, 당신은 다음과 같이 해야만 한다:

1. 그의 것이 되도록 선택하라: "볼지어다, 내가 문 밖에 서서 두드리노니, 누구든지 내 음성을 듣고 문을 열면 내가 그에게로 들어가 그로 더불어 먹고, 그는 나로 더불어 먹으리라" (계 3:20).

2. 하나님이 당신과 함께 하시는 것을 깨달아라: "내가 세상 끝 날까지 너희와 항상 함께 있으리라" (마 28:20).

3. 하나님과 계속 의사소통하라: "아무 것도 염려하지 말고, 오직 모든 일에 기도와 간구로 너희 구할 것을 감사함으로 하나님께 아뢰라. 그리하면 모든 지각에 뛰어난 하나님의 평강이 그리스도 예수 안에서 너희 마음과 생각을 지키시리라" (빌 4:6-7).

4. 공동체를 찾아라: 베드로가 그의 친구들에게 돌아가서 그들이 함께 알지 못하는 사람들을 기다렸을 때, 그가 부인한 일로 인한 상처가 치유되기 시작했다. 하나님은 우리가 혼자 고통을 짊어지도록 만들지 않으셨다.

짐(Jim)은 76세 된 만성백혈병 환자였다. 어느 날 나는 그가 살기 위해서는 곧 치료가 필요하다고 말했다.

"나는 그걸 원하지 않아요." 그는 말했다.

"왜요?" 나는 물었다.

"나는 혼자 살아요. 내 친구들은 다 갔어요. 나는 가족도 없어요. 매일 내가 하는 일은 텔레비전을 보는 일이에요."

"짐," 내가 말했다, "당신은 당신의 인생을 다시 가치 있게 만들기 위해 친구들이 필요합니다. 그런 다음 우리는 당신이 더 오래 살 수 있도록 이야기할 수 있습니다. 당신은 이야기할 대상과 함께 무엇을 할 수 있는 친구들이 필요합니다. 어떤 사람들이 있습니까? 교회에 다니세요?"

"아니요. 나는 종교와는 거리가 멀어요. 게다가 군대 친구들이 아무도 없는 이 마당에 누구하고도 통하는 사람이 없어요. 아무 것도 이야기할 게 없어요."

"그러나 그것이 문제의 핵심이에요, 짐. 당신의 삶은 다른 사람들의 삶과 달랐어요. 당신은 할 말이 많아요. 만일 당신의 경험을 다른 사람들과 나눌 수 있다면, 그들은 당신이 함께 있는 것만으로도 많은 도움이 될 것입니다. 당신은 당신의 인생을 당신과 군대 친구들이 함께 보낸 것을 전혀 상상할 수 없는 사람들과 나눔으로 공헌할 수 있습니다."

"무슨 말인지 알겠어요," 짐이 대답했다, "아마도."

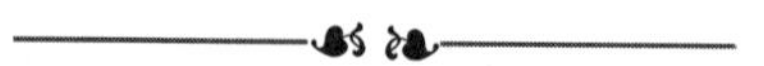

우리가 상한 건강에 직면할 때, 사탄은 하나님이 일하기 원하시는 우리의 삶의 자리에서 우리가 하나님을 부인하게 하며 평안을

도적질해 간다. 우리는 두려움, 교만, 방심, 타성과 외로움으로 공
격받는다. 그러나 하나님은 이러한 세력을 이해하시고 그것들을 극
복하실 수 있다. 우리는 문을 열어 단지 그의 지침을 따를 필요가
있다. 하나님이 들어오실 때 두려움은 같은 그 문으로 나갈 것이다.

# 제18장

# 미래를 기대하라

지난 여름 어느 토요일 아침, 나는 10킬로미터를 뛰겠다고 확신하게 되었다. 이것은 특별한 생각이었지만, 나의 뇌리에서 사라지지 않았다. 나는 내가 원할 때마다 일주일에 한두 번씩 5킬로미터를 뛰는 습관이 있었다. 게다가 밖은 굉장히 무더운 날씨였다. 이것은 괴상하고 어리석은 일이었다. 그러나 항상 이성보다는 충동을 따르는 사람이었기에, 나는 그것을 시작했다. 처음 5킬로미터는 좋았다. 7킬로미터는 도전이었다. 나의 옷은 땀으로 젖었고, 태양은 내 어깨에 내려 쬐었다. 그리고 내가 특별한 일을 하고 있다는 생각은 나를 계속하게 만들었다. 9킬로미터쯤에서는 기분이 좋지 않았다. 내 혀는 솜과 같았고, 멤피스의 습도는 담요처럼 높았다. 뛰는 것의 즐거움과 흥분은 사라졌다. 마지막 남은 거리는 거의 불가능했다. 허리는 아팠고, 더위 때문에 머리를 거의 들 수 없을 정도였다. 나는 이 나무 그늘에서 저 나무 그늘로 뛰었다. 심지어 그늘 밑에서 몇 초씩 쉬기까지 했다.

내가 수영장을 생각하기 전까지는 마지막 남은 거리를 마친다는 것은 생각할 수조차 없었다. 우리 집 뒷마당에는 여름 더위를 시원한 물로 식힐 수 있는 작은 수영장이 있었다. 그 경주의 마지막에 수영장으로 뛰어들 생각을 하기 시작했을 때, 다리에 새로운 힘이 났다. 나는 한 걸음 한 걸음 가까워질수록 눈을 감았다. 그리고 탈수된 피부 위로 물이 돌진하는 것을 느꼈다. 나의 경주의 마지막은 수영장의 형상이 나를 계속 뛰게 하였다. 그 형상보다 더 나은 것은 내가 뛰는 동안 꿈꾸었던 시원함 속으로 들어가는 현실이었다.

나는 다른 종교들이 죽음 후에 대해 어떤 이해를 가지고 있는지 잘 모른다. 그러나 우리 그리스도인들은 잊어버릴 수 없다. 우리는 인생의 경주를 에너지와 흥분으로 시작한다. 도중에 우리는 삶이 힘들어질 때 고통과 피곤함을 느낀다. 경주의 끝을 향하면서, 우리는 두려움과 어려움으로 우리의 죽음을 본다. 그런 발견에도 불구하고, 우리는 계속해야만 한다; 우리는 매번 한 바퀴를 뛸 때 하나님을 우리 옆에 두고 뛰어야 한다. 그러나 어떤 때는 고통, 피로감, 그리고 절망이 너무 커서 하나님이 우리에게 주신 모든 도움에도 불구하고 쓰러진다. 그 때가 경주의 마지막에 있는 수영장을 생각할 시간이다. 그 때가 천국이 있다는 것을 깨닫는 시간이다. 우리가 직면하는 심각한 병이나 사고는 우리의 가까운 미래에 죽음을 보기에 충분하거나 또는 충분하지 않을 수 있다. 그러나 우리 모두는 죽음이 앞에 놓여 있다는 것을 알고, 이 지식은 우리가 직면하는 치료의 어려움을 우리가 어떻게 다루게 하는지를 결정지어 준다. 우리는 우리의 눈을 죽음 후 천국에 고정시킴으로 죽음에 대한 질문에 대답할 수 있다.

우리가 말하는 죽음의 문을 통과한 후 천국에서의 삶에 대해서 하나님은 무엇을 우리에게 말씀하시는가?

## 1. 하나님은 천국이 우리의 진정한 집이라고 말씀하신다.

> 오직 우리의 시민권은 하늘에 있는지라. 거기로서 구원하는
> 자 곧 예수 그리스도를 기다리노니.
>
> 빌립보서 3:20

우리는 인생을 죽음의 이쪽 면에서 이것이 모든 것이라고 생각하면서 보낸다. 우리 중 많은 사람들은 인생의 대부분을 즐긴다. 그러나 다른 사람들은 단순히 계속하기 위해 투쟁한다. 사실은 삶의 이런 부분은 우리가 살기 위해 태어난 현실 세계의 전제일 뿐이다. 우리가 이 인생의 마지막에 도달할 때 그리고 죽음의 문을 통과할 때, 우리는 이상한 곳으로 들어가는 것이 아니다—우리는 집으로 가는 것이다.

## 2. 하나님은 우리가 그 곳에 도달할 때 변화될 것이라고 말씀하신다.

> 그가 만물을 자기에게 복종케 하실 수 있는 자의 역사로, 우리
> 의 낮은 몸을 자기 영광의 몸의 형체와 같이 변케 하시리라.
>
> 빌립보서 3:21

다른 많은 사람들처럼 나는 내가 원하는 몸을 갖지 않았고, 내가 상상하는 대로 만들려고 싸우지도 않았다. 더욱이 병과 나이가 나의 몸을 더 힘든 우리로 바꾸는 것 같이 나는 어느 날 연약함과 고통, 움직이지 못함과 충분치 못한 힘으로부터 해방될 것이다. 진실로 나는 그렇게 될 것이다! 어느 날 연약한 우리 인간의 몸은 예수님의 몸과 같이 변화될 것이고, 우리는 그 몸을 영원히 유지할 것이다.

3. 하나님은 우리의 슬픔이 없어질 것이라고 말씀하신다.

> 저희가 다시 주리지도 아니하며, 목마르지도 아니하고, 해나 뜨거운 기운에 상하지 아니할지니, 이는 보좌 가운데 계신 어린양이 저희의 목자가 되사, 생명수 샘으로 인도하시고, 하나님께서 저희 눈으로 모든 눈물을 씻어 주실 것임이러라.
>
> 요한계시록 7:16-17

우리 중에 인생에서 슬픔을 알만큼 충분히 오래 산 사람들에게 눈물 없는 인생에 대한 생각은 꿈과 같다. 그러나 우리를 위해 죽기까지 우리를 사랑하시는 분은 이런 꿈을 우리에게 약속하지 않으셨고, 어느 날 그것을 성취하지 못하셨다. 그의 사랑은 무력한 사랑이 아니다. 그는 스스로 우리의 모든 슬픔이 오는 지옥의 문을 부수셨고, 우리의 삶 속에 슬픔을 가져오는 송유관을 파괴시키셨다. 그의 사랑은 능력으로 연결되었다. 그는 약속한 것을 주실 것이고, 어느 날 인생은 오직 행복으로만 가득 찰 것이다.

4. 하나님은 천국이 하나님 자신이라고 말씀하신다.

> 또 내가 새 하늘과 새 땅을 보니, 처음 하늘과 처음 땅이 없어
> 졌고, 바다도 다시 있지 않더라. 내가 들으니 보좌에서 큰 음성
> 이 나서 가로되, "보라, 하나님의 장막이 사람들과 함께 있으
> 매, 하나님이 저희와 함께 거하시리니, 저희는 하나님의 백성
> 이 되고, 하나님은 친히 저희와 함께 계셔서."
>
> 요한계시록 21:1, 3

우리는 하나님으로부터 거리를 두고 인생을 산다. 가끔 우리는 하나님과 가까운 것처럼 느낀다. 어떤 때는 먼 것처럼 느낀다. 아마 지금은 하나님이 먼 것처럼 느끼는 그런 때일 것이다. 그의 가까움을 느낀 시간들을 생각하라. 그의 접촉의 감각을 느끼고, 그의 웅장함의 증거를 보고, 그의 사랑의 품을 느껴라. 우리가 그런 시간들을 생각할 때, 인생이 충만한 시간들이었다는 것을 깨닫는다─우리에 대한 상황에도 불구하고 살 만한 가치가 있다. 하나님과 가까이 있는 이런 순간들은 죽음의 이쪽 편에서 우리의 삶을 통해 오고 간다. 이 세상에서 하나님께 가까워지는 우리의 순간들은 무엇이 올 것인지에 대한 그림자에 불과하다. 우리가 정말 하나님을 아는 순간들은 천국에서 계속될 것이다. 왜냐하면 천국이 그런 것들을 위한 것이기 때문이다.

5. 하나님은 우리를 집으로 데리고 가시기 위해 직접 오신다고 말씀
   하신다.

주께서 호령과 천사장의 소리와 하나님의 나팔로 친히 하늘로
좇아 강림하시리니, 그리스도 안에서 죽은 자들이 먼저 일어
나고, 그 후에 우리 살아남은 자도 저희와 함께 구름 속으로
끌어올려, 공중에서 주를 영접하게 하시리니, 그리하여 우리가
항상 주와 함께 있으리니.

데살로니가전서 4:16-17

천국은 놀랍게 들린다. 그러나 때로는 우리가 그 곳으로 가야 할
여행에 대한 생각은 두렵다. 하나님은 우리가 그 여행을 혼자 걸어
가지 않아도 된다고 약속하셨다. 우리가 "죽음"이라고 쓰여진 문의
손잡이를 처음 돌릴 때 예수님은 천국으로부터 내려오실 것이며,
우리를 집으로 데려가실 것이다. 우리는 어두움을 두려워하지 말아
야 한다. 왜냐하면 세상의 빛이신 분이 우리에게 길을 보여 주실
것이기 때문이다. 우리는 절벽을 두려워할 필요가 없다. 왜냐하면
선한 목자가 길을 따라 우리를 안전하게 인도해 줄 것이기 때문이
다. 여행 자체는 우리의 구세주와 손에 손을 잡고 걸어갈 때 인생의
아름다운 일 중 하나가 될 것이다.

그것뿐 아니라, 바울로부터 데살로니가 사람들에게까지 이 구절
에 나오는 또 다른 중요한 단어가 있다. 그 단어는 *함께*이다. 바울
은 우리가 구세주와 함께 집으로 걸어갈 뿐만 아니라, 우리가 사랑
하는 사람들, 예수님을 사랑하는 사람들이 우리와 함께 걸어갈 것
이라고 말하고 있다. 만일 우리의 죽음에 대한 큰 두려움이 우리가
사랑하는 사람들로부터의 격리라면, 우리는 그 두려움을 내던질 수

있다. 마치 사람이 집안 식구들로부터 격리되어 일하러 가는 것처럼 죽음은 처음에 일시적으로 분리시킨다. 그러나 예수님 안의 죽음은 결국 영원히 연합된다.

내가 사랑하던 사람, 하나님을 사랑하는 사람은 암으로 죽어가고 있었다. 그는 의식 불명이었고 숨을 불규칙적으로 쉬고 있었다. 나는 그의 가족에게 그가 몇 시간 살지 못할 것이라고 알렸다. 그의 딸은 통제할 수 없는 슬픔과 눈물을 극복하게 되었다. 다음 날 방에 들어갔고 환자는 깨어 있었다. 그는 나에게 그가 깨어나기 전날 딸의 울음 때문에 깨어서, 그녀에게 "나는 하늘에 계신 아버지와 함께 있었단다. 너무 좋았어. 그러나 네가 우는 것을 듣고 너를 위로하기 위해 돌아왔지. 이제 해결했다. 이제는 돌아올 수 없어. 너를 사랑한다"라고 말했다고 했다. 그는 다음 날 가족들 앞에서 편안히 죽었다. 만일 그가 아버지와 함께 있을 수 있는 곳이 천국이라면, 어느 날 그의 자녀들은 다시 그의 아버지와 함께 있게 될 것이다. 그리고 그 날에는 다시 그들을 떠나지 않을 것이다. 우리가 사랑하는 사람들도 우리 주님을 사랑한다면, 우리도 역시 그들과 다시 함께 있을 것이다.

나의 길고, 덥고, 고통스러웠던 경주에서 나를 계속하게 만든 것은 수영장에 대한 꿈이었다. 그러나 시원한 물의 실제 경험은 꿈보다 훨씬 좋은 것이었다. 당신이 어려운 인생을 걸어갈 때, 천국에 대한 꿈은 가끔 당신을 계속 가게 해 줄 것이다. 천국은 현실이고,

어느 날 현실은 당신의 꿈보다 훨씬 더한 것임을 확신할 수 있을 것이다.

시카고의 230만 가톨릭 신자들의 영적 지도자인 조셉 버나딘(Joseph Bernardin) 추기경은 그의 췌장암이 치유될 수 없다는 것을 발견했다. 그는 공공연하게 그가 죽음에 직면한 것에 대해 말했다. 그는 우리 지역 신문에 "나는 평안하다고 나의 모든 진실함으로 말할 수 있다"라는 기사를 썼다. 그는 처음 수술 후 암 환자들을 상담하는 것으로 많은 시간을 보냈다. "하나님의 손에 그들의 모든 것을 맡긴다." 그의 암이 재발되었을 때, 그는 이제 자신의 충고를 자신이 받아들일 것이라고 말했다. 버나딘 추기경은 천국이 그의 집이고, 그 곳에서 하나님의 손이 그를 받고 안아 주는 것을 알았다. "우리는 죽음을 두 가지로 볼 수 있다: 원수 아니면 친구로." 그는 말했다, "믿음을 가진 사람으로서 나는 죽음을 친구로 본다."

"아폴로 13"(Apollo 13)이라는 영화에서, 에드 해리스(Ed Harris)는 휴스턴 콘트롤(Houston Control)의 책임자인 진 크란츠(Gene Kranz)라는 역할로 가장 훌륭한 조연상에 추천되었다. 그는 극적인 한 장면 때문에 추천 받은 것으로 알고 있다. 공간 캡슐이 지구의 대기로 다시 들어가게 되어, 열 방패는 파손되고 건전지는 떨어졌다. 우주인들이 살아서 지구로 돌아올 가능성은 거의 없었다. 휴스턴 센터의 한 관리는 말했다, "이것은 미항공우주국(NASA)이 이제껏 경험한 것 중 가장 나쁜 재앙이 될 것입니다." 그의 어조에 개의치 않고 크란츠가 결정적으로 대답했다, "이것이 우리에게 가장 좋은 시간이 될 것입니다."[1]

죽음도 마찬가지가 될 것이다. 세상은 우리에게 죽음이 가장 큰 재앙이라고 말할지라도, 내가 치료한 환자들과 하나님의 약속은 죽음이 우리의 가장 좋은 시간이 될 것이라고 선언한다.

## 그러는 동안에

우리는 의사의 나쁜 소식으로 시작해서 천국의 삶으로 끝나고 있다. 그것이 그리스도인으로서 우리의 삶 속에서 진리이다. 그러나 이제 책은 끝났다. 이제 당신은 나가서 이 세상에서 남은 삶을 살아야 할 시간이다. 당신이 매일 살아갈 때에 당신 손에 휴대할 어떤 작은 것이 있는가? 나쁜 소식과 천국 사이에서 매 시간 당신이 빨리 볼 수 있고, 하나님이 당신이 여행하기를 원하는 길로 당신이 걸어가는 것을 알 만한 것이 있는가? 당신이 계속해서 달릴 때 하나님의 길로 갈 수 있도록 볼 수 있는 지도가 있는가?

가끔 우리는 제이(Jay)라는 소년이 소년야구연맹 경기에 접근하듯이 인생에 접근한다. 칼슨(Carson) 코치는 그가 그렇게 재주 있는 열 살 난 소년을 본 적이 없다고 말했다. 제이는 던지고, 때리고, 뛰고, 받을 수 있었다—타고난 명수이다. 그러나 그의 모든 능력에도 불구하고, 제이는 언제나 마음이 다른 곳에 있어서 제 위치 밖에 있는 것처럼 보였다.

나는 어느 날 그가 날아가는 야구공을 받아야 했을 때를 기억한다. 그는 외야의 공간을 주시해 보고 있었다. 칼슨 감독은 그의 방망이를 던지고 그의 고함 소리에 반응하지 않고 하늘을 보고 있는 그와 대항하기 위해 걸어갔다.

"여기서 뭐하고 있는 거야, 제이? 거위를 찾고 있냐?"

"아니요, 코치님. 나는 파드레(Padres) 팀을 위해 경기하는 것을 생각하고 있었어요. 나는 어느 날 그들의 유격수가 될 것입니다." 제이는 얼굴에 흥분을 감추지 못하고 대답했다.

감독은 젊은 아이의 흥분에 미소를 지을 수밖에 없었다, 그러나 그는 문제가 있다는 것을 알았다. "제이, 만일 네가 잘 되고 싶으면, 그것에 대해 꿈을 꾸는 것은 중요한 일이다. 그러나 *그러는 동안에* 무엇인가 하는 것 역시 중요한 것이야. 이제 돌아서서, 주목하고, 내가 너에게 던지는 공을 잡아라."

그러는 동안이 삶에서 가장 중요한 곳이다. 생각해 보라. 우리는 우리의 삶의 대부분을 목적 지향의 사람으로, 다음 목적을 바라보며 지낸다. 우리는 그 목적에 도달하면, 다른 것에 초점을 둔다. 그리고 목적과 목적 사이의 시간은 기대나 준비의 흐림으로 잃어버린다. 현실에서 목적 사이의 삶은 우리가 정말로 사는 곳이다. 어떤 사람은 이렇게 서술했다, "삶은 당신이 중요한 것을 기다릴 때 일어난다." 인생의 충만함은 그러는 동안에 존재한다.

의사의 나쁜 소식을 들었을 때, 당신은 선택할 수 있다. 슬픈 환경을 당신의 삶에 남겨진 중요한 단 하나의 사건으로 받아들여 당신의 시간을 천국에 갈 때까지 그것에 초점을 맞추며 낭비하든지, 아니면 그러는 동안에 인생을 보람되게 살 수 있다. 나는 최근에 간암에 걸린 사람 옆에 앉아서 그의 현재 상태에서는 더 이상의 치료가 가능하지 않다고 말했다. 그는 육체적으로는 아주 좋은 외형을 가졌고, 아마도 6개월에서 1년간 버젓한 삶의 질을 즐길 것이다. 그는 나를 쳐다보며 말했다, "의사 선생님, 아무 것도 할 수 없다는 겁니까? 죽기만 기다리라는 겁니까?" 나는 그에게 더 이상 가치 있는 치료는 없지만, 그가 죽는 것만을 기다리든지 아니면 남은 시간에 인생을 가득 채우며 살 수 있다고 말했다. 의사의 나쁜 소식이 무엇이든지, 당신은 하나님이 주신 인생을 선택할 수 있다. 그리고 하나님이 당신을 이곳에 보내신 목적을 이루기 위해서 열정과 목적을 가지고 살 수 있다.



의사의 나쁜 소식을 들은 후, 남은 인생에서 하나님이 당신에게 원하시는 것이 무엇인가? 어느 날 천국에서 모든 것이 다시 고쳐질 것이다. 그러나 그러는 동안에 하나님은 당신이 무엇을 하기를 원하시는가?

하나님은 건강이 상한 사람들도 모든 다른 사람들이 여생을 사는 것과 같은 방법으로 살기 원하신다. 하나님은 우리의 삶에 대한 그의 요구를 다윗의 노래에서 잘 정리한다:

**여호와를 의지하여 선을 행하라.**

땅에 거하여 그의 성실로 식물을 삼을지어다.
또 여호와를 기뻐하라.
저가 네 마음의 소원을 이루어 주시리로다.

시편 37:3-4

이것이 이 세상에서 인생에 대한 최종 결론이다. 우리 모두가 우리가 희망하는 것보다 짧고 갈망하는 것보다 도전하는 곳으로 가득 찬 앞에 놓인 인생을 숙고하는 것처럼, 우리가 인생의 최종 결론으로 돌아가는 것과 우리의 남은 생애를 예정된 방향으로 사용하는 것은 매우 중요하다.

나쁜 소식들은 우리 모두를 기다리고 있다―어떤 것은 빨리, 어떤 것은 늦게. 우리의 남은 날들의 길이에 관계없이 또는 그 속에서 육체적인 어려움에 관계없이, 하나님은 우리가 천국의 이쪽 편에 있는 동안 풍성하게 살기를 간절히 바라신다. 하나님은 우리에게 우리 마음의 욕구를 주시기 원하신다. 그분을 믿고 따르자. 그리고 깨어진 꿈이나 절박한 죽음에 직면하더라도, 하나님을 사랑하고, 그러는 동안에 그분을 위해 온전하게 살자.

우리의 존귀하신 머리가 되시는 그리스도를 따르면서,
그가 이끄시는 곳으로 이제 우리도 높이 날아오르자.
그분처럼 만들고, 그분처럼 일어나라.
십자가, 무덤, 하늘은 우리의 것이네.[2]

## 제2장: 위기 가운데서 하나님의 자리를 선택하라

1. Dale Matthews and Connie Clark, *Faith Factor: Proof of the Healing Power of Prayer* (New York: Penguin Putnam, 1998).
2. Ernest Becker, *The Denial of Death* (New York: Free Press Paperbacks, 1973), 26.
3. Michael Behe, *Darwin's Black Box* (New York: Touchstone, 1996), 74-97.
4. James Collier and Janie Buck, "Ruthless Trust," *Today's Christian Doctor* 30, no. 1 (spring 1999): 67.
5. Robert Ellsberg, *All Saints* (New York: Crossword, 1997), 131.

## 제3장: 가장 좋은 과학을 선택하라

1. Donal O'Mathuna and Walt Larimore, *Alternative Medicine: The Christian Handbook* (Grand Rapids, Mich.: Zondervan, 2001).

## 제4장: 현실을 선택하라

1. Ellsberg, *All Saints*, 20.
2. *The Santa Clause* (Hollywood: Walt Disney Pictures, 1994).
3. Corrie ten Boom, *The Hiding Place* (Minneapolis: World Wide, 1971), 51.

## 제5장: 미래의 모습을 만들어 가라

1. Jimmie C. Holland, et al., "Dealing with Loss, Death, and Grief in

Clinical Practice: Spiritual Meaning in Oncology," *American Society of Clinical Oncology Educational Book* (Alexandria, Va.: ASCO, 2002), 198-205.

## 제6장: 믿을 수 있는 하나님께로 달려가라

1. David Waters, "Olympic Torch Flame Will Glow with Her Own Fiery Determination," *Commercial Appeal*, (25 November 2001), p. B1.
2. 출처 미상.
3. Dietrich Bonhoeffer, *The Cost of Discipleship* (New York: Collier, Macmillan, 1963).
4. Phillip LeTard, *The Alaska Trip*, 미출판된 일기.

## 제8장: 다루기 힘든 질문들을 직면하라

1. Ellsberg, *All Saints*, 12-13.
2. L. B. Cowman, *Streams in the Desert* (Grand Rapids, Mich.: Zondervan, 1977), 72.
3. Joni Eareckson Tada, "Medical Issues," Christian Doctor's Digest tape recording (Bristol, Tenn.: Christian Medical and Dental Society, December 1997).
4. Ibid.

## 제9장: 계속적인 기도를 선택하라

1. W. Somerset Maugham, *Of Human Bondage* (New York: Penguin, 1963), 53-55.
2. Pat Alger, Larry Bastian, and Garth Brooks, "Unanswered Prayers," *Garth Brooks: No Fences* (Nashville: Capital Records, 2000).
3. Harry Emerson Fosdick, *The Meaning of Prayer* (Nashville: Abingdon, 1981), 104.
4. Rex Warner, trans., *The Confessions of St. Augustine* (New York: Penguin, 1963), 101.

## 제10장: 진정한 가치를 선택하라

1. Don McLean, "Vincent," *The Best of Don McLean* (EMI, 1987).
2. Omar Khayyam, *Rubaiyat of Omar Khayyam* (Tehran: Padideh, n.d.).
3. William Barclay, *The Gospel of Matthew*, rev. ed., vol. 11 (Philadelphia: Westminster Press, 1975), 91.

## 제11장: 기쁨의 추구를 선택하라

1, Dennis Linde, Bob Morrison, "The Love She Found in Me," *Gary Morris Hits* (Warner Brothers, 1983).
2. Kevin Robbins, "Classmates, Family Miss 'Shining Star,'" *Commercial Appeal* (17 February 1996), n.p.
3. William Barclay, *The Letters to the Philippians, Colossians, and Thessalonians* (Philadelphia: Westminster Press, 1975), 207.
4. Kevin Robbins, "In the End, Something Beautiful," *Commercial Appeal* (26 November 1995), pp. E1-2.

## 제13장: 평안의 추구를 선택하라

1. Robbins, "In the End, Something Beautiful," pp. E1-2.
2. Murray Alexander, 가족에게 보낸 편지, 허가받고 사용함.

## 제15장: 임무를 선택하라

1. Dietrich Bonhoeffer, *Letters and Papers from Prison* (New York: Macmillan, 1953), 197.

## 제18장: 미래를 기대하라

1. *Apollo 13* (Universal City, Calif.: Universal City Studios, 1995).
2. Charles Wesley, "Christ the Lord Is Risen Today."

# 도서출판 세 복의 발간 도서

## QT를 위한 묵상집

### 기적을 만드는 사람들
워렌 위어스비 지음 / 구교환 옮김 / 신국판 / 초판 1쇄 / 182쪽 / 6,000원
사도로 변화된 베드로의 이야기를 통해 현대의 그리스도인들이 하나님의 기적을 만들며 살아가도록 도전하는 책.

### 날마다 솟는 샘
존 T. 시먼즈 지음 / 이영기 옮김 / 크라운판 (양장본) / 초판 1쇄 / 378쪽 / 12,000원
사복음서에 나타난 예수님의 삶과 가르침을 통하여 일 년 동안 큐티를 위한 매일의 영적 양식으로, 독자의 영적 삶을 통성하게 해 주는 책.

### 너희는 나를 누구라 하느냐?
존 T. 시먼즈 지음 / 홍성철 옮김 / 신국판 / 초판 1쇄 / 198쪽 / 6,500원
예수님의 인격과 비유와 기적을 통해 "너희는 나를 누구라 하느냐?"에 대한 질문을 신학적으로나 신앙적으로 명쾌하게 제시한 책.

### 십자가 앞에서
리차드 바우크햄, 트레보 하트 지음 / 김동욱 옮김 / 신국판 / 초판 1쇄 / 156쪽 / 5,000원
십자가 앞에 서 있던 열한 명의 삶의 관점에서 십자가를 묵상하므로 우리의 삶을 깊이 있게 변화시켜 줄 것을 기대할 수 있는 책.

### 하나님의 임재를 연습하라
로렌스 형제 지음 / 스티브 트락셀 편집 / 류명욱 옮김 / 신국판 / 초판 2쇄 / 172쪽 / 6,500원
일상 생활 속에서 하나님을 사랑하라는 명령을 실천하는 것이 무엇인가를 보여 주어 하나님의 임재 안에서 사는 법을 훈련할 수 있는 명저.

## 새신자 및 초신자에게 추천할 책

### 나는 어떻게 예수님을 만났는가?
홍성철 편집 / 신국판 / 초판 1쇄, 개정판 10쇄 / 332 / 8,000원
각계 각층에서 그리스도의 향기를 진하게 풍기고 있는 21명의 신앙 고백으로, 새신자 및 전도용 선물로 최적인 책.

### 당신의 생애도 변화될 수 있다
알란 워커 지음 / 홍성철 옮김 / 신국판 / 초판 2쇄 / 104쪽 / 4,000원
삶의 목적과 변화를 원하는 모든 현대인들에게 예수 그리스도가 제공하는 구원의 은혜로 변화된 생애를 살 수 있도록 도전하고 길잡이 역할을 할 명저.

### 첫 걸음부터 주님과 함께
션 던 지음 / 전현주 옮김 / 신국판 / 초판 2쇄 / 115쪽 / 3,500원
반복되는 일시적인 결단의 공허함을 극복할 수 있는 원리를 제시하며, 그 원리를 삶에
적용할 때 믿음의 진보와 주님과 하나 되는 매일의 삶으로 인도하는 책.

## 전도 및 선교를 위한 안내서

### 서로 사랑하자  성경적 복음전도의 모형
진 게츠 지음 / 하도균 옮김 / 신국판 / 초판 1쇄 / 228쪽 / 7,000원
사랑의 동기로 시작하는 복음전도에서 그리스도인들이 사랑으로 하나됨을 통해 사람들
을 그리스도께로 인도할 구체적인 방법을 안내하는 베스트 셀러 작가 진 게츠의 명저.

### 주님의 지상명령  성경적 의미와 적용
홍성철 지음 / 신국판 / 초판 1쇄 / 218쪽 / 7,000원
주님의 지상명령이 함축하고 있는 의미를 깊이 조명하여 그리스도인들로 하여금 그 명
령에 보다 확실히 순종할 수 있게 할 저자가 심혈을 기울인 책.

### 타문화권 복음 전달의 원리와 적용
존 T. 시먼즈 지음 / 홍성철 옮김 / 신국판 / 초판 3쇄, 2판 2쇄 / 342쪽 / 8,000원
복음과 타종교와의 관계 및 복음 전달의 원리와 방법을 깊게 다루어 복음 전달의 이론적
인도자가 되는 명저.

### 현대인을 위한 복음전도의 성경적 모델
홍성철 지음 / 신국판 / 초판 1쇄 / 320쪽 / 10,000원
복음적인 안목으로 성경에 접근하고자 하는 그리스도인과 복음전도 지향적인 설교를
준비하는 사역자를 위해 길잡이 역할을 할 명저.

### 회심  거듭남의 의미와 적용
홍성철 편집 / 신국판 / 초판 2쇄, 개정판 2쇄 / 224쪽 / 6,000원
기독교에서 가장 핵심적 교리인 "회심"의 문제를 신학적, 경험적, 적용적으로 이 분야의
권위자들이 다룬 9편의 글.

## 강해 설교집

### 고난 중에도 기뻐하라  (빌립보서 강해 설교)
홍성철 지음 / 신국판 / 초판 2쇄 / 506쪽 / 10,000원
고난 중에도 기뻐할 수 있는 사도 바울의 비결을 성경적으로 파헤치고, 목회적으로 제
시한 41편의 강해 설교집.

### 눈물로 빚어 낸 기쁨  (룻기 강해)
홍성철 지음 / 신국판 / 초판 1쇄 / 182쪽 / 6,000원
룻기에 감겨진 아름다운 이야기를 새로운 각도로 접근하여 전개한 강해집.

### 시편 강해 (I–IV)

강선영 지음  /  신국판 (양장본) / 초판 1쇄 / 550쪽 / 권당 15,000원
저자가 4년여 동안 시편 전체를 연구하며 설교한 것을 정리하여 펴낸 강해 설교집.

### 심령의 호소를 들으시는 하나님  (시편 강해 1–23편)

이태웅 지음 / 신국판 / 초판 1쇄 / 304쪽 / 7,500원
시편을 기록한 지 수천 년이 지났으나, 시편 기자들이 경험한 변함없는 하나님의 실재와
냉험한 현실 사이에서 의에 주리고 목말라하는 사람에게 한 모금의 냉수와 같은 책.

### 알기 쉬운 히브리서  (히브리서 강해)

네일 라이트푸트 지음 / 홍성철 옮김 / 신국판 / 초판 1쇄 / 244쪽 / 7,500원
대제사장이요 단번에 드려진 속죄물이신 예수 그리스도를 소개하여 모든 그리스도인들
의 신앙을 깊게 하며 예수 그리스도를 깊이 만나게 하는 명저.

### 요한복음 강해 (I–IV)

강선영 지음 / 신국판 (양장본) / 초판 1쇄 / 590쪽 / 권당 12,000원
저자가 6년여 동안 요한복음을 연구하며 설교한 것을 정리하여 펴낸 강해 설교집.

### 우리에게 일용할 양식을 주소서  (주기도문 강해 설교)

홍성철 지음 / 신국판 / 초판 2쇄 / 228쪽 / 6,000원
주기도문에 나타난 하나님의 영광과 우리의 필요를 깊이 조명시켜 주는 강해 설교집.

## 교역자 및 지도자에게 추천할 책

### 가정교회   21세기 목회의 새로운 대안

박승로 지음 / 신국판 / 초판 1쇄 / 214쪽 / 7,500원
교회 성장을 위하여 소그룹의 특성을 살리며 살아 있는 교회의 세포인 "교회 안의 작은
교회"의 가정교회의 사례 연구와 교회 갱신의 전략으로서 구체적인 방향을 제시한 책.

### 목회자의 자기 관리

로이 오스왈드 지음 / 김종환 옮김 / 신국판 / 초판 2쇄 / 276쪽 / 7,000원
자기 관리에 게으르거나 무관심한 그리스도인이 어떻게 자기 관리를 해야 하는지 구체
적으로 제시하는 책.

### 복음주의 실천신학개론

복음주의 실천신학회 편 / 신국판(양장본) / 초판 4쇄 / 430쪽 / 15,000원
한국 교회의 목회자와 그리스도인들에게 신학의 복음주의적인 안목을 갖게 함으로 목
회 현장을 더욱 풍요롭게 하는 지침서.

### 불타는 전도자 존 웨슬리

홍성철 지음 / 신국판 (양장본) / 초판 4쇄 / 344쪽 / 12,000원
존 웨슬리가 어떻게 불타는 전도자가 될 수 있었는지를 제시하여, 현대 그리스도인들도
불타는 전도자가 되도록 인도해 주는 책.

### 성령 안에서 설교하라
데니스 F. 킨로 지음 / 홍성철 옮김 / 신국판 / 초판 3쇄 / 176쪽 / 4,500원
방법과 기교를 강조하는 현대 설교에서 성령의 임재를 회복할 수 있는 설교의 원리와
방법을 분명하게 제시하는 책.

### 영혼을 돌보는 목자
캐롤 와이즈, 존 힝클 지음 / 이기승 옮김 / 신국판 / 초판 1쇄 / 248쪽 / 6,500원
잠재력이 있는 영혼들을 돌보는 사역을 감당하고자 하는 목사, 전도사, 평신도 지도자,
구역장 등에게 안내자 역할을 하는 책.

### 웨슬리안 조직신학
오톤 와일리, 폴 컬벗슨 지음 / 전성용 옮김 / 신국판 / 초판 1쇄 / 570쪽 / 15,000원
신학의 기초 과정을 위한 교과서일 뿐만 아니라, 평신도들이 사용할 수 있도록 간략하
면서도 체계를 갖춘 기독교 교리를 제시한 신학의 고전.

### 이렇게 예수 그리스도의 제자가 되자
홍성철 지음 / 신국판 / 초판 2쇄 / 238쪽 / 7,000원
예수 그리스도처럼 제자 훈련의 모범과 성공을 이룬 사람은 일찍이 없었다. 그분의 훈
련 방법과 원리가 무엇인지에 대한 해답을 성경적으로 명쾌하게 제시한 책.

### 존 웨슬리  그의 생애와 신학
로버트 G. 터틀 2세 지음 / 김석천 옮김 / 신국판 / 초판 1쇄 / 480쪽 / 13,000원
하나님께 전적으로 헌신하며 살았던 존 웨슬리의 이야기를 통해 독자를 예수 그리스
도의 충만한 믿음으로 인도하는 책.

### 항상 은혜가 먼저입니다
류종길 지음 / 신국판 / 초판 1쇄 / 365쪽 / 9,000원
저자가 일생을 목회에 헌신하고 목사 안수 30주년 기념으로 그의 사역을 회상하며 하나
님의 은혜를 고백한 책으로, 설교집, 칼럼 및 목회 서신 등이 수록되어 있으며, 저자의
헌신, 희생, 비전, 지혜를 엿볼 수 있는 책.


## 평신도에게 추천할 책

### 그리스도의 마음
데니스 킨로 지음 / 홍성철 옮김 / 신국판 / 초판 1쇄 / 188쪽 / 6,000원
성령이 믿는 자에게 주시는 "그리스도의 마음"이 의미하는 바가 무엇인지 잘 설명해
주는 책.

### 당신의 인생을 다시 시작하라
데일 겔러웨이 지음 / 류선욱 옮김 / 신국판 / 초판 1쇄 / 202쪽 / 6,500원
인생에서 위기를 당하거나 상처를 입었을 때 어떻게 극복할 수 있는지 저자 자신의 경험
을 통해 새롭게 일어날 수 있는 길을 감동적으로 조명해 주는 책.

## 상처난 아버지와의 관계 회복

제임스 L. 쉘러 지음 / 이기승 옮김 / 신국판 / 초판 2쇄 / 272쪽 / 8,000원

인생의 풀리지 않는 아버지와의 문제들이 무엇이며 그것을 어떻게 다루어야 할지, 더 나아가 하나님 아버지께로 인도하는 책.

## 성결의 아름다움

베인즈 에트킨슨 지음 / 홍성국 옮김 / 신국판 / 초판 1쇄 / 184쪽 / 5,500원

성결이라는 성경적 진리의 핵심에 직면하여 마음의 감동과 함께 성결하게 되는 것을 체험하도록 인도해 주는 책.

## 성령과 동행하라

스티븐 하퍼 지음 / 홍성철 옮김 / 신국판 / 초판 3쇄 / 224쪽 / 5,500원

기독교 영성이 무엇이며, 또 어떻게 그 영성을 체험하고 유지할 수 있는지에 대한 좋은 안내자가 되는 책.

## 성령님, 나를 변화시켜 주세요  그리고 사용하여 주세요

커리 매비스 지음 / 홍성철 옮김 / 신국판 / 초판 1쇄 / 180쪽 / 5,500원

분노와 죄의식 등 감정의 문제들이 어떻게 성령의 역사로 변화되어 성장할 수 있고, 주님께 쓰임받을 수 있는가를 제시하는 책.

## 성령의 충만을 받으라

존 T. 시먼즈 지음 / 홍성철 옮김 / 신국판 / 재판 4쇄 / 152쪽 / 4,000원

성령의 충만과 능력을 갈구하는 모든 그리스도인에게 그 방법을 단계적으로 제시한 책.

## 잃어버린 퍼스낼리티를 찾아서

최병전 지음 / 신국판 / 초판 1쇄, 개정판 1쇄 / 206쪽 / 5,000원

구원은 받았지만 인격의 상처는 개인과 가정과 교회와 사회에 문제를 일으키는 것을 진단하고 해결의 실마리를 제시하는 책.

## 자살을 애도하며

알버트 쉬 지음 / 전현주 옮김 / 신국판 / 초판 1쇄 / 262쪽 / 7,000원

사랑하는 사람이 자살한 후 남겨진 자살 생존자들을 돕는 안내서이며, 자살을 예방할 수 있도록 돕는 책.

## 절망과 소망 사이에서  어떻게 육체의 질병을 이길 수 있는가

알 B. 와이어 지음 / 박현주 옮김 / 신국판 / 초판 1쇄 / 280쪽 / 9,500원

육체의 질병에 대해 심각한 진단을 받을 때, 어떻게 대처하고, 어떠한 선택을 하고, 어떻게 하나님과 함께 동행하며 승리하는가를 보여 주는 책.

## 최후의 승리

어네스트 젠타일 지음 / 이혜숙 옮김 / 신국판 (양장본) / 초판 1쇄 / 398쪽 / 15,000원

예수님의 영광스러운 재림이 어떠할 것인지를 알려 주고, 영적으로 깨어서 기쁨으로 준비할 수 있게 할 역작.

### 현대인을 위한 존 웨슬리의 메시지
스티븐 해퍼 지음 / 김석천 옮김 / 신국판 / 초판 2쇄 / 168쪽 / 5,000원
존 웨슬리의 메시지를 현대인을 위해 재해석한 책으로, 현대의 그리스도인들에게 빛과
방향을 제시해 주는 책.

## 그룹 교재로 활용할 수 있는 책

### 그리스도인의 문제들 어떻게 극복할 것인가?
맥시 더남 지음 / 하도균 옮김 / 신국판 / 초판 1쇄 / 264쪽 / 7,000원
그리스도인이 매일의 삶 속에 당면하는 문제들을 어떻게 대처하고 극복해 나갈 수 있는
지 안내하는 책.

### 성령의 열매와 생활
맥시 더남, 킴벌리 더남 레이스먼 지음 / 박재승 옮김 / 신국판 / 초판 1쇄 / 270쪽 / 7,000원
그리스도인의 믿음을 강화시켜 줄 재료로 일곱 가지 기본 덕목을 제시하며, 하나님이
창조하신 대로 선한 자가 되어, 독자를 성령의 열매를 맺는 생활로 안내하는 책.

### 영적 훈련
맥시 더남 지음 / 이연승 옮김 / 신국판 / 초판 1쇄 / 230쪽 / 7,000원
승리하는 그리스도인의 삶을 형성하기 위한 훈련 과정의 워크북으로, 개인적인 묵상뿐
만 아니라 소그룹에서 사용할 수 있는 훈련 교재로도 적합한 책.

### 예수님처럼 사랑하자
맥시 더남 지음 / 류명욱 옮김 / 신국판 / 초판 1쇄 / 202쪽 / 7,000원
사도 바울의 사랑장인 고린도전서 13장의 내용을 구체적으로 파악할 수 있고, 독자로
하여금 사랑할 수 있는 구체적인 사랑의 길로 인도하는 책.

### 죽음에 이르는 죄  어떻게 극복할 것인가
맥시 더남, 킴벌리 더남 레이스먼 지음 / 서대인 옮김 / 신국판 / 초판 1쇄 / 288쪽 / 7,000원
피할 수 없는 일곱 가지 죄가 우리의 삶에 어떻게 나타나며, 이러한 죄를 다루는 방법을
제시하여 죄를 극복하게 하는 책.

### 중보기도
맥시 더남 지음 / 구교환 옮김 / 신국판 / 초판 1쇄 / 266쪽 / 7,000원
본서는 중보기도의 이해를 도울 뿐만 아니라, 개인이나 그룹이 중보기도를 실제로 하게
하기 위한 구체적이고 실제적인 지침서.

## 그리스도인들의 신앙 고백 / 전기

### 거룩한 삶을 산 믿음의 영웅들
웨슬리 듀웰 지음 / 홍성철 옮김 / 신국판 / 초판 1쇄 / 312쪽 / 8,000원
거듭난 후 성령으로 충만함을 받은 경험을 하고 하나님이 사용하신 믿음의 영웅들 열네
명의 전기집.

## 나는 어떻게 예수님을 만났는가?

홍성철 편집 / 신국판 / 초판 1쇄, 개정판 10쇄 / 332쪽 / 8,000원
각계 각층에서 그리스도의 향기를 진하게 풍기고 있는 21명의 신앙 고백을 기록한 책.

## 사망의 골짜기를 지날지라도

볼레터 스틸 크럼리 지음 / 유정순 옮김 / 신국판 / 초판 1쇄 / 158쪽 / 4,500원
말로 다 표현할 수 없는 인간의 비극 가운데서 하나님의 평강을 발견한 저자의 믿음과
용기에 관한 능력 있는 체험적인 이야기.

## 수잔나  존 웨슬리의 어머니

아놀드 댈리모어 지음 / 김석천 옮김 / 신국판 / 초판 2쇄 / 230쪽 / 6,000원
존과 찰스 웨슬리의 어머니 수잔나의 경건의 모범, 자녀 교육과 양육, 고난과 어려움을
이겨 풍성한 영적 유산을 남겨 준 이야기.

## 위대한 그리스도인들은 어떻게 성령의 충만을 받았는가

제임스 로슨 지음 / 홍성철 옮김 / 신국판 / 초판 2쇄 / 298쪽 / 7,000원
하나님의 장중에 사로잡혀 위대하게 살았던 20명의 감동적인 성령 충만의 체험담을 기
록해 놓은 책.

## 하나님과 함께 한 스탠리 탬의 놀라운 모험

스탠리 탬 지음 / 류선욱 옮김 / 신국판 / 초판 1쇄 / 334쪽 / 8,500원
하나님의 주권을 인정할 때 얼마나 놀라운 모험을 할 수 있으며, 무엇보다도 영혼을
구원하는 일에 하나님의 동역자가 될 수 있음을 체험적으로 보여 준 책.

## 하나님의 회초리  능력을 위한 사랑의 매

스탠리 탬 지음 / 성미영 옮김 / 신국판 / 초판 1쇄 / 234쪽 / 6,500원
어떻게 하나님의 능력을 갖게 되고, 기도의 응답을 받으며, 매일 당면하는 문제를 초월
하여 승리하고, 열매 맺는 삶을 누릴 수 있는지를 체험적으로 쓴 책.


## 영어권 독자에게 추천할 책


### *How I Met Jesus*

John Sung-Chul Hong 편집 / 신국판 / 초판 1쇄 / 296쪽 / $9.99 (10,000원)
『나는 어떻게 예수님을 만났는가?』의 영어판. 한국 평신도 남녀 각 5인, 한국 목사 5인
및 외국인 5인의 신앙 고백.

### *A Fiery Evangelist John Wesley*

John Sung-Chul Hong 지음 / 신국판 (양장본) / 초판 1쇄 / 근간
『불타는 전도자 존 웨슬리』의 영어판. 존 웨슬리가 어떻게 불타는 전도자가 될 수 있었
는지를 제시하여, 현대 그리스도인들도 불타는 전도자가 되도록 인도해 주는 책.

<u>**기독교 고전 시리즈**</u> (1-16권 / 문고판 / 초판 2쇄 / 권당 1,500원)

1. 왜 하나님은 무디를 사용하셨는가 — R. A. 토레이 지음 / 홍성철 옮김
2. 보다 깊은 삶 — 로버트 머레이 맥체인 지음 / 구교환 옮김
3. 하나님의 임재를 연습하라 — 로렌스 형제 지음 / 이소연 옮김
4. 성결 — J. C. 라일 지음 / 서대인 옮김
5. 예수님을 위하여 선하게 증거하자 — 존 왓슨 지음 / 이대규 옮김
6. 공격적인 기독교 — 캐더린 부스 지음 / 염동팔 옮김
7. 구령자를 위한 권면 — 호레시우스 보너 지음 / 최석원 옮김
8. 불타는 사랑 — 블레즈 빠스칼 지음 / 곽춘희 옮김
9. 행동하는 믿음 — 조지 뮬러 지음 / 송철웅 옮김
10. 하늘가는 마부 — 존 번연 지음 / 문정일 옮김
11. 성도다운 학자의 결단 — 조나단 에드워즈 지음 / 홍순우 옮김
12. 설교자와 기도 — E. M. 바운즈 지음 / 이혜숙 옮김
13. 성도의 영원한 안식 — 리차드 백스터 지음 / 이기승 옮김
14. 부흥의 법칙 — 제임스 번스 지음 / 문정선 옮김
15. 성경적 구원의 길 — 존 웨슬리 지음 / 박홍운 옮김
16. 친구여 들어보지 않겠소? — 찰스 스펄전 지음 / 홍성철 옮김